Sonderveröffentlichung
des Stadtarchivs Mannheim

Nr. 15

Herausgegeben
von
Jörg Schadt

Anna-Maria Lindemann

Mannheim
im Kaiserreich

Edition Quadrat Mannheim

CIP-Kurztitelaufnahme der
Deutschen Bibliothek

Lindemann, Anna-Maria:
Mannheim im Kaiserreich / Anna-Maria Lindemann. – 2. erw. Aufl. –
Mannheim : Edition Quadrat, 1988.
(Sonderveröffentlichung des Stadtarchivs Mannheim ; Nr. 15)
ISBN 3-923003-40-4

NE: Stadtarchiv <Mannheim>:
Sonderveröffentlichung des Stadtarchivs ...

© Edition Quadrat, Mannheim
2. erweiterte Auflage 1988
Reproduktion: Graphische Kunstanstalt Gräber, Neustadt
Satz und Druck: Pilger-Druckerei GmbH, Speyer
Titelgrafik: Atelier HF Ottmann, Leonberg

Geleitwort

Der vorliegende Band erscheint als erster einer Serie, die die Geschichte Mannheims und der Mannheimer Bevölkerung im 19. und 20. Jahrhundert in Bildern darstellen soll. Daß die Reihe mit dem Thema „Mannheim im Kaiserreich" begonnen wird, ist kein Zufall. Ausschlaggebend war dabei weniger, daß um 1880 die fotografische Überlieferung auf breiter Basis einsetzt. Vielmehr richtet das Stadtarchiv aufgrund eines Auftrags des Oberbürgermeisters von 1978 bei seiner Dokumentations- und Publikationstätigkeit neben der Zeitgeschichte sein besonderes Augenmerk auf die Jahre 1871–1907. Dieser Abschnitt unserer Stadtgeschichte ist einerseits von der Geschichtsschreibung bislang eher stiefmütterlich behandelt worden. In seltsamem Gegensatz hierzu sind andererseits in vielerlei Hinsicht prägende Einflüsse von dieser Zeit auf das moderne Mannheim ausgegangen.

Mannheim, das seine größte Blüte mit der Residenzzeit des 18. Jahrhunderts hinter sich zu haben schien, wurde damals geradezu von einer Aufbruchstimmung erfaßt. Aufschwung des Handels und rasche Industrialisierung legten den Grundstein des dynamischen Wirtschaftszentrums an Rhein und Neckar. Zuwanderung und Eingemeindungen ließen die Quadratestadt in wenigen Jahren zur Großstadt anwachsen. Mannheim legte seinen provinziellen Charakter ab, sein Zentrum wandelte sich zur attraktiven City. Der Name Mannheim hatte nicht nur im Deutschen Reich einen guten Klang – immerhin 31 Länder des europäischen und außereuropäischen Auslands richteten in der Kurpfalzmetropole jeweils ein eigenes Konsulat ein.

Zugleich liegen in dieser Zeit auch die Anfänge der modernen Kommunalverwaltung. Der Umzug der Verwaltungsspitze vom Alten Rathaus am Marktplatz in das umgebaute Kaufhaus am Paradeplatz (1910) ist dabei nur der augenfällige Höhepunkt eines Prozesses, in dessen Verlauf sich die Zahl der städtischen Mitarbeiter in weniger als 20 Jahren versechsfacht und spezialisiert hatte.

So gesehen ist es mehr als ein Glücksfall, daß Mannheim, dessen geradezu „amerikanisches Wachstum" die Zeitgenossen bestaunten, zum Geburtsort des Automobils wurde: Die Atmosphäre der zukunftsorientierten Stadt bot dem Erfindungsgeist wie der unternehmerischen Initiative eines Carl Benz geradezu ideale Voraussetzungen.

Freilich blieb auch Mannheim nicht verschont von negativen Folgen der Industrialisierung. Soweit diesen mit ersten sozialpolitischen Maßnahmen begegnet wurde, konnte die nach Aufhebung des Sozialistengesetzes lawinenartig angewachsene Arbeiterbewegung – Sozialdemokratische Partei, Gewerkschaften, Arbeiterkulturbewegung – nicht zu Unrecht beanspruchen, maßgeblich dazu beigetragen zu haben. Ihr Einfluß auf die Kommunalverwaltung ist seither noch gewachsen und zu einem konstitutiven Bestandteil der politischen Kultur unserer Stadt bis in die Gegenwart geworden.

Mannheim im Kaiserreich – das ist also weniger nostalgischer Rückblick auf eine leider unwiederbringlich vergangene „gute alte Zeit" als vielmehr Ansporn für die Gegenwart, in unserer Stadt einen neuen Aufbruch in die Zukunft zu wagen.

Bei der Erarbeitung des vorliegenden Bandes konnte die Autorin auf die umfangreichen Bestände des Stadtarchivs zurückgreifen. Sie bieten trotz der Kriegsverluste eine solide Quellenbasis, nicht zuletzt deshalb, weil sich das Stadtarchiv in den letzten 20 Jahren erfolgreich bemüht hat, die amtliche Überlieferung durch Zugänge aus Privathand zu ergänzen. Diese Sammlungstätigkeit verlangt Kontinuität – Unterbrechungen bedeuten hier vielfach unersetzliche Verluste. Die Stadt wird bei aller gebotenen Sparsamkeit die Voraussetzungen schaffen, daß das Stadtarchiv seiner Funktion als „Gedächtnis der Stadt" gerecht werden kann. Denn die Verwaltung bedarf eines wohlgeordneten Archivwesens, das die für die Planung erforderlichen Informationen bereithält.

Eine wesentliche Bereicherung erfuhr die Bildsammlung des Stadtarchivs durch die Eingänge infolge meines Anrufs, Privatbilder aus der Zeit des Kaiserreichs zur Verfügung zu stellen. Meine optimistische Erwartung, daß die Mannheimer mithelfen würden, die Geschichte ihrer Stadt darzustellen, ist dabei noch übertroffen worden. Allen, die mit Fotos aus ihrem Privatbesitz zur Qualität des vorliegenden Bandes beigetragen haben, möchte ich an dieser Stelle meinen persönlichen Dank aussprechen. Zugleich gebe ich der Hoffnung Ausdruck, daß die Mannheimer Bürger auch die geplanten Folgebände zur Weimarer Republik und zur Zeit des Nationalsozialismus mit Bildleihgaben oder -geschenken unterstützen werden.

Besondere Hervorhebung verdient das bürgerschaftliche Engagement der heute in Hamburg lebenden Tochter eines Vorstands des Mannheimer Großherzoglichen Bezirksamts. Frau Lala Schröder hat durch großzügige Spenden wesentlich zur Finanzierung des Bildbands beigetragen. Auch ihr gilt mein persönlicher Dank.

Mannheim, im Oktober 1986

Gerhard Widder
Oberbürgermeister

Danksagung

Auf den Aufruf des Oberbürgermeisters haben folgende Personen Fotografien aus ihrem Privatbesitz dem Stadtarchiv geschenkt bzw. zur Reproduktion überlassen. Ihnen allen sei an dieser Stelle noch einmal herzlich gedankt.

Baxmann, Hella
Bauer, Karoline
Becker, Irmtraut
Beisel, Fritz
Böhm, Alfred
Böhm, Else
Bönisch, Herbert
Braun, Lina
Bremm, Renate
Czech, Luise
Demuth, Katharina
Dinger, Bernd
Dobler, Gertrud
Eble, Paul-Otto
Eckhof, Emmy
Embacher, Gisela
Freitag, Charlotte
Galm, Friedel
Göbel, Elisabeth
Gölz, Gertrud
Groß, Karl
Hafner, Cristl u. Luise
Hanemann, Doris
Haß, Gertrud
Heckmann, Hildegard
Helfmann, Karl
Herrmann, Lisa
Herrmann-Zeineddine, Marion
Hitzfeld, Albert
Hofmann, Herbert
Hoppe, Elisabeth
Hornig, Hedwig
Hucht, Emilie
Ihle, Gisela
Jochum, Hermine
Jutz, Friederike
Kauffmann, Erich
Keller, Tigran
Knoche, Mathilde
Koerbel, Willi F.
Kohlmann, Liselotte
Kreuziger, Johanna
Kruhminsch, Elisabeth
Krummel, Ella
Laan, Heinrich van der
Lamm, Anni
Lauer, Irma
Lehmann, Else
Lehmann, Hermann
Leidig, Peter
Liebruks, Rudolf
Luge, Elisabeth
Mäntele, Erna
Matt, Karoline
Mergenthaler, Gudrun
Messerschmitt, A.
Mettenheim, Amalie von
Metz, Wolfgang

Mohr, Gernot
Müller, Lisi
Münch, Rolf
Mundorff, Heinz
Nesseler, Irmgard
Netscher, Inge
Neumann-Hoditz, Lieselotte
Nick, Mathilde
Nicklas, Else
Paul, Anna
Pauli, Charlotte
Perrey, Else
Quinkert, Hermann L.
Raber, Herbert
Rapp, Luise
Reinle, Walter
Remp, Marga
Richter, Gretel
Ries, Josefine
Ritter, Heinrich
Roth, Hans
Rückert, Fred
Rupp, Edwin
Ruppert, Hans
Rutkowski, Anneliese
Schäfer, Astrid
Schäfer, Johannes
Schäfer, Karl
Schäfer, Petra
Schrittenlocher, Hans
Schmitt, Richard
Schraut-Hasslinger, Sylvia
Schwab, Gisela
Schwinn, Karl
Seib, Erika
Seifert, Friedrich
Seitz, Wilfried
Sippel, Konrad
Söhnlein, Elsbeth
Stoll, Lisa
Ueberrhein, Jakob
Ulmrich, Christian
Ungerer-Heuck, K.
Vetter, Anneliese
Voit, Luise
Weber, Elsbeth
Weber, Gertrud
Weckesser, Gisela
Weidenmüller, Lore
Weis, Walter
Weißling, Eugen
Wetzel, Georg
Widmann, Edith
Winkler, Egon
Woderer, Erika
Wörz, Günter
Zeilinger, Gerhard

Vorwort

Dem Stadtarchiv Mannheim ist es aufgegeben, sämtliche schriftlichen und bildlichen Quellen zur Mannheimer Stadtgeschichte aus Vergangenheit und Gegenwart zu sammeln und sie für die Gegenwart und Zukunft zu sichern. Diese früher freiwillige Aufgabe erledigt es jetzt auch auf gesetzlicher Grundlage.

In seiner nahezu 80jährigen Geschichte hat das Mannheimer Stadtarchiv jedoch erst spät mit der systematischen Sammlung von Fotografien begonnen. Dies liegt an der etwas unglücklichen Geschichte dieser Institution, die sich lange nicht zu der selbstverständlichen Einrichtung entwickeln konnte, wie dies vor allem in unseren älteren Städten der Fall gewesen ist. Zwar war sich der Mannheimer Stadtrat in seiner ersten Dienstanweisung vom 25. März 1909 bewußt, daß das Stadtarchiv die *wichtigsten Quellen der Geschichte Mannheims* zu betreuen hatte, aber in den folgenden Jahrzehnten hat die Mannheimer Stadtverwaltung aus dieser Erkenntnis nicht die erforderlichen Konsequenzen gezogen. Ganz im Gegenteil und im Gegensatz zu ihren Nachbarstädten hat die Stadt Mannheim – vor allem während der NS-Zeit – ihre schriftliche Überlieferung, wertvolles Kulturgut von überlokaler, ja nationaler Bedeutung, jahrzehntelang sträflich vernachlässigt, obwohl sie 1938 sogar von einer Reichsstelle wegen der unwürdigen Unterbringung ihres Stadtarchivs gerügt worden ist. Die Folge war der fast totale Verlust städtischer Archivalien im Zweiten Weltkrieg.

Immerhin hat die Stadt sich danach zu einem neuen Anfang bereitgefunden und bei der Wiedereröffnung des Stadtarchivs im Jahre 1948 diesem auch den Auftrag erteilt, *Bildmaterial aller Art über Mannheim* zu erfassen. Bei der organisatorischen Verselbständigung des Stadtarchivs aus der Gemengelage mit der Pressestelle zum 1. Januar 1952 blieb aber die so entstandene Bildsammlung zunächst bei dieser. Erst mit dem Neuaufbau des Stadtarchivs unter fachlich qualifizierter Leitung seit 1965 wurde auch die Bildsammlung vom Presseamt übernommen und in drei große Abteilungen, nämlich Personen, Topographie (Bauten, Straßen und Plätze) und Zeitgeschehen gegliedert. Sie wurde durch Ablieferung aus der Stadtverwaltung, vor allem aus dem Presseamt und dem Stadtplanungsamt gespeist. Die Erhaltung der umfangreichen Glasplattensammlung des Stadtplanungsamts verdankt die Stadt u. a. dem umsichtigen Handeln Joseph Hofmanns, der als Angestellter des Stadtplanungsamts vor 1943 den gesamten Bestand aus dem Rathaus sicherstellte. Die Bildsammlung des Stadtarchivs wurde aber auch durch Geschenke und Ankäufe weiter ergänzt. So stellten u. a. Herr Franz Reinhard und sein Bruder Teile ihrer umfangreichen Sammlung von Glasplatten-Negativen dem Stadtarchiv zur Verfügung.

Daneben fungiert die Bildsammlung auch als Bildnachweis für diejenigen Mannheimer Fotografen, die ihre Produktionen – unter dem Vorbehalt des Urheberrechts – dem Stadtarchiv anbieten; das Stadtarchiv verweist bei Benutzungen an den betreffenden Fotografen. Da die Bildsammlung zu den Beständen des Stadtarchivs gehört, die vor allem auch von den Massenmedien am stärksten benutzt werden, dürfte der Bildnachweis für alle Mannheimer Fotografen von besonderem Interesse sein.

Seit einigen Jahren pflegt das Stadtarchiv neben den bereits genannten Betreffen auch die Bereiche des Alltags wie z. B. Arbeitswelt und Freizeitkultur. Die Bildsammlung umfaßt derzeit etwa 36 000 Stück. Vor allem in den letzten Jahren hat sie erheblichen Aufschwung erfahren. Dieser Ausbau ist allerdings undenkbar ohne die eigene Fotostelle des Stadtarchivs, die im Jahre 1971 eingerichtet worden ist. Sie macht es nämlich möglich, eigene archivische Fotodokumentation zu betreiben, etwa die Bilder aus der älteren Literatur und Zeitungen sowie das gegenwärtige Stadtbild aufzunehmen.

Ein weiterer Wachstumsschub ist von dem Aufruf des Oberbürgermeisters ausgegangen, der im Frühjahr 1986 an die Mannheimer Bevölkerung erging und von Presse und Rundfunk unterstützt wurde. Aufgrund dieses Aufrufs haben 105 Personen insgesamt mehr als 1 300 Fotos dem Stadtarchiv überlassen. Darunter befanden sich bisher unbekannte Aufnahmen zur Stadtgeschichte sowie vielfältiges anschauliches Material zum Alltag, was sich entsprechend dem Aufruf hauptsächlich auf die Zeit bis 1918 bezieht; viele der eingesandten Stücke werden in diesem Bildband veröffentlicht. Eine ähnliche Resonanz hatte ein Aufruf zu der Ausstellung *Der Anfang nach dem Ende – Mannheim 1945–1949*, zu der ein reich bebildertes Begleitbuch mit demselben Titel erschienen ist. Die Erfahrung zeigt also, daß bei entsprechender Initiative und Mühe eine Rekonstruktion bildlicher Überlieferung in einem gewissen Maße möglich ist.

Die Einrichtung einer eigenen Fotostelle erlaubt es andererseits auch, die zahlreichen Benutzer durch Reproduktionen – übrigens auch anderer archivischer Quellen – zu bedienen und damit zugleich dem städtischen Haushalt Einnahmen zu verschaffen. Die Bildsammlung gehört nämlich – wie erwähnt – zu den am intensivsten benutzten Beständen des Stadtarchivs. Nicht nur die Vertreter der Wissenschaft und der Heimatgeschichte sind an ihr interessiert. Im gleichen Maße nutzen sie auch die Verwaltung, die Architekten und vor allem die Massenmedien. Sie wird also nicht nur als Mittel zur historischen Veranschaulichung, sondern vielmehr auch zu ökonomischen, technischen und bisweilen auch rechtlichen Zwecken benötigt.

Voraussetzung für die Nutzung dieser Überlieferung und die rasche Auffindbarkeit des gewünschten Materials ist die archivische Aufbereitung der einzelnen Bilder, die sich zumeist den Blicken der Öffentlichkeit entzieht, aber notgedrungenerweise höchst zeitintensiv ist.

Denn bildliche Quellen sind oft mühsamer als schriftliche Quellen zu identifizieren und zu datieren, bevor sie beschrieben und eingeordnet werden können.

So gesehen betreibt das Stadtarchiv buchstäblich und im übertragenen Sinne eine „Imagepflege" der Stadt, freilich ohne die vordergründig werbende Absicht der Public Relations. Da das Stadtarchiv auch verpflichtet ist, die von ihm gesammelten und betreuten Quellen selbst auszuwerten und der Öffentlichkeit – soweit dies gesetzlich statthaft ist – zugänglich zu machen, hat es seit 1977 auch Bilddokumentationen in Buchform vorgelegt. Da es sich bei Fotografien zum größten Teil, soweit sie nicht als Ansichtskarten verbreitet wurden, um einmalige Quellen handelt, ist ihre Veröffentlichung zugleich ein Mittel ihrer zusätzlichen Sicherung, die ein besonderes Anliegen archivarischer Tätigkeit ist. Zu den bisherigen Publikationen des Stadtarchivs verweisen wir auf die Liste der Veröffentlichungen und Sonderveröffentlichungen am Ende dieses Bandes.

Der erste Band einer Serie von Fotobänden zur Mannheimer Stadtgeschichte des 19. und 20. Jahrhunderts ist der Zeit des Kaiserreichs, also dem Zeitraum 1871–1918 gewidmet. Dies hat seinen guten Grund. Die Darstellung dieses Zeitabschnitts, der zweiten großen Blütezeit der Stadt, ist ein Desiderat der Forschung, worauf der große Historiker Franz Schnabel, ein Sohn und Ehrenbürger Mannheims, bereits vor einem halben Jahrhundert hingewiesen hat. 1952 wurde Dr. Gustaf Jacob von der Stadt mit der Erforschung und Darstellung dieses Abschnitts beauftragt. Nach seinem Tod ging der Auftrag durch Verfügung des Oberbürgermeisters vom 29. Dezember 1978 auf das Stadtarchiv über. Dieses hat daher nicht nur mit der Ergänzungsverfilmung von Mannheimer Betreffen im Generallandesarchiv Karlsruhe und anderen Archiven begonnen, sondern im Rahmen seiner Veröffentlichungstätigkeit auch eine Reihe von Erinnerungen und Darstellungen zu diesem Zeitabschnitt vorgelegt, die in der schon erwähnten Liste am Ende dieses Bandes aufgeführt sind. Mit wesentlicher Unterstützung des Stadtarchivs fand bei der BAKOLA Mannheim vor einem Jahr die Ausstellung *Jugendstil – Architektur in Mannheim um 1900* statt, zu der ein Begleitbuch erschienen ist. Alle diese Publikationen sind gewissermaßen Pflastersteine auf dem Weg zu einer zusammenfassenden Darstellung der Stadtgeschichte zwischen 1871 und 1918, die allerdings noch großer Anstrengungen der Forschung bedarf.

Frau Anna-Maria Lindemann, die den vorliegenden Band seit 1984 im Werkvertrag erarbeitet hat, stellt das Leben der Mannheimer und Mannheimerinnen während jener von Dynamik erfüllten Jahre in den Mittelpunkt ihrer Betrachtung, nicht nur das Bürgertum, sondern auch die minderbemittelten und benachteiligten Schichten und Gruppen. Sie verarbeitet in ihrem Kommentar auch die Literatur und archivische Quellen. Ihre kritische Sicht der Dinge wird möglicherweise nicht überall Beifall finden. Geschichtsschreibung kann und darf aber nicht darin bestehen, liebgewonnene Auffassungen zu zementieren, sondern sie muß generationsbedingt durch neue Sehweisen bisherige Ergebnisse in Frage stellen. In Anbetracht der jüngeren deutschen Geschichte kann dieses Unterfangen sogar recht schmerzlich sein. Wenn aber eine Stadt, die sich als dynamisch und weltoffen versteht, neu aufbrechen will, wird sie dies nur tun können, indem sie sich zugleich kritisch und lebendig mit ihrer eigenen Geschichte auseinandersetzt. Auch dies lehrt die Zeit des Kaiserreichs, denn in ihrer zweiten Blütezeit hat die Stadt verstärkte Anstrengungen unternommen, ihre Geschichte darzustellen und das Stadtarchiv als eigenständige Institution zu begründen (1907).

Dieser Band legt also Zeugnis ab von der Tätigkeit des Mannheimer Stadtarchivs, von der Sammlung bis zur Auswertung archivalischer Quellen. An seinem Entstehen haben daher im Grunde genommen alle Mitarbeiter des Archivs Anteil. Besonderen Dank verdienen jedoch Frau Barbara Becker, die seit einigen Jahren die Bildsammlung bearbeitet, Frau Marliese Emig, die die Fotostelle betreut, sowie Herr Michael Caroli, der die Redaktion versah und die Kontakte mit dem Verlag wahrnahm. Die gute und bereitwillige Zusammenarbeit aller Mitarbeiter, die sich hier wie auch bei anderen Projekten ähnlicher Art gezeigt hat, gehört zu den angenehmsten Erfahrungen eines Amts.

Das Buch wäre ohne die Mittel der Stadt, die der Gemeinderat bewilligt hat, und vor allem auch nicht ohne eine großzügige Spende von Frau Lala Schroeder möglich geworden, ein erfreuliches Beispiel für ein Mäzenatentum, das dem kulturellen Leben Mannheims auch im Kaiserreich starke Impulse gegeben hat. Ferner haben wir der Öffentlichen Versicherungs-Anstalt der Badischen Sparkassen (ÖVA) und der Badischen Kommunalen Landesbank (BAKOLA) für Druckkostenzuschüsse zu danken.

Mannheim, im Oktober 1986   Jörg Schadt

Vorwort zur zweiten Auflage

Dank der Resonanz in der Fachwelt und der regen Nachfrage am Ort war die erste Auflage rasch vergriffen. Inzwischen konnte das Stadtarchiv weiteres interessantes Bildmaterial erwerben und damit seinen Bestand Bildsammlung erheblich erweitern. Dies ist der zweiten Auflage zugute gekommen. Sie enthält gegenüber der ersten Auflage einige notwendige Verbesserungen und ist vor allem im Abschnitt „Politik" durch Zusätze über die staatliche Verwaltung (Bezirksamt) und die Kommunale Selbstverwaltung ergänzt worden.

Wir gedenken an dieser Stelle in besonderer Dankbarkeit Frau Lala Schroeder, die, bis zuletzt von hoher geistiger Spannkraft, die Arbeit des Stadtarchivs warmherzig unterstützt hat und am 3. April 1988 in ihrem 94. Lebensjahr in Hamburg verstorben ist.

Mannheim, im Juni 1988   J. Sch.

Einleitung

Eine Darstellung der städtischen Gesellschaft zwischen 1870 und 1918 durch das Medium der Fotografie hat zunächst in der Beschränktheit des überlieferten Materials seine Grenze, von dem selbstverständlich auch wieder nur ein Teil für dieses Buch zur Verfügung stand. Vieles ist vernichtet worden; z. B. bestehen große Lücken in den Bildquellen der Geschichte der Arbeiterbewegung, weil sie zum großen Teil während der NS-Zeit beseitigt worden sind. Noch bestimmender für das „Wie" der bildlichen Repräsentation aber ist die bestimmten Regeln unterliegende Gebrauchsweise der Fotografie im interessierenden Zeitraum.

Die vorliegenden Aufnahmen sind zum größten Teil professioneller Herkunft, Hobbyfotografie ist in unserem Zeitraum noch nicht weit verbreitet, auch wenn die technische Entwicklung sie schon ermöglicht. Der (relativ) kleine handliche Fotoapparat war bereits erfunden, im wohlhabenden Bürgertum wußte man sich dessen zu bedienen, wie die Mannheimer Hobbyfotografen Friedrich Walter oder Paul Hirschhorn beweisen.

Objekte der professionellen Fotografie waren Portraits oder Gruppenaufnahmen im Atelier oder auch in einer die Personen oder die Gruppe charakterisierenden Umgebung (im eigenen Wohnzimmer oder im Vereinslokal), Ereignisfotografie (ein Besuch des Großherzogspaares, ein Zeppelin über Mannheim) und Bauaufnahmen, oft im Auftrag der städtischen Verwaltung oder einer Zeitschrift. Ereignis- und Familienfotografie sind oftmals nicht zu trennen: Hochzeiten, Konfirmationen und dergleichen bilden Anlässe zur familiären Selbstdarstellung.

Fotografien bilden nur scheinbar die Menschen und die Dinge ab, wie sie sind. Die Objektivität der Fotografie ist eine Fiktion. Die Bilder sind überlegt gestaltet. Die Regeln solcher Gestaltung entsprechen dem Zeitgeschmack und werden durchbrochen, sobald die (Selbst)interpretation der Beteiligten das verlangt. In der Portrait- und Gruppenfotografie spielen Traditionen der künstlerischen Bildgestaltung des 18. und 19. Jahrhunderts noch eine große Rolle. Haltung und Geste, Staffage, gemalter Hintergrund und Requisiten (Tischchen, Blumen, Stuhl) sind eine Nachahmung der Bildnismalerei. Man hält an den alten Regeln der Personendarstellung fest, obwohl die entwickelte fotografische Technik Neuerungen erlauben würde: Die Personen müssen nicht mehr unbeweglich einige Minuten in einer Position verharren, damit das Bild nicht verwackelt. Die Momentaufnahme ist möglich, aber sie steht im Gegensatz zum Bedürfnis nach dem persönlichen Portrait, das eine fast starre, würdevolle Haltung zu verlangen scheint.

Die Portraitfotografie ist gleichsam die billigere Version des gemalten Portraits, hat aber durch die historische Form noch immer den Nimbus einer „künstlerischen" Selbstaufwertung der Person. Das Portrait wird endlich auch den mittleren und unteren Sozialschichten zugänglich gemacht, und es hat als Fotografie den Vorteil, reproduzierbar zu sein. Die berühmte französische Bildjournalistin Gisèle Freund sprach in diesem Zusammenhang von der Demokratisierung des Portraits durch seine massenhafte Verwendung. Requisiten und Staffagen dienen also in der Regel nicht individueller Charakterisierung, sondern eher einer Idealisierung der dargestellten Personen. Solche Bilder sind vor allem in bezug auf zeitgenössische soziale Normen von Interesse, nicht aber als unmittelbare Abbildungen von Wirklichkeit.

Die zweite große Gruppe professioneller Fotografien sind Bauaufnahmen. Hier unterscheiden sich die Fotografen hinsichtlich ihrer Intentionen. Der renommierte Fotograf Anton Weinig, von dem viele Aufnahmen (Brücken, Überführungen, Hafengelände, Industriebauten) aus dieser Zeit stammen, bemühte sich um ein vom Alltagsleben „bereinigtes" Bild der Stadt; oft scheint er den frühen Sonntagmorgen als Zeitpunkt für seine Tätigkeit gewählt zu haben, nur wenige Menschen beleben seine Bilder. Anders der anonyme Fotograf, der im Auftrag des Hochbauamts die Planken beinahe Straßenzug für Straßenzug ablichtete und dabei spielende Kinder, einkaufende Frauen, Müßiggänger, Eisverkäufer und dergleichen einbezog. Die Lebendigkeit seiner Bilder ist in den Mannheimer fotografischen Beständen eine Besonderheit.

Manche Bereiche des gesellschaftlichen Lebens sind in dieser Zeit durch Bildquellen gar nicht darzustellen. Fotografie als Hobby war für die unteren Sozialschichten viel zu teuer, sozial und politisch engagierte Arbeiterfotografen gab es damals in Mannheim nicht. Es liegt also nicht nur an den Verlusten in der Überlieferung, wenn wir kaum Bildzeugnisse des Mannheimer Arbeiterlebens um 1900 haben: Die entsprechenden Aufnahmen wurden einfach nie gemacht! Erst im Weltkrieg scheint man auch in den unteren und mittleren Sozialschichten häufiger Innenaufnahmen in der eigenen Wohnung gemacht zu haben. So müssen denn zeitgenössische Beschreibungen an die Stelle der Bilder treten. Das Interieur großbürgerlicher Villen ist dagegen häufig fotografiert worden und in Büchern und Zeitschriften noch immer zugänglich.

Der von Dr. Jörg Schadt angeregte Bildband wurde auf der Basis eines Werkvertrags mit dem Stadtarchiv Mannheim erstellt. Dem Unternehmen kam zugute, daß die Autorin am Forschungsprojekt *Industrialisierung, Urbanisierung und sozialer Wandel in Südwestdeutschland zur Zeit des Zweiten Kaiserreichs. Untersuchungen am Beispiel des Ballungsgebietes Mannheim – Ludwigshafen 1871–1914* mitarbeitet, das – von der Stiftung Volkswagenwerk getragen – im Fachbereich Neuere Geschichte der Universität Mannheim unter Leitung von Prof. Dr. Wolfgang von Hippel und in Zusammenarbeit mit dem Institut für Landeskunde und Regionalforschung der Universität Mannheim durchgeführt wird. Teilergebnisse des

Projekts sind in den Bildband mit eingegangen. Es sei an dieser Stelle dem Projektleiter Prof. von Hippel für freundliches Verständnis und Entgegenkommen gedankt.

Die Bildauswahl beruht zum großen Teil auf der von Barbara Becker und (bis April 1986) von Gabriele Mühlnickel betreuten Bildsammlung des Stadtarchivs. Wertvolle Beiträge lieferten darüber hinaus private Leihgeber. Für einen Teil der Bildreproduktionen sorgte Marliese Emig. Die redaktionelle Bearbeitung lag in den Händen von Michael Caroli. Schreib- und Korrekturarbeiten übernahmen Petra Harter, Doris Schrimpf, Beate Dieffenbacher und Heike van der Horst. Schließlich trugen viele andere Mitglieder des Stadtarchivs durch Recherchen oder organisatorische Arbeiten zum Gelingen des Bildbandes bei. Ihnen allen sei hier sehr gedankt.

Für ihre besonderen Bemühungen bedanke ich mich außerdem bei Dr. Grit Arnscheidt, Lisa Herrmann und Marion Herrmann-Zeineddine, Andrea Hoffend, Dr. Else und Dr. Hermann Lehmann sowie Dr. Amalie von Mettenheim.

Mannheim, im Oktober 1986   Anna-Maria Lindemann

Inhalt

Vogelschaubild von Mannheim, Blick nach Nordwesten, 1869. Nach einer Zeichnung von Th. Verhas.

Wandel des Stadtbilds

Mannheim 1869

Mannheim erlebte seine erste große Blütezeit als kurpfälzische Residenz im 18. Jahrhundert. Als der Kurfürst 1778 nach München übersiedelte, begann für Mannheim eine Zeit des wirtschaftlichen und kulturellen Niedergangs. Durch die staatliche Neugliederung von 1802 wurde Mannheim eine Grenzstadt des neugebildeten Großherzogtums Baden, von einem Teil seines Hinterlandes, der Pfalz, abgetrennt. Erst der Beitritt Badens zum Zollverein 1835, die Eröffnung des Rheinhafens 1840 sowie der Anschluß an die Eisenbahn im selben Jahr führten zum Aufschwung von Handel und Verkehr.

In jener Zeit verschaffte das selbstbewußte Bürgertum der Stadt Geltung. In den politisch brisanten dreißiger und vierziger Jahren des letzten Jahrhunderts spielte Mannheim als Vorort der liberalen, demokratischen und republikanischen Bestrebungen in Süddeutschland eine wichtige Rolle. Dem ersten Parlament der deutschen Geschichte, das 1848 in der Paulskirche tagte, gehörten nicht weniger als sieben Männer aus der Mannheimer liberalen Bewegung an: Alexander von Soiron als Vizepräsident, Friedrich Daniel Bassermann, Karl Mathy, der spätere badische Staatsminister, Adam von Itzstein, Friedrich Hecker, Gustav Struve und Lorenz Brentano.[1]

Die Spaltung der liberalen Bewegung führte in Mannheim früh zu heftigen Konflikten. Die Republikaner koordinierten von hier aus den badisch-pfälzischen Aufstand von 1849, der jedoch von preußischen Truppen niedergeschlagen wurde. Das Problem *großdeutsche* oder *kleindeutsche* Nationalstaatseinigung wurde schließlich nicht im Sinne der Liberalen im Parlament entschieden, sondern durch den Sieg preußischer Truppen über Österreich und seine süddeutschen Verbündeten (1866) „gelöst". Die damit errungene preußische Hegemonie wurde mit der Reichsgründung 1871 staatsrechtlich festgeschrieben.

Das liberale Bürgertum paßte sich den neuen Verhältnissen an, soweit die Beteiligten nicht in den Kämpfen gefallen, hingerichtet oder ausgewandert waren. Die Teilhabe mancher Liberaler an den Regierungen – z. B. in Baden – mochte die Kehrtwendung gegenüber Preußen erleichtern. Ausschlaggebend aber war der gesellschaftliche Wandel, der sich in der zweiten Hälfte des 19. Jahrhunderts vollzog: Die Industrialisierung und der Zustrom ländlicher Bevölkerung veränderten grundlegend die städtische Sozialstruktur. Einerseits entstand ein städtisches Proletariat, andererseits differenzierte sich das Bürgertum; neben die Gruppe der Mannheimer Kaufleute, die bisher tonangebend gewesen waren, traten Industrielle und Finanziers neuen Stils. Die soziale und politische Polarisierung zerrieb die Demokraten der ersten Stunde.

Das Vogelschaubild von Theodor Verhas aus dem Jahr 1869 zeigt, daß Mannheim damals zwar schon von der Industrialisierung erfaßt, aber doch immer noch recht klein geblieben war. Es zählte knapp 40 000 Einwohner. Kaum reichte es über den Ring hinaus und füllte den inneren Bereich noch nicht einmal aus. Handel, Spedition und Schiffahrt hatten die Bautätigkeit zum Hafen hin etwas stärker angeregt. Auch waren schon einige Industriebetriebe in der Unterstadt und im Jungbusch ansässig. Auf dem Gelände der ehemaligen Festungsanlage im Osten lag der Abwassergraben noch offen, der die Fäkalien in den Neckar leitete. Parallel zu diesem Kanal verlief die sogenannte Schleifbahn, die den Hafen mit dem Bahnhof verband. Dieser stand noch an der Stelle des heutigen Tattersalls. In den Neckargärten lebten schon etwa 2 000 Menschen, überwiegend Arbeiterfamilien, zwischen Gärtnereien und bürgerlichen Pachtgärten. Von Oststadt, Friedrichsplatz und Wasserturm fehlt jede Spur. Das Trinkwasser mußte noch aus Brunnen geschöpft werden. Erst in den achtziger Jahren wurde die zentrale Wasserversorgung vollendet.

Man sieht jedoch schon einige Grundsteine der wirtschaftlichen Entwicklung der Stadt: Mannheims Hafenanlagen wurden in dieser Zeit durch den Bau des Mühlaubeckens wesentlich vergrößert. Die Neckarmündung war zwischen 1867 und 1869 verlegt worden, so daß nun der Neckar direkt in das mit dem Friesenheimer Durchstich künstlich geschaffene neue Rheinbett floß. Altrhein und Altneckar wurden in den neunziger Jahren für den Bau des Industriehafens genutzt. Die 1868 eingeweihte feste Rheinbrücke – anstelle der alten Pontonbrücke – ermöglichte endlich die direkte Eisenbahnverbindung zwischen Mannheim und Ludwigshafen und damit die Anknüpfung an das linksrheinische Schienennetz. Der Schloßgarten wurde von dieser Verkehrsführung zerteilt – ein Signal des endgültigen Abschieds von der residenzstädtischen Zeit.

Der alte Bahnhof an der Stelle des heutigen Tattersalls, zwischen 1840 und 1876.

Brunnen zwischen Q 6 und R 6, um 1900.

Mannheim 1907

Das Vogelschaubild aus dem Jahre 1907 wurde zum 300. Geburtstag der Stadt angefertigt. Im Geschmack der Zeit ist es mit Pflanzenornamenten und allegorischen Figuren umgeben. Unter dem Schild der *Germania* – als martialischer Engel auftretend – reicht eine Muse der *Mannhemia* den Lorbeerkranz. Die *Mannhemia* trägt in der Hand ein Ruder als Symbol der Schiffahrt, des Handels und des Verkehrs.

Ein Vergleich mit dem Vogelschaubild von Th. Verhas von 1869 läßt das Ausmaß des städtischen und industriellen Wachstums erkennen. Das Gebiet zwischen Ring und Neckarspitze diente nun gänzlich der Abwicklung des Güterverkehrs. Die alte Bleiche und das Mühlauschlößchen, vordem beliebtes Ziel der Sonntagsspaziergänger, sind beseitigt (letzteres war 1893 abgebrochen worden). Der 1875 eingeweihte Güterbahnhof auf der Mühlau verbesserte den Umschlag vom Schiff auf die Bahn. Die *Schleifbahn* hatte damit ihre Funktion eingebüßt und war 1879 beseitigt worden. Einen Teil des alten Rheinhafens hatte man zugeschüttet. Dadurch waren

Bauplätze für Wohn- und Lagerhäuser am Verbindungskanal entstanden. Dem Bedürfnis nach erweiterten Güterumschlagskapazitäten wurde man durch die Anlage des Binnenhafens (1888), des Rheinkais (1890) und schließlich des Industriehafens (1895–1907) gerecht. Inzwischen war auch der Hauptbahnhof an die heutige Stelle verlegt: Man sieht das repräsentative Gebäude am südöstlichen Stadtrand und dahinter die mit einer Eisenkonstruktion überdachten Bahnsteige.

Die Stadt füllte nun nicht nur den Raum innerhalb des Ringes aus, sondern war ein ganzes Stück darüber hinausgewachsen. Deutlich treten die Stadterweiterungsgebiete hervor: die Schwetzinger Vorstadt auf dem Gelände alter städtischer Pachtgärten, entlang den Straßen nach Heidelberg und nach Schwetzingen; südlich der Bahnlinie der Lindenhof; auf der anderen Seite die Oststadt und die nun eng bebaute Neckarstadt. Die Einwohnerzahl war inzwischen auf rund 160 000 angestiegen (1907). Im Norden bzw. im Süden sind die inzwischen eingemeindeten Vororte Käfertal und Neckarau zu erkennen.

Die Industrie war weitgehend aus der Unterstadt und dem Jungbusch abgewandert. Die expandierenden Unternehmen

hatten sich längs der Bahnlinie in der Schwetzinger Vorstadt und auf dem Lindenhof sowie am Industriehafen und am nördlichen Rand der Neckarstadt angesiedelt. Nicht sichtbar sind die bedeutenden Gewerbegebiete auf dem Waldhof und der Rheinau.

An der Stelle der alten Kettenbrücke über den Neckar, wie sie auf Th. Verhas' Vogelschaubild noch zu sehen ist, stand seit 1891 die „moderne" Friedrichsbrücke (an deren Stelle heute die Kurpfalzbrücke getreten ist). Weiter flußabwärts sieht man bereits die Jungbuschbrücke, die 1902 dem Verkehr übergeben wurde.

Besonders herausgehoben und im Ausschnitt vergrößert ist der Friedrichsplatz mit der Festhalle *Rosengarten*, nach den Entwürfen von Bruno Schmitz zwischen 1902 und 1906 angelegt. Der Schiller-Kopf darüber bringt die besondere Verehrung der Stadt für den Dichter zum Ausdruck.

Vogelschaubild von Mannheim, Blick nach Osten, 1907.

Blick auf den 1871–76 erbauten Personenbahnhof, vor 1885.

Blick vom Wasserturm in die Heidelberger Straße, um 1907.

Die alte Reichspost O 2 vor dem Abriß, 1880.

Die Reichspost, Neubau von 1880/82, nach dem Umbau von 1902.

Die Altstadt wird *City*

Der Wandel der Mannheimer Altstadt zwischen 1870 und 1914 wird an den Bildern selbst sichtbar: Die Stadt erhielt damals ein ganz neues „Gesicht". Die baulichen Veränderungen dieser Zeit lassen sich aber auch eindrucksvoll statistisch beschreiben: Von rund 1500 Gebäuden aus dem Jahre 1795 waren an der Wende zum 20. Jahrhundert 477 im wesentlichen unangetastet geblieben, bei 472 war *die bessernde Hand angelegt worden* (so Sigmund Schott, der Leiter des Statistischen Amtes der Stadt Mannheim[2]), 570 hatten Neubauten Platz machen müssen. Waren 1850 noch 87 % der alten Häuser unverändert, so betrug der entsprechende Anteil 1880 nur noch 66 % und war bis 1899 sogar auf 31 % zurückgegangen. Wenn man die unverminderte Abrißwut in den folgenden Jahren berücksichtigt, so muß man den Gebäudebestand aus dem 18. Jahrhundert für 1914 auf weniger als 10 % schätzen. Abgesehen von den Kriegszerstörungen, hatte es in Mannheims Geschichte dergleichen Eingriffe in die bauliche Substanz nicht gegeben.

Die Ausdehnung der Stadt ging mit einer Funktionsteilung der Stadtviertel einher. Während sich die Industriebetriebe in Außenbezirken ansiedelten und in ihrer Nähe Wohngebiete für Arbeiter entstanden, die „oberen Tausend" aber in Villenviertel zogen, wurde das alte Stadtgebiet innerhalb des Rings *City*. (Diesen – den englischen Verhältnissen entsprechenden – Ausdruck verwendete man damals schon gerne.) Hier lagen die zentralen Einrichtungen von Verwaltung, Wirtschaft und Dienstleistung sowie das Einkaufszentrum für die vermögenden Mannheimer: Nirgendwo sonst fand man so viele Konfektions- und Schmuckgeschäfte, Maßschneidereien und Delikateßgeschäfte. Daß sich nun Schaufenster an Schaufenster reihte, um die „bemittelten" Kunden mit werbenden Auslagen anzulocken, war neu. Warenhäuser, deren Äußeres und Inneres in der Gestaltung Palästen und Kathedralen zugleich ähnelte, schossen aus dem Boden. Hier schien die Möglichkeit einer schrankenlosen Befriedigung der Konsumbedürfnisse vorhanden, neue Kaufwünsche wurden geweckt.

Hotel Portugal E 4, 13, am Fruchtmarkt, vermutlich 1888.

Abriß des Hotels Portugal, 1899. Fotografie: F. Walter.

Börse E 4, 13, 1907. Neubau von 1902.

Paradeplatz, Blick auf P 1, vor dem Ausbau des Turms der Konkordienkirche (1895).

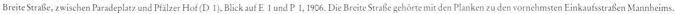

Breite Straße, zwischen Paradeplatz und Pfälzer Hof (D 1), Blick auf E 1 und P 1, 1906. Die Breite Straße gehörte mit den Planken zu den vornehmsten Einkaufsstraßen Mannheims.

Blick vom Paradeplatz auf P 1, 8–10, vor dem Abbruch 1903.

Blick vom Paradeplatz auf P 1. 9–12, Dezember 1906. Das Kaufhaus Schmoller war 1904 errichtet worden.

Das Kaufhaus Schmoller (P 1, 8–12) nach dem Umbau von 1910.

Paradeplatz mit Kaufhaus N 1, nach der Umwandlung des Platzes in eine Grünanlage (1895).

Kiosk und Litfaßsäule am Paradeplatz, Ecke Breite Straße/Planken, 1899.

Der Paradeplatz

Der Paradeplatz war ursprünglich zu militärischen Übungen und Aufmärschen bestimmt. Zweckentsprechend war er schmucklos – bis auf eine Brunnenanlage in der Mitte – und hatte einen sandigen Boden ohne Begrünung. Die Brunnenanlage in der Mitte bestand aus einer Bronzepyramide, die in der Kurfürstenzeit (1743) aufgestellt worden war, und einigen Brunnenschalen. Aufgrund technischer Schwierigkeiten konnte jedoch kein Wassser zugeleitet werden. Erst mit dem Bau der zentralen Wasserleitung (achtziger Jahre) überwand man das Problem. Die Stadt beauftragte darüber hinaus den Mannheimer Bildhauer Johannes Hoffart, 8 Brunnenfiguren zu modellieren, die 1893 aufgestellt wurden. Seit 1895 wurde der ganze Platz in eine Grünanlage umgewandelt, die zum Promenieren (und Repräsentieren) einlud.

An der Südseite des Paradeplatzes in N 1, stand das aus dem 18. Jahrhundert stammende Kaufhaus, unter dessen Arkaden viele kleine Ladengeschäfte ihr Domizil hatten. Unter Leitung von Stadtbaurat Richard Perrey wurde es bis 1910 zum Rathaus umgebaut, jedoch unter Erhaltung der historischen Fassade.

Der Wandel des Stadtbilds um 1900 wird besonders deutlich an der dem Paradeplatz zugewandten Häuserzeile des Quadrates P 1. Standen hier in den sechziger Jahren noch reine Wohnhäuser im Stil der Kurfürstenzeit, so befand sich um 1896 in P 1, 1 ein Warenhaus, die Nachbarhäuser hatten Ladeneinbauten und waren teilweise aufgestockt. 1904 errichtete das Warenhaus Schmoller in P 1, 9–10 einen Neubau mit reizvoll aufgelockerter Jugendstilfassade. Schließlich sehen wir das erneut umgebaute Kaufhaus, erweitert um P 1, 11–12, mit einer regelmäßigen, geschlossen wirkenden Vorderfront aus dem Jahre 1910.

Warenhaus Kander

Neben den überladenen, historisierenden Prunkbauten seiner Zeit wirkte das 1900 erbaute Warenhaus Kander ausgesprochen modern und nüchtern. Die Autoren des 1906 erschienenen Standardwerks *Mannheim und seine Bauten* urteilten kritisch, das Gebäude sei noch (!) ganz im Banne des Konstruktionsprinzips gehalten, resümierten jedoch: *Man mag vielleicht dieses Haus nüchtern finden, aber gerade dadurch, daß es eben nicht durch auf das Eisen geklebte Ornamente zu täuschen sucht, ist es als Bau dieser Art beachtenswert.*[3] Die Beurteilung spiegelt die lebhafte zeitgenössische Diskussion über moderne Baustile. Dem dominanten historisierenden Verfahren stand der am Konstruktionsprinzip orientierte Stahlskelettbau gegenüber, wie er von einigen berühmten europäischen Bauwerken her bekannt war (Eiffelturm 1889). Dieser Stil hatte sich aber nicht durchgesetzt. Um so erstaunlicher ist es, daß in dem oben angeführten Zitat der avantgardistische Bau des Warenhauses Kander verteidigt wird, dazu noch mit Argumenten, wie sie 1908 der Wiener Architekt Adolf Loos in seinem

Warenhaus Kander, T 1, 1, um 1904. Postkarte.

Aufsatz *Ornament und Verbrechen* entwickelte: Das Ornament täusche den Betrachter. So anstößig diese These damals wirkte, das schmucklose Bauen setzte sich im 20. Jahrhundert durch.

Ladengeschäfte an den Planken, P 2, 1, 1906.

Verkaufslokal der Fa. Engelhard (Tapetenfabrik) an den Planken, E 1, 1906. Die Fabrik selbst stand in U 4.

Planken, P-Quadrate (P 4 bis P 1), um 1902.

Planken E 1 / P 1, 1901. Fotografie: F. Walter.

Planken, E 2, 18 und 1, 1906.

Die Planken

Mannheims erste Geschäftsstraße ist naturgemäß häufig auf die Platte gebannt worden, sowohl im Auftrag der Stadt als auch von Hobbyfotografen. Die obigen Bilder entstammen einer Serie von Aufnahmen, die ein Berufsfotograf im Auftrag des Hochbauamtes im Dezember 1906 von den Häusern an den Planken machte. Alle seine Bilder zeichnen sich dadurch aus, daß sie das Alltagsleben auf der Straße ansatzweise einbeziehen – ein damals noch recht unübliches Verfahren. Auf beiden Bildern sehen wir das Nebeneinander der zweistöckigen Häuschen aus dem 18. Jahrhundert mit ausgebautem Dachstuhl und Ladeneinbauten und hoher Neubauten mit historisierender Fassade. Die Fotografien der unteren Reihe stammen von Hobbyfotografen, zwei davon von Stadthistoriker F. Walter (1901/02). Aus größerer Distanz aufgenommen, erscheint hier die Straße weniger prachtvoll.

Planken, E 4, Fruchtmarkt, um 1902. Fotografie: F. Walter.

Strohmarkt und Enge Planken (zwischen O 5 und P 5), Blickrichtung zum Wasserturm, 1906.

Heidelberger Straße und Wasserturm im Bau, um 1888.

Der Wasserturm, um 1893. Die prunkvolle Ausführung des Wasserturms drückte den Stolz aus, den die Zeitgenossen empfanden, als man das technische Problem der zentralen Wasserversorgung endlich gelöst hatte und über Wasserleitungen verfügte. Jetzt war auch die Einrichtung von Wasserspielen und Zierbrunnen einfacher möglich. Fotografie: A. Weinig.

Blick auf die Oberstadt von der Mühlauinsel aus. Im Vordergrund Lagerhäuser am Verbindungskanal, in der Bildmitte die Quadrate C und D, zwischen 1894 und 1906.

B 4, 1 am Schillerplatz und Kalte Gasse. Das Haus stammt aus dem 18. Jahrhundert. Links daneben die Jesuitenkirche.

Die Oberstadt

Die Oberstadt war traditionell das Viertel der wohlhabenden und einflußreichen Leute. Manche früher vom Adel bewohnte Palais dienten nun reichen Kaufmanns-, Fabrikanten- oder Bankiersfamilien als Unterkunft, andere wurden durch staatliche oder städtische Verwaltung bzw. durch Schulen genutzt. In vielen Häusern der Oberstadt wurden Ladengeschäfte und Kontore eingerichtet. Oft mußten die Bauten der kurfürstlichen Residenzzeit gegen Ende des 19. Jahrhunderts aber auch neuen Gebäuden weichen, die im Geschmack der Zeit und entsprechend dem Repräsentationsbedürfnis der Bauherren errichtet waren. So ließ sich etwa in A 1, 2 zwischen den niedrigen Häusern des 18. Jahrhunderts in einem hohen Neubau der Firmengründer und Spekulant Friedrich Engelhorn nieder. Es ist bezeichnend, daß der „neureiche" Kaufmann und Industrielle gerade diesen traditionsreichen Platz am Eingang des Schloßhofes wählte. Zuvor hatte hier das Ysenburgsche Palais gestanden. Deutlicher konnte die Übernahme aristokratischer Lebensformen durch das Bürgertum kaum Ausdruck finden.

D 7, 7 an der Rheinstraße, daneben die Baustelle der Höheren Töchterschule, um 1904. D 7, 7 beherbergte neben zwei Privatwohnungen von Kaufleuten (im 2. und 3. OG) eine Getreide-Agentur und ein Weingeschäft. Vorne der Hausbesitzer Kaufmann Friedmann und der Kutscher.

Elisabethgymnasium, D 7, 8, erbaut 1903–05.

Blick vom Schloßhof in die Breite Straße, 1906.

K 1 / K 2, Ecke Breite Straße/Luisenring, um 1905.

An der Friedrichsbrücke, Stadtseite, zwischen 1900 und 1910.

Die Unterstadt

Die Unterstadt war eher ein Quartier der kleinen Leute. Viele Handwerker, Kleingewerbetreibende und Arbeiter waren hier ansässig. Es gab auch einige Fabriken, die aber um 1900 zum großen Teil aus der Innenstadt abwanderten. Wegen der vom Lande in die Stadt strömenden Arbeiter und Handwerksgesellen nahm die Wohndichte der Unterstadt bis 1900 stark zu. Sie wies 1900 1,59 Bewohner pro Wohnraum auf gegenüber 1,04 in der Oberstadt. Durch die Errichtung von Seiten- und Hintergebäuden und den Ausbau der Dachgeschosse wurde der vorhandene Platz – zum Nachteil der Mieter – maximal ausgenutzt. Die Innenhöfe wurden in Lichtschächte verwandelt, die für die Beleuchtung der unteren Wohnungen nicht ausreichten. Nach 1900 zogen immer mehr Arbeiterfamilien in die Vorstädte und Vororte, so daß die Wohndichte in der Unterstadt spürbar zurückging.

Breite Straße, Blick zum Schloß, 1870. Lithographie von R. Geißler. Die Unterstadt bietet noch das Bild einer aufgelockerten Bebauung.

Der Marktplatz, nach 1900. Altes Rathaus und Untere Pfarrkirche St. Sebastian aus dem 18. Jahrhundert.

Q 2, 18–22, vor 1902. Die Häuser des Metzgermeisters Fiedler (Q 2, 19/20) stammen aus dem 18. oder frühen 19. Jahrhundert, sie wurden 1902/03 aufgestockt und umgebaut. Das 2. Haus von links ist ein typischer Neubau aus dem letzten Viertel des 19. Jahrhunderts mit historisierender Fassade.

Die Zuckerfabrik in J 5, 16 und H 6, 7, 1910.

Schmiede Karl Marsteller, S 4, 5 (Innenhof), 1910.

T 4, 12, Kolonialwaren Joseph Wöppel, um 1900.

Die Ringstraßen

Der Parkring und der Luisenring entstanden als repräsentative Alleestraßen in den sechziger Jahren. Hier erwarben Mannheimer Großbürger Grundstücke und bauten Villen: Es war sozusagen die erste Stadterweiterung für die Wohlhabenden. Im Gegensatz zu den später bevorzugten Wohngegenden (Baumschulgärten in L 7–14, Kaiserring, Oststadt, Augustaanlage) befand sich das Nobelquartier der sechziger Jahre in unmittelbarer Nachbarschaft zur Quelle des Reichtums: nah an Speichern und Lagerhäusern und dem Getöse des Hafens gelegen.

Die östliche Seite der Stadt war noch wenig attraktiv, solange der übelriechende Abwasserkanal nicht unterirdisch verlief (1878 verschwand er unter der Erde) und die Schleifbahn den übrigen Verkehr hemmte (sie wurde 1879 beseitigt). Nun wurden Kaiserring und Friedrichsring angelegt. 1881 veräußerte man dort die ersten Grundstücke an private Bauherren. Etwa gleichzeitig hatte der BASF-Gründer Friedrich Engelhorn das Gebiet der ehemaligen Baumschulgärten erworben und verkaufte es nun parzelliert weiter. So entstand eine erste östliche Stadterweiterung als bevorzugtes Wohngebiet des Bürgertums, das die Oberstadt im Streben nach modernerem Wohnkomfort nach und nach verließ.

Oben: Luisenring, Blick auf die Liebfrauenkirche, zwischen 1902 und 1906.

Mitte und unten: Parkring 31. Wohnhaus des Direktors der Pfälzischen Mühlenwerke in Ludwigshafen, Franz Büschler, um 1910. Straßenfront und Gartenseite.

Wein- und Bierwirtschaft „Zur Hoffnung", Parkring 21, 1894. Der Wirt, Joseph Bornhofen (oben 6. von links bzw. unten rechts), war früher Kapitän. Die Wirtin und ihre Tochter schauen zum Fenster heraus (oben). Unten: Gartenseite.

Kaiserring, vom Bahnhof aus gesehen, 1892/93. Im Hintergrund rechts die Spitze des Wasserturms. Fotografie: A. Weinig.

Das 1900 errichtete Bismarckdenkmal auf dem Kaiserring an der Kreuzung Bismarckstraße. Postkarte.

Stadterweiterungen

Mannheim begann spät mit der Stadterweiterung – versteht man darunter die Bebauung von Flächen außerhalb des alten Festungsringes –, und spät begann es, Vororte einzugemeinden. Auf dem Vogelschaubild von Verhas (1869) konnte man noch viele unbebaute Flächen innerhalb des Ringes sehen. Der westliche, zum Hafen hin liegende Teil, der „Jungbusch", und das nordwestliche, am Neckar liegende Terrain waren die ersten Stadterweiterungsgebiete. Der Aufschwung von Handel, Verkehr und Industrie seit den fünfziger Jahren begründet diese nordwestliche und westliche Orientierung. Durch die teilweise Auffüllung des alten Rheinhafens und die Zuschüttung des Kohlehafens (Hummelgraben) 1886 wurde noch zusätzlich Platz geschaffen. Zwischen 1890 und 1900 war der Ausbau dieses Gebietes beendet.

In der Jungbuschstraße und am Luisenring ließen sich wohlhabende Kaufleute vornehme Wohnhäuser errichten. Erst seit den achtziger Jahren wurden L-Quadrate, Kaiser- und Friedrichsring sowie später die Oststadt zu bevorzugten Wohnvierteln des gutsituierten Bürgertums. Seither wurde der Jungbusch mehr und mehr Arbeiterviertel.

Reguläre Planungen neuer Stadtviertel gab es erst seit 1870. Ausschlaggebend war für die Stadt ein Gesetz von 1868, daß die Umlegung der Straßenbaukosten auf die Grundeigentümer ermöglichte. Die Planlegung begann auf dem Gebiet der Schwetzinger Gärten. Dort hatten sich seit den sechziger Jahren Fabrikbetriebe (das waren damals größere Werkstätten) an der Bahnlinie nach Friedrichsfeld niedergelassen. In den siebziger Jahren wuchs die Landmaschinenfabrik Heinrich Lanz schnell empor. Arbeiter und Kleingewerbetreibende zogen in die Nähe der Fabriken und Werkstätten, wo Mietshäuser mit kleinen Wohnungen aus dem Boden schossen. Die Bebauung unterlag zwar der städtischen Bauordnung, war aber ansonsten dem freien Markt überlassen. Von vornherein sollte der Stadtteil den Charakter eines Fabrikwohnviertels haben. Seit 1873 erhielt die Schwetzinger Vorstadt ein unterirdisches Kanalsystem, in den achtziger Jahren wurden Wasserleitungen verlegt.

Die Besiedlung der Neckargärten war wohl ähnlich durch Fabrikgründungen bedingt. Da gab es die Zimmersche Düngerfabrik, den Verein chemischer Fabriken und die Brauereien im Wohlgelegen; Anfang der siebziger Jahre ließen sich Bopp & Reuther in der Dammstraße und Böhringer auf dem Waldhof nieder. Solange die Jungbuschbrücke (erbaut 1905–08) noch nicht existierte, mußten diejenigen, die in der Unterstadt, im Hafen oder im Jungbusch arbeiteten, sich mit einem Boot auf das linke Neckarufer übersetzen lassen. Den Fährbetrieb unterhielt der Kohlenhändler und Brikettfabrikant Stachelhaus. Die Planlegung des neuen Stadtteils über dem Neckar, der

Die Quelle, Badeplatz der Jungbusch-Kinder im Verbindungskanal, 1912.

zunächst nur einige Straßenblöcke westlich der Kettenbrücke (der heutigen Kurpfalzbrücke) umfaßte, fand 1872 statt, drei Jahre später erfolgte die der Neckargärten bis zu den Bierkellern.

Die Stadt stand nicht nur vor der Aufgabe sinnvollen Straßenbaus, sondern auch vor dem Problem der Entwässerung, der Kanalisation und der Trinkwasserversorgung. Im Zeitraum von etwa 30 Jahren wurde ein unterirdisches Kanalsystem für die ganze Stadt geschaffen.

Die Bebauung der neuen Stadtteile konnte zwar durch die Planlegung selbst, durch Bebauungspläne und Bauordnungen von seiten der Stadt reguliert werden, aber man überließ das Terrain doch weitgehend den privaten Eigentümern und Bauunternehmern, mithin dem „freien Spiel der Kräfte des Marktes". So wurde die Stadtteilentwicklung in hohem Maße durch Grundstücksspekulation und maximale Raumausnutzung geprägt. Das Ergebnis waren lange, geradlinige Straßenzüge mit Hochbauten, dicht an dicht.

Bezeichnend ist freilich, daß das schon um 1870 geplante Villenviertel der Oststadt mit weit mehr städtebaulicher Phantasie und Mühe behandelt wurde. Man veranstaltete ein Preisausschreiben, das der berühmte Karlsruher Hochschullehrer Reinhard Baumeister gewann. Sein Plan wurde allerdings stark abgeändert und das Viertel erst in den neunziger Jahren erbaut. Hier berücksichtigte man die wichtigsten Prinzipien der in den siebziger Jahren entstandenen Städtebaulehre, zu deren Begründern Baumeister gehörte: Die Führung der

Korkenfabrik H. A. Bender und Söhne, F 8, 11–15, um 1910.

Straßen entsprach der Forderung nach verkehrsgerechter Gestaltung (Diagonalen); hygienische und ästhetische Gesichtspunkte wurden durch die aufgelockerte Bauweise und die Nähe des Luisenparks beachtet. Grünanlagen, offene Plätze, Akzentsetzungen baulicher Art fehlten den als *Fabrikwohnvierteln* konzipierten Stadtteilen (Schwetzinger Vorstadt, nördlicher Teil des Lindenhofs, Neckarstadt, insbesondere die in den neunziger Jahren bebauten Neckargärten) gänzlich. Wie man den Kleinwohnungsbau (2 Zimmer) mit dem Argument rechtfertigte, er entspreche den Bedürfnissen der Arbeiterfamilien, so ging man auch bei der Stadtplanung von einem geringeren Anspruchsniveau der unteren Bevölkerungsschichten aus.

Oben: Schwetzingervorstadt, Reste der alten Schwetzinger Gärten.

Links: Seckenheimer Straße 86, um 1910. Hier wohnten im Jahre 1909 ein Oberschaffner, ein Schaffner, zwei Lokomotivführer, fünf Kaufleute, ein Schriftsetzer, ein Heizer, ein Schlosser und ein Taglöhner. Auf dem Balkon im ersten Obergeschoß vermutlich der Hauseigentümer Eisenbahnoberschaffner K. Dörr mit Familie, rechts ein Lokomotivführer mit Frau; im zweiten und dritten Obergeschoß wohnen Kaufmannsfamilien.

Rechts: Bernhard-Kahn-Lesehalle, Mittelstraße / Ecke Lortzingstraße, nach 1906. Die Lesehalle wurde mit Mitteln der Bernhard-Kahn-Stiftung unter Verwendung alter Bauteile des Barockpalais von J. J. Rischer, das zuvor in O 4, 7 stand, 1905/06 errichtet.

Altes Gartenhaus der ehemaligen Neckargärten. Neckarstadt, Draisstr. 28, 1907.

Rechts: Neckarstadt, Gärtnerstr. 34, um 1910.

Friedrichsbrücke (heute Kurpfalzbrücke), um 1905. Blick auf den Bahnhof der hessischen Ludwigsbahn in der Neckarstadt (links).

Der Lindenhof

Der Stadtteil Lindenhof besteht aus mehreren Teilen, die zu unterschiedlichen Zeiten plangelegt und bebaut wurden. Der älteste ist der südlich der Bahnlinie sich entlangziehende Streifen, auf dem früher der landwirtschaftliche Betrieb „Lindenhof" lag (etwa gegenüber dem späteren Hauptbahnhof). Dort siedelten sich im Laufe des 19. Jahrhunderts mehrere Industriebetriebe an, angefangen von einer Gewürzmühle und einer Kalkbrennerei bis hin zur Ölfabrik und zu den Fabrikationsanlagen von Heinrich Lanz, die dem Stadtteil bis in die jüngsten Tage sein Gepräge gaben. In den siebziger Jahren hatte Heinrich Lanz eine Gießerei auf dem Lindenhof gegründet, dann verlegte er nach und nach wegen der größeren Ausdehnungsmöglichkeit die Fabrik landwirtschaftlicher Maschinen aus der Schwetzinger Vorstadt in den südlichen Stadtteil.

Schon um 1870 hatte man dort begonnen, Straßen und Mietskasernen mit Kleinwohnungen zu bauen, in Erwartung der Arbeiter, die in die Nähe der neuentstandenen Arbeitsplätze ziehen würden. In den achtziger Jahren hatte der Bahnfiskus Häuser für seine Beamten an der Lindenhofstraße errichtet. So wohnten hier und in den benachbarten Straßen um 1900 viele Eisenbahnbeamte und Lanz-Arbeiter.

Die andere, zum Rhein hin gelegene Hälfte des Lindenhofs – das Gebiet des früheren Gontardschen sowie des Wellenreutherschen Guts – wurde viel später plangelegt. Der Industrielle Friedrich Engelhorn kaufte 1890 das Terrain, ließ Straßen anlegen und verkaufte das parzellierte Bauland. Seine Grundstückspekulation war ein einträgliches Geschäft. In die neuen Häuser zogen mittlere Beamte und Angestellte. Aber auch einige wohlhabende Mannheimer ließen sich an der Stephanienpromenade nieder. Durch die Lage am Rhein und die Nähe zum Waldpark entstand hier eine in der Tat freundliche Wohngegend. So erhielt der Stadtteil ein doppeltes Gesicht, dessen Trennlinie die Meerfeldstraße war, die als Hauptverkehrsader auch Geschäftsstraße wurde.

Neckarstadt, Alter Meßplatz und Max-Joseph-Straße, zwischen 1910 und 1921. Postkarte.

Neckarstadt, Baustelle Uhlandschule, Geibelstr. 2–6, 1912/13.

Lindenhofüberführung, Stadtseite, um 1898. Fotografie: A. Weinig.

Lindenhof, Rennershofstraße, Postkarte.

Lindenhof, Stephanienpromenade.

Sonntagskonzert auf dem Friedrichsplatz, 1907.
Rechts der Rosengarten. Das am Wasserturm errichtete Restaurant bestand nur während der Jubiläumsfeierlichkeiten des Jahres 1907.

Der Friedrichsplatz

Ende der achtziger Jahre lieferte das Tief-
bauamt der Stadt eine erste Konzeption für
die Gestaltung des geplanten Platzes am
Wasserturm. Das östlich von diesem
gelegene Terrain sollte ein großer Ziergarten
mit Wasserspielen werden, während Arka-
denbauten den Platz nach Osten abschlie-
ßen und Straßen strahlenförmig auf ihn
zulaufen sollten. In der Monumentalität
sollte der Platz dem Wasserturm ebenbürtig
sein und zugleich zu einem Zentrum der
vornehmen östlichen Stadterweiterung
werden.
Maßgeblichen Einfluß auf die Gestaltung
des Platzes nahm dann der Charlottenbur-
ger Architekt Bruno Schmitz, der in einem
Architektenwettbewerb für eine Festhalle
(Rosengarten) 1899 den ersten Preis gewonnen hatte. Ihm ist die großzügige Gestaltung
des Platzes zu danken, die heute aufgrund
des Verkehrs kaum mehr genossen werden
kann.
Die Festhalle wurde ein Bau von ungewöhn-
lich großen Ausmaßen. Sie wurde als
Konzert- und Kongreßhaus, für Volksver-
sammlungen und Festlichkeiten erstellt.
Der Nibelungensaal war mit 3600 Sitz- und
1400 Stehplätzen seinerzeit das größte
Bauwerk dieser Art in Deutschland. Im Stil
war der Rosengarten dem Barock nachempf-
funden und reich mit Jugendstildekor
verziert. Die Kosten betrugen insgesamt
3 Millionen Mark. Die Zeitgenossen
setzten damit dem wirtschaftlichen Aufschwung und dem gewachsenen Reichtum
ihrer Stadt ein Denkmal.
Auf der südlichen Seite des Platzes wurde
mit Mitteln der Julius-und-Henriette-
Aberle-Stiftung seit 1905 die Kunsthalle
erbaut. An ihrer Rückseite, dem Platz
zugewandt, plante man seit 1902 den Bau
des Reiß-Museums. Dieses ebenfalls Bruno
Schmitz anvertraute Projekt fiel jedoch
ebenso wie das am östlichen Ende des
Friedrichsplatzes geplante Denkmal des
Großherzogs dem Ersten Weltkrieg zum
Opfer.[4]

Rosengarten im Bau, März 1901. Fotografie: F. Walter.

Die Oststadt

Das Viertel für das reiche Mannheimer Bürgertum entstand unter besonderer Fürsorge der Stadtverwaltung. Schon Anfang der siebziger Jahre war ein Planungswettbewerb ausgeschrieben worden, den der Karlsruher Städtebautheoretiker R. Baumeister gewann. Aber erst 20 Jahre später ging man an die Realisierung des abgeänderten Plans.

Den Raum für ein Villenviertel gewann man durch strenge Bauvorschriften, die den Abstand der Häuser zueinander und zur Straße sowie ihre Höhe regelten. Grundstücksspekulation, wie sie auf dem Lindenhof stattgefunden hatte, wurde unterbunden.

Die Nähe zum Luisenpark garantierte von vornherein eine gesunde und schöne Wohnlage. Der ästhetischen Qualität wurde auch bei der Anlage der Straßenzüge Beachtung geschenkt. Das Rechteckschema wurde durch Diagonalen und Sternplätze durchbrochen. Eine der romantischen Richtung im Städtebau verpflichtete Neuerung war die leicht gebogene Form zum Beispiel der Beethovenstraße.

Der zum Friedrichsring hin gelegene Teil der Oststadt bestand aus Mietshäusern, die den Ansprüchen des gehobenen Bürgertums durch großzügige, mit Repräsentationsräumen versehene Wohnungen entsprachen. Auch boten sie schon modernsten hygienischen Komfort: Sie waren mit Badezimmern ausgestattet. Im östlichen Teil, insbesondere an der Werder-, Carola- und Hildastraße (heute Erzberger- bzw. Kolpingstraße), erwarb die Crème de la crème Grundstücke und ließ sich von R. Tillessen und anderen Architekten Villen erbauen. Diese ahmten im Stil Barock, italienische Renaissance oder deutsches Mittelalter nach. Äußerlich ähnelten sie vornehmen Landhäusern, Schlössern oder Burgen. Hier residierten Richard Ladenburg (Bankhaus Ladenburg & Söhne), August Clemm (Generaldirektor der Chemischen Fabrik C. Weyl & Co. AG, 1914 in den erblichen hessischen Adelsstand erhoben: August Clemm von Hohenberg), Heinrich Röchling (Eisen- und Stahlwerke Völklingen), Friedrich Engelhorn (Böhringer), Karl Lanz. Auffallend ist, daß es sich fast immer um die zweite Generation, die Söhne der Firmengründer handelt. Karl Lanz, Sohn von Heinrich Lanz, ließ an seiner schloßähnlichen Villa überall sein Monogramm anbringen – wie einst die französischen Könige. Die Anlehnung an aristokratischen Lebensstil ist hier überdeutlich.

Oststadt, Ecke Werder-/Carolastraße (heute Erzbergerstraße), 1910. Links Villa Engelhorn, rechts Villa Reuther, im Hintergrund die Villa Lanz im Bau. Um 1912.

Blick von der Villa Lanz über die Oststadt, 1913. Beherrschend die Kuppel der Christuskirche.

Der Mühlenbesitzer Willy Kauffmann mit seiner Schwiegermutter im eleganten Zweispänner vor seinem Wohnhaus (Lachnerstr. 16). Am Fenster: Frau Kauffmann. 1908.

Spiegelfabrik Waldhof. Fotografie: A. Weinig.

Industrialisierung der Vororte und Eingemeindungen

Der geringen Grundstückspreise wegen siedelten sich in der zweiten Hälfte des 19. Jahrhunderts außerhalb der Stadt auf den Gemarkungen der Nachbargemeinden Industriebetriebe an, nahe genug, um die Vorzüge der Stadt (günstige Verkehrslage, Banken, Geschäfte, kulturelle Institutionen) nutzen zu können. Die erste derartige Gründung war die Spiegelmanufaktur, die sich 1854 auf dem unfruchtbaren, sandigen Boden des Waldhofs niederließ und eine Werkssiedlung mit eigener Schule, Kirche und Polizei aufbaute. Sie lag auf der Gemarkung der Bauerngemeinde Käfertal. Auch Rheinau entstand als Industrieansiedlung – vor allem chemischer Betriebe – Anfang der siebziger Jahre auf unfruchtbarem Boden der Seckenheimer Gemarkung. Schon damals übrigens klagte man über Baumsterben und unerträgliche Abgasbelästigung in der Umgebung dieser Fabriken.

Die Industrieunternehmen sorgten anfänglich selbst für Straßenbau, Wasser und Energie. Sie bauten auch Häuser mit Arbeiterwohnungen, um einen festen Stamm von Arbeitern anzuziehen: auf dem Waldhof vor allem in der Form von Werks-

siedlungen, während in Rheinau die ansässigen Firmen eine Terraingesellschaft gründeten. Nach wilder Grundstücksspekulation wurden „Mietskasernen" in dichter und hoher Bebauung aus dem Boden gestampft. Dies trug der Rheinau den Ruf eines *Klein-Amerika* ein (eine damals häufig gebrauchte Anspielung auf das zügellose kapitalistische Wachstum US-amerikanischer Großstädte).

Die Unternehmen erhöhten zwar (nach anfänglicher Abgabenfreiheit) das Steueraufkommen der alten Bauerngemeinden, aber die neuentstandenen Ortsteile bedeuteten eine große zusätzliche finanzielle Belastung für sie. Kanalisation und die Verlegung von Wasserleitungen, der Bau von Schulen und Kirchen, die Anlage zusätzlicher Friedhöfe überstiegen ihre Finanzkraft und zwangen sie zu Eingemeindungsverhandlungen, die meistens von der Stadt schon früher angestrebt worden waren. Diese konnte solche Aufgaben eher bewältigen und hatte den Vorteil, neue potente Steuerzahler zu erwerben. Die Industriellen und die Bewohner der Indu-

strievororte Waldhof und Rheinau waren außerdem auf ihrer Seite, da sie der Meinung waren, daß sie von der bäuerlich dominierten Selbstverwaltung der Muttergemeinden vernachlässigt würden.

Auf diese Weise ging die *Einverleibung* – wie es damals so schön drastisch hieß – von Käfertal-Waldhof (1897), Neckarau (1899), Sandhofen und Rheinau (1913) vor sich, wobei Rheinau schon 1901 von Seckenheim abgetrennt wurde. Feudenheim hingegen war nicht Industriestandort geworden, nur arbeiteten viele Feudenheimer Einwohner im Mannheimer Baugewerbe, in Zigarrenfabriken und in der Industrie. 1905 hatte die Süddeutsche Diskonto-Gesellschaft, das frühere Bankhaus Ladenburg, einen südlich des Neckars gelegenen Teil der Feudenheimer Gemarkung aufgekauft, um ein Villenviertel – das spätere Neuostheim – zu errichten. Die Versorgung dieses neuen Stadtteils, aber auch die des alten Bauerndorfes mit elektrischem Strom und anderen notwendigen Infrastruktureinrichtungen zwangen Feudenheim 1910 zur Eingemeindung.

Ansicht der Werksanlagen, der Villa K. Reuther und der Werkswohnungen von Bopp & Reuther an der Waldstraße, um 1908. Postkarte.

Rheinau, Schwetzinger Straße, vor 1913. Postkarte.

Neckarau, Friedrichstraße / Ecke Neugasse, Wirtshaus „Zum Rodensteiner", um 1905.

Eisbahn Käfertal, um 1910.

Die Bevölkerung

Bierbrauerei zum Habereck, Q 4, 10, zwischen 1908 und 1914.

Zuwanderer und Auswanderer

Mannheims Bevölkerung wuchs zwischen 1871 und 1914 von knapp 40 000 auf über 220 000 Einwohner. Nur ein Teil dieses Zuwachses geht auf die Eingemeindungen zurück. Junge, meist ledige Menschen siedelten sich auf der Suche nach Erwerbsmöglichkeiten neu in der Stadt an. Schließlich trug der Geburtenüberschuß zur Zunahme der Bevölkerung bei. Mannheim wurde zwischen 1895 und 1900 Großstadt im statistischen Sinne, d. h. es zählte mehr als 100 000 Einwohner.

Die Entwicklung zur Großstadt war aber weit mehr als ein statistisch beschreibbarer Vorgang. Ein Zeitgenosse drückt das so aus: *Die Stadt war klein; die Menschen standen sich näher als heutzutage, da alle Verhältnisse sich so stark differenziert haben. Ein Unbekannter auf der Straße war eine Seltenheit, die nicht unvermerkt sich ereignete. Ein weiter Kreis gemeinsamer Interessen und Lebensanschauungen umspannte den größten Teil der Einwohnerschaft. Mit einem Male änderte sich das Bild: Fremde Elemente wanderten scharenweise ein und drängten die Einheimischen zurück, ohne ihrerseits eine Solidarität der Interessen zu besitzen. So drohte die Bevölkerung in gesellschaftlich zusammenhangslose Atome auseinanderzufallen.*[1] Das sind uns durchaus bekannte Gefühlsausdrücke: Angst vor dem Verlust der Vertrautheit, Angst vor Anonymität und Einsamkeit in der Großstadt.

Zugleich wird deutlich, wie solche Angst in Fremdenhaß umzuschlagen droht.

Die Zuwanderer bildeten jedoch bald eine Mehrheit. Dem Heiratsverhalten nach zu schließen, grenzte man sich nicht voneinander ab: 1905 war die Hälfte der ortsgebürtigen Mannheimer und Mannheimerinnen mit Zuwanderern verehelicht.[2]

Woher kamen nun die Fremden und was führte sie in die Stadt? Weitaus die meisten Zuwanderer kamen aus dem Großherzogtum Baden. Eine genauere Untersuchung zeigt, daß das Mannheimer Einzugsgebiet von der bayerischen Pfalz über Südhessen und Nordbaden bis nach Nordwürttemberg reichte. Als städtisches Anziehungszentrum konkurrierte Mannheim mit Ludwigshafen im Westen, Stuttgart, Karlsruhe und Pforzheim im Süden, Frankfurt im Norden. Im Jahr 1900 wurden besonders viele Ortsgebürtige aus den Bezirksämtern Buchen, Boxberg, Adelsheim, Mosbach und Sinsheim gezählt. Odenwald und Bauland waren ärmliche, agrarisch-kleinegewerbliche Gebiete, deren Bevölkerung auf der Suche nach Arbeitsplätzen früher zur Emigration gezwungen war, nun zum Teil Arbeitsplätze in den neu entstehenden industriellen Ballungsräumen Mannheim/Ludwigshafen, Frankfurt, Stuttgart fand.[3]

In Handwerk und Industrie, im Hafen und auf den Baustellen der Rhein-Neckar-Stadt wurden vor allem Männer gesucht. Mannheim war aber auch für Frauen auf Arbeitssuche ein Anziehungspunkt; denn das vermögende Bürgertum – fast die Hälfte der Höchstbesteuerten in Baden wohnten 1898 in der größten Stadt des Großherzogtums – beschäftigte zahlreiche weibliche Hausangestellte; nach dem Verhältnis von Dienstboten zur Einwohnerzahl stand Mannheim 1895 an vierter Stelle im Reich.[4]

Wir wissen wenig über die Probleme der Zuwanderer in ihrer neuen Umgebung. Gewisse Aufschlüsse ergeben jüngst gesammelte erzählte Erinnerungen wie die von Josefine H. aus Unt7ginsbach. Sie teilt Erfahrungen ihrer Eltern mit, die 1897 nach Mannheim aufgebrochen, jedoch nach etwa drei Jahren wieder in ihr Heimatdorf zurückgekehrt waren: *Die Eltern haben dort in Mannheim niemand gehabt. Das hat meine Mutter auch gesagt: Wenn man so fremd in eine Stadt hineingeht und hat gar niemand, das hat keinen Sinn mit so viel Kinder, das ist recht, wenn Du ledig anfängst. Dann kannst Du eher einmal schlechte Monate – bis Du ein bißchen etwas verdienst – hinnehmen als mit einer Familie mit Kindern, wo Du alles kaufen mußt, und Kinder brauchen Milch und alles.*[5] Die Wanderung in die Stadt brachte also nicht immer das erhoffte bessere Leben und war nicht immer endgültig. Ein Teil der Neuankömmlinge konnte sich nicht halten und mußte – insbesondere in wirtschaftlichen Krisenzeiten – die Stadt wieder verlassen. Manche kamen saisonweise, andere – wie die Gesellen – sahen Mannheim als eine Etappe ihrer Wanderung an.

Neben dem echten Zuzug spielte für Bewohner der Gemeinden in der Nachbarschaft Mannheims die Tageswanderung, wie man damals sagte, eine bedeutende Rolle. Rund ein Drittel der Mannheimer Fabrikarbeiter waren Pendler, die entlang den Bahnstrecken rund um Mannheim zu Hause waren.[6]

Die Ursachen der Wanderung waren also in erster Linie wirtschaftlicher Natur. Sigmund Schott brachte es aus der Sicht des anziehenden Zentrums auf den einfachen Nenner: *Die Arbeitsstadt benötigt Arbeitskräfte.*[7]

Im 19. Jahrhundert verließen einige Millionen Deutsche den Kontinent und wanderten aus politischen und ökonomischen Motiven in die Vereinigten Staaten von Amerika aus. Darunter waren Revolutionäre von 1848/49 wie Friedrich Hecker aus Mannheim und Sozialisten, die vor der Verfolgung unter dem Sozialistengesetz flohen; die meisten aber erhofften sich ein sorgloseres Leben in dem *freien Land.*

Deutschland war im 19. Jahrhundert ein Agrarstaat. Im Südwesten war durch die Realteilung des bäuerlichen Besitzes und die Bevölkerungszunahme ein Teil der Landbewohner von Verarmung bedroht, und mancher fuhr aus diesem Grunde über das Meer. Als um 1870 im Südwesten die Industrialisierung forciert einsetzte, nahm die Auswanderung rasch ab. Die unterbeschäftigte Landbevölkerung fand in den neu entstehenden Industriezentren Arbeit. 1882 war der letzte Höhepunkt der Auswanderung. Von Mannheim aus starteten damals 14 000 Menschen, von denen aber nur noch 122 aus der Stadt und dem umliegenden Amtsbezirk selbst kamen.[8]

Einer der berühmtesten Mannheimer Auswanderer war damals der Zimmermann Louis Lingg, der 1886 in der sogenannten Haymarket-Affäre[9], in einem großen Schauprozeß gegen deutsche Anarchisten, zum Tode verurteilt wurde. (Später mußte zugegeben werden, daß es sich dabei um einen Justizmord gehandelt hatte.) Vor Gericht erzählten die Angeklagten ihr Leben. So wissen wir von Louis Lingg, der 1864 in Mannheim geboren wurde, daß sein Vater in einer Holzfabrik arbeitete und die Mutter eine Wäscherei führte und daß die Familie sehr auskömmlich (mit nur zwei Kindern) lebte, bis der Vater nach einem Arbeitsunfall starb.

Rheinbrücke nach Ludwigshafen (heute Adenauer-Brücke), zwischen 1878 und 1902. Im Vordergrund die Pferdebahn.

RED STAR LINIE

(Rothe Stern-Linie)

Königl. Belg. Postdampfer zwischen

Antwerpen und New-York.

Antwerpen und Philadelphia

Direkt, ohne Umladung.

Die Flotte der **Red Star Linie** besteht aus den folgenden erster Klasse Postdampfern:

Friesland	Westernland	Noordland
Rhynland	Waesland	Pennland
Nederland	Belgenland	Switzerland

Diese Dampfer sind alle neuerer Bauart, und speciell für die Nord-transatlantische Fahrt gebaut worden; sie verbinden Sicherheit mit Bequemlichkeit und Schnelligkeit.

Den Zwischendecks-Einrichtungen (3. Klasse) hat die **Red Star Linie** ganz besondere Aufmerksamkeit geschenkt. Dieselben liegen zum weitgrößten Theil im oberen Deck, sind durch Seitenfenster erhellt und gut ventilirt; die Schlafstellen sind in Zimmern von 20—24 Betten eingetheilt. Familien, ledige Frauen und ledige Männer werden getrennt logirt. Eine gute und reichliche Kost wird dreimal täglich verabreicht. Die Lebensmittel sowohl, als auch die Einrichtungen werden vor jeder Reise durch eine Staats-Commission inspizirt. Jeder Auswanderer findet in seiner Schlafstelle eine Matratze und Blechgeschirr zum Essen und Trinken.

Die **Red Star Linie** ist bekannt durch die Sicherheit und Regelmäßigkeit ihres Dienstes: **seit ihrem Bestehen hat sie noch kein Menschenleben verloren.**

Die **Red Star Linie** ist die

Einzige Directe Postlinie

von Antwerpen nach Nord-Amerika. Man gebe wohl Acht, Billete für die **Red Star Linie** zu nehmen, und sich nicht irre führen zu lassen.

Man wende sich für Billete und alle Auskunft an

Peter Wright & Sons, General-Agenten,

6, Bowling Green, NEW-YORK. 307, Walnutstr. PHILADELPHIA.

von der Becke & Marsily, Europäische General-Agenten,

ANTWERPEN.

Trotz der nun schlechteren materiellen Verhältnisse der Familie konnte Louis Lingg eine Tischlerlehre machen und ging dann auf Wanderschaft. In Freiburg schloß er sich dem Arbeiterbildungsverein an und wurde mit lassalleanischem Gedankengut vertraut. Dann reiste er in die Schweiz, *um die Naturschönheiten und die freiheitlichen Institutionen dieses Landes, das ich sehr bewunderte, kennenzulernen*[10]. So sehr er die Natur bewunderte, so enttäuscht war er von dem Mangel an ökonomischer und politischer Freiheit. In den Auseinandersetzungen zwischen Sozialisten und Anarchisten schloß er sich damals letzteren an und billigte die Propaganda der Tat, um einen sozial-kommunistischen Staat zu errichten.[11]

Um der Einberufung zum deutschen Militär zu entgehen – die Schweiz hätte ihn damals ausgeliefert –, beschloß er auszuwandern. *Ich hatte keine Lust*, sagte er, *drei Jahre meiner Jugend mit der Verteidigung von Thron, Altar und Geldsack zu verbringen und den Launen irgendeines gekrönten Schwachkopfes nachzukommen, der unnütze Schlächtereien, gemeinhin Kriege genannt, inszenierte.*[12] Mit finanzieller Unterstützung seines Stiefvaters gelangte er in die USA.

In diesem letzten Jahr seines Lebens entfaltete er große Aktivitäten in der anarchistisch beeinflußten Internationalen Zimmermanns- und Schreinergewerkschaft in Chicago. Das Jahr 1886 war ein Höhepunkt der militanten Auseinandersetzungen zwischen Arbeitern und Polizei bzw. privaten Milizen um die Einführung des Achtstundentags. Am 4. Mai wurde während einer Kundgebung auf dem *Haymarket* eine Bombe geworfen, die mehrere Polizisten und Arbeiter tötete. Während die Attentäter unbekannt blieben, verurteilte man einige besonders aktive und einflußreiche Personen der Arbeiterbewegung – darunter Louis Lingg – im Schnellverfahren zum Tode. Zur Erinnerung an die Ereignisse erklärte die internationale Arbeiterbewegung vier Jahre später den 1. Mai zum Kampftag der Arbeiterklasse.

Oben: Östlicher Bahnhofsvorplatz, 1907. Im 3. Haus von rechts das Büro der Schiffahrts-Agentur „Red Star Linie".

Links: Anzeige aus dem *Adreßbuch Mannheim* von 1890.

Die Konfessionen oder: Religion und Politik

Im Unterschied zum überwiegend katholischen Baden waren in Mannheim die beiden großen christlichen Bekenntnisse nahezu gleich stark vertreten. Die Anhänger des israelitischen Glaubens nahmen trotz absoluter Zunahme von 8 % auf 3 % ab, d. h. ihre Zahl wuchs langsamer als die der Angehörigen der anderen Konfessionen. In den sechziger und siebziger Jahren tobte in Baden der Kulturkampf, die Auseinandersetzung zwischen protestantischen Nationalliberalen mit dem Großherzog an der Spitze und der katholischen Kirche um deren Einfluß auf Institutionen der Erziehung und Ausbildung. Die katholische Kirche mußte dabei erhebliche Machteinbußen hinnehmen. 1868 führte man die fakultative und 1876 die obligatorische Simultanschule ein, d. h. den gemeinsamen Unterricht für Kinder verschiedener Konfessionen.

Diese Auseinandersetzungen erklären die Abneigung der überwiegend katholischen Landbevölkerung in Baden gegenüber den Nationalliberalen und garantierten der Katholischen Volkspartei, dem späteren Zentrum, eine sichere Wählerbasis; aber sie scheinen keine tiefgehende Spaltung zwischen Katholiken und Protestanten hervorgebracht zu haben. Es ist überdies anzunehmen, daß sich die Bindungen an die Kirche durch die Wanderung in die Stadt gelockert hatten. Jedenfalls stellte das statistische Amt in Mannheim seit 1898 einen steten Anteil von rund 33 % konfessionellen Mischehen fest.[13] Die katholische Kirche verstand es, ihre Anhänger in zahlreichen Vereinen zu organisieren (Männerverein, Kolpingverein, Zentrumsverein usw.). Auch in Mannheim bildete sich so ein katholisches Milieu heraus.

1890 wurden evangelische und katholische Arbeitervereine gegründet. Die Kirchen reagierten mit diesen Integrationsversuchen auf die starken Erfolge der sozialistischen Arbeiterbewegung. Diese Zielrichtung wurde offen ausgesprochen; die Sozialdemokratie galt als religionsfeindlich und systembedrohend.

In der Schwetzinger Vorstadt erregte daher der protestantische Pfarrer Ernst Lehmann – ein Vetter von Walter Rathenau – Aufsehen, weil er mit großem Nachdruck soziale Reformen (z. B. Arbeitsruhe an Sonntagen) forderte. Auf den Druck der Mannheimer Nationalliberalen wurde er 1895 „strafversetzt".

Der evangelische Arbeiterverein nahm in der Folgezeit zahlenmäßig ab.[14] Der katholische Arbeiterverein dagegen wuchs weiter an und konnte um 1912 1242 Mitglieder aufweisen.[15]

Einweihung der Christuskirche in Anwesenheit des Großherzogs, 1. 10. 1911. Die evangelische Christuskirche war der repräsentativste und größte Kirchenneubau Mannheims im Kaiserreich. Sie stand inmitten der vornehmen Oststadt. Insgesamt wurden auf dem heutigen Stadtgebiet Mannheims zwischen 1885 und 1915 zehn katholische und neun evangelische Kirchen sowie eine Synagoge neu errichtet oder durch Umbauten entscheidend verändert.

Die Johanneskirche in Feudenheim im Bau, 1887/88.

Die Trinitatiskirche (erbaut 1709) in G 4; ursprünglich Kirche der lutherischen, dann der evangelischen (unierten) Gemeinde. Fotografie nach 1900. Die reformierte Gemeinde hatte sich vormals in der Konkordienkirche in R 2 versammelt. Die katholischen Stadtkirchen waren die Jesuitenkirche in A 4 und die Untere Pfarrkirche St. Sebastian am Marktplatz aus dem 18. Jahrhundert.

Konfirmation von Luise Massinger aus Feudenheim (geb. 1889), 1903.

Firmung von Kurt Wacker, Mannheim.

Hochzeitspaar aus Neckarau, um 1900. Erinnerungspostkarte.

Feste im Lebenslauf

Kirchlich-gesellschaftliche Rituale – Taufe, Kommunion bzw. Konfirmation, Hochzeit und Beerdigung – begleiten den Lebenslauf des einzelnen im „christlichen Abendland". Dies galt auch für die städtische Gesellschaft um 1900, selbst wenn dort, wie man beklagte, die Frömmigkeit im Vergleich zum Lande abgenommen hatte. Aus den genannten Anlässen feierte man wie heute ein großes Familienfest, zu dem oft auch Freunde und Nachbarn eingeladen wurden. Ein Höhepunkt dieser Feste war eine Aufnahme durch den Fotografen. Die Wohlhabenden konnten sich den Fotografen bestellen, einfache Leute gingen ins Atelier. Dessen Ausstattung – die Requisiten, das „Interieur", die gemalte Kulisse – steuerte dann die Attribute zur Selbstdarstellung der fotografierten Person bei. Diese Attribute hatten symbolischen Gehalt und überhöhten die konkrete Situation und oft auch den sozialen Status des oder der Fotografierten.

Man liebte damals eine pompöse und idealisierende Darstellung auf Personenporträts und Gruppenbildern. Solch ein Bild im verzierten schweren Holzrahmen diente dann lange Zeit als Wandschmuck, auf den man stolz war, und es hielt die Erinnerung an einen glanzvollen Augenblick des eigenen Lebens wach. Wie im Baustil, so orientierte man sich auch hier gerne an Vorbildern der Vergangenheit und verwendete historische Versatzstücke.

Das Konfirmationsbild von Luise Massinger zeigt die Tochter eines Chemikers beim Verein chemischer Fabriken Wohlgelegen vor einer romantischen Landschaftsidylle. Pfosten und Gitter rechts sollen wahrscheinlich den Eingang zu einem herrschaftlichen Besitz andeuten. Der Stuhl im Empirestil weist auf gehobene soziale Verhältnisse hin (was der realen Situation des Mädchens nicht ganz entsprach).

Synagoge in F 2, 13, um 1910.

Die jüdische Gemeinde

Als Kind jüdischer Eltern geboren zu sein bedeutete auch an der Wende zum 20. Jahrhundert ein erhebliches Ausmaß an Diskriminierung. Im Laufe des 19. Jahrhunderts waren den Juden zwar zahlreiche Rechte zugestanden worden. Jedoch dauerte es bis zur liberalen Gesetzgebung von 1860, bis Juden die staatsbürgerliche Gleichberechtigung erhielten. Und auch diese schloß nicht den ungehinderten Zugang zum Staatsdienst ein: Juden konnten weder Minister noch Staatsanwälte werden. Da das Militär unter maßgeblichem preußischem Einfluß stand, setzten sich hier auch die preußischen Reglementierungen für Juden durch. Seit den achtziger Jahren erlangten Juden kaum mehr Reserveoffiziersstellen. Dies war in einer Gesellschaft, in der militärische Ränge alles bedeuteten, ein schwerwiegender Akt der Ausgrenzung einer konfessionellen Minderheit. Dennoch war das bis dahin höchste Maß an Gleichstellung für die Juden erreicht, und der berechtigte

Wunsch, schlicht als Deutscher, als badischer Staatsbürger und Mannheimer zu gelten wie jeder Protestant und Katholik auch, schien der Verwirklichung nicht fern. Mannheim zog mit seinem liberalen und demokratischen Geist im 19. Jahrhundert die jüdische Bevölkerung des Umlandes an. Hier wurde 1835 von jüdischen Bürgern eine Petition an die Zweite Kammer der badischen Ständeversammlung gerichtet: *Worin liegt der Grund, daß wir in einem Staat, in dem wir schon seit vielen Jahren alle Pflichten als Bürger erfüllen, noch länger die vollen Bürgerrechte entbehren sollen?*[16]
Nach den Judenpogromen in zahlreichen Orten flohen 1848 viele Juden nach Mannheim (wie übrigens nach dem Judenpogrom in Galizien 1903). Mannheimer Bürger (Friedrich Hecker, Adam von Itzstein, Alexander von Soiron, Karl Mathy und Friedrich Daniel Bassermann) veröffentlichten damals folgenden Aufruf: *Mit tiefem Schmerz, welchen alle wahren Freunde der Volksfreiheit und des Vaterlan-*

des teilen, vernehmen wir die Nachricht, daß die Tage, welche die Herzen aller wackeren Bürger mit hehrer Begeisterung erfüllen, die Tage, welche unser ganzes Volk erlösen sollen von dem Druck der Knechtschaft von Jahrzehnten, ja von Jahrhunderten, entweiht werden sollten durch blinde Zerstörungswut und Gefährdung der Personen und des Eigentums unserer Mitbürger mosaischen Glaubens, daß das leuchtende Panier der Freiheit besudelt werden will durch schmähliche Exzesse.[17]
Nach der Verkündung der Gewerbe- und Niederlassungsfreiheit 1862 zogen viele jüdische Bürger vom Lande zu, die sich dort, da sie keinen Grundbesitz erwerben durften, ärmlich als umherziehende Händler ernährt hatten. In der „Handelsmetropole" Mannheim gab es für sie Erwerbsgelegenheiten und Aufstiegsmöglichkeiten. Die Existenz einer regen jüdischen Gemeinde war gewiß ein zusätzlicher Anziehungsfaktor. Sie wies eine orthodoxe und eine liberale Richtung auf. Letztere kam dem Assimilationsstreben vieler Gemeinde-

Innenansicht der Lemle-Moses-Klaus in F 1, 11, um 1908.

Die freireligiöse Gemeinde

Viele Angehörige der drei großen Konfessionen traten seit der Mitte des 19. Jahrhunderts aus der Kirche oder Synagoge aus und schlossen sich der freireligiösen Gemeinde an. Diese war eine Nachfahrin des Deutschkatholizismus und fühlte sich der demokratischen Bewegung von 1848 verbunden. Sie wandte sich gegen antiaufklärerische Tendenzen im deutschen Katholizismus. *Selbstbestimmung in allen religiösen Angelegenheiten* war ihr Grundsatz. Sie bot aber eigene konkurrierende Organisationsformen religiösen Lebens an: *Namen-, Ehe-, Toten- und Jugendweihe* statt Taufe, Hochzeit, Beerdigung, Konfirmation oder Kommunion.

An die Stelle biblischer Texte traten Gedanken des deutschen Idealismus. Gegen die *Offenbarungsreligion* wurde eine Religion gesetzt, *die Verstand und Gemüt zugleich*[18] befriedigte. An die Stelle des konfessionellen Unterrichts in den Schulen sollte Moralunterricht treten. Kirche und Staat sollten strikt getrennt werden.

Die Freireligiösen huldigten einem Fortschrittsglauben, der auch in liberal- und sozialdemokratischem Gedankengut enthalten war: Die aufsteigende Entwicklung eines Volkes hänge in erster Linie von dem Drang nach Bildung und Freiheit und der Befriedigung dieses Bedürfnisses ab, heißt es in einer Schrift der Freireligiösen Gemeinde Mannheims von 1910. Es ist daher nicht weiter verwunderlich, daß wir im Vorstand der örtlichen freireligiösen Gemeinde auf namhafte Mannheimer Sozialdemokraten wie August Dreesbach und Franz Königshausen treffen.[19]

mitglieder entgegen. Sie versammelten sich in der 1851–1855 erbauten Synagoge in F 2, 13, die leichte Ähnlichkeit mit dem christlich-romanischen Baustil aufwies. Die orthodoxe Richtung fand ihr Zentrum in der Lemle-Moses-Klausstiftung (F 1, 11). Die jüdischen Mannheimer waren in allen Bereichen des gesellschaftlichen Lebens präsent und trugen erheblich zur Blüte der Stadt im Kaiserreich bei. Gleichwohl war die jahrhundertealte Kluft zwischen jüdischer und christlicher Bevölkerung nicht überwunden. Wie es einen zumindest latenten Antisemitismus gab – man heiratete z. B. keine Angehörigen israelitischer Religion –, so schloß sich auch die jüdische Gesellschaft von den *Gojes* ab: Mischehen zwischen Juden und Christen waren auch um 1900 noch eine Seltenheit. In der Wissenschaft war Antisemitismus ebenso verbreitet, in der Politik nahm er organisierte Formen an. So wurde auch in Mannheim 1890 ein antisemitischer Verein gegründet, über dessen Aktivitäten wir allerdings wenig wissen.

Ausflug der Freireligiösen Gemeinde Mannheim, 1905.

Die vier Kinder des Schneiders Roth, Hans, Caroline, Margarethe und Elsbeth, 1917. Aus Krankheitsgründen konnte der Vater seinem Gewerbe nicht mehr nachgehen, kam aber bei der städtischen Straßenbahn als Schaffner unter.

Friedrich, Richard und Caroline Walter, 1878. Der Vater war ein wohlhabender Kaufmann.

Proletarische Kindheit

Auf die Frage, was Kindheit im Kaiserreich war, geben Bildquellen kaum Antwort. Eher sind die überlieferten Darstellungen aufschlußreich für die Einstellung, die man damals zur Kindheit hatte. Entsprechend den größeren materiellen Möglichkeiten gingen Angehörige der bürgerlichen Schichten häufiger als Proletarier mit ihren Kindern zum Fotografen oder besaßen selbst eine Kamera. Überdies fehlen für die Zeit vor 1918 die „Schnappschüsse" engagierter Fotografen, die später häufig das Arbeitermilieu festgehalten haben. Bilddokumente zur proletarischen Kindheit sind daher äußerst selten.

Wie aber sah das Leben von Arbeiterkindern im Kaiserreich aus? Sie nahmen zunächst einfach teil an der Mangelsituation ihrer Klasse, an den beengten Wohnverhältnissen. Neben der Schule mußten sie häufig ein „Zubrot" verdienen: Zeitungen oder Brötchen austragen oder die Kleinkinder reicher Leute ausfahren. So erinnert sich Otto M.: *Um viertel vor vier morgens beim Bäcker „Weck" getragen, Sommer wie Winter, und in der Schule bin ich dann eingeschlafen. Tagsüber sackweise in den Neubauten Abholz heimgetragen. Hab' kochen müssen, hab' es lernen müssen, und dem Stiefvater hab' ich abends acht Uhr in der Augartenstraße von da bis nach dem Lindenhof in die Ölfabrik gleich über'm Steg das Essen bringen müssen, wenn er Nachtschicht hatte.*[20]

Arbeiterkinder waren also frühzeitig in den Arbeitsprozeß einbezogen und lernten, sich nach dem Zeitrhythmus der Fabrik zu richten. Kinderarbeit war zwar grundsätzlich verboten. Aber gewisse Beschäftigungen – Zeitungen und Brötchen austragen, Brezeln verkaufen – galten offenbar nicht als Arbeit. Zwölf- bis Vierzehnjährige wurden in den achtziger Jahren auch noch in den Zigarrenfabriken beschäftigt. Anläßlich einer Ortsbereisung durch großherzogliche Beamte beklagte man in Sandhofen, daß die Volksschüler, welche vor Beginn des Unterrichts am Vormittag noch in einer Zigarrenfabrik tätig seien, schlecht vorbereitet und ermüdet in die Schule kämen. *Wir haben deshalb Veranlassung genommen, den betreffenden Eltern sowohl wie den Fabrikanten die Verwendung von schulpflichtigen Kindern in den Fabriken vor Beginn des Unterrichts zu verbieten und dieses Verbot durch die Polizeibehörde und durch die Gendarmerie überwachen zu lassen,* schreibt der Stadtdirektor in seinem Jahresbericht.[21]

Die Kindheit der Buben und Mädchen aus der Unterschicht war also erheblich kürzer als die ihrer bürgerlichen Altersgenossen. Mit vierzehn Jahren, nachdem sie die Volksschule absolviert hatten, traten die Jugendlichen in die Fabrik ein, machten eine Lehre oder verdienten geringen Lohn als Laufburschen, Küchenhilfen usw. Der Anteil jugendlicher Arbeiter und Arbeiterinnen unter 16 Jahren in den der Gewerbeaufsicht unterstehenden Betrieben lag bei rund 5 % der gesamten Arbeiterschaft.[22]

Diese Wirklichkeit ist jedoch kaum in Bildern festgehalten. Im Gegenteil ähneln sich die Kinderfotografien aus dem Arbeiter- und dem bürgerlichen Milieu überraschenderweise. Vor dem Fotografen tragen alle Kinder ihren besten Sonntagsstaat und nehmen in ernster Stimmung Aufstellung. Die „Inszenierung" des Fotografen und das von ihm gestellte Interieur wirken geradezu sozial vereinheitlichend. Der Gang zum Fotografen selbst war ein feierlicher Akt, den man würdig beging.

Eine bürgerliche Kindheit um 1900

Mannheim, 29. Dezember 1903. An diesem Tage um 12.09 Uhr mittags, an einem wunderbar klaren und kalten Wintertage kamst Du zur Welt. Frau Allespach, die weise Frau, rief mir im Zimmer zu: „Ein Bub", und Hans Norbert ließ laut seine Stimme ertönen. Deine goldene Mama lag glückselig in ihrem Bette, und wir beide freuten uns ob unseres tiefen Glücks.[23] So beginnt das Tagebuch eines jungen Vaters, das Aufzeichnungen über die ersten zehn Lebensjahre des erstgeborenen Sohnes enthält: Was der kleine Hans ißt und trinkt, wieviel er wiegt, alles wird genau festgehalten.

Der Vater, Isidor Freundlich, ist von Beruf Betriebsleiter, später steht er als chemischer Ingenieur im Adreßbuch. Zur Zeit der Geburt von Hans lebt die Familie in J 7, 15, am Luisenring. Vorher wohnte sie in der Jungbusch-Straße – damals durchaus beliebte Wohngegend wohlhabender Leute. Später, 1908, zog man in die Bachstraße.

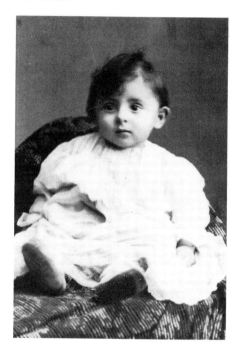

Für die Zukunft des kleinen Hans wird vorgesorgt: *Nachmittags um halb fünf habe ich Dich auf dem hiesigen Standesamt angemeldet und gleichzeitig den ersten Tausendmarkschein bei der Pfälzer Bank in Ludwigshafen vollgemacht.*

Die Eltern sind bemüht, ihre Erziehungsmethoden modernen wissenschaftlichen Erkenntnissen anzupassen. Die Mutter stillt ihr Kind – und nicht zu kurz: achteinhalb Monate. Zunächst läßt man den Knaben schreien, bis die Eltern eines Besseren belehrt werden: Nun tragen sie ihn auf dem Arm, wenn er schreit, bis er sich beruhigt. Die Eltern beschließen, dem Kleinen nie Schläge zu geben – ein Vorsatz, den der Vater schließlich bricht, weil das Kind *gar zu unfolgsam* ist. Ansonsten zeugt das Tagebuch von einer rührenden Liebe und Hingabe, die auszudrücken die Eltern sich keineswegs scheuen.

Die Wohlhabenheit der Familie zeigt sich in der Zahl der Hausangestellten: In der ersten Zeit sind außer dem ständigen Dienstmädchen eine Kinderpflegerin und die Hebamme beschäftigt. Nach einigen Wochen wird ein Mädchen zum Ausfahren angestellt.

Hans Norbert Freundlich, geb. 1903, im Alter von 4½ Monaten, auf dem Eisbärfell, mit 10 Monaten (im Kleid), mit 14 Monaten (als Japaner verkleidet), zweijährig im Sonntagsstaat, dreijährig als Pierrot.

Katholischer Kindergarten, 1915.

Speisezimmer in der Krippe Fröhlichstraße (Neckarstadt), um 1905.

Ausflug des Kriegskinderhorts („Uhlandhort") an den Rhein, Juli 1918. Hinten rechts: die Kindergärtnerin Ella Helwig.

Kinder unter Aufsicht

Der Kampf ums Dasein bringt es mit sich, daß in ungezählten Familien nicht nur der Vater, sondern auch die Mutter dem Erwerb nachgehen muß, ja bei den wohl hilfsbedürftigsten, den unehelich geborenen Kindern, muß die Mutter fast in allen Fällen den Lebensunterhalt für sich und ihr Kind durch Arbeit außer dem Hause verdienen. So war es denn ein Pflichtgebot, daß ein großer Teil aller Wohlfahrtseinrichtungen den Gefahren körperlicher und geistiger Verwahrlosung Einhalt zu gebieten sucht, denen diese ohne stetige mütterliche Fürsorge heranwachsenden Kinder ausgesetzt sind.[24] So wird in der Mannheimer Stadtgeschichte von 1907 die Notwendigkeit von Kleinkinderschulen (unseren Kindergärten entsprechend), Kinderkrippen und Schulhorten begründet. Die größere Zahl dieser Anstalten war konfessionell, einige waren aus Stiftungen wohlhabender Bürger hervorgegangen, alle aber waren stark frequentiert.

Schlafsaal in der Krippe Fröhlichstraße, um 1905.

1906 gab es in Mannheim 23 Kinderschulen für 2656 Kinder zwischen zwei und sechs Jahren, fünf in den eingemeindeten Vororten. Einzelne Fabriken unterhielten ebenfalls Kinderbewahranstalten.

An öffentlichen Einrichtungen für Säuglinge und Kinder unter zwei Jahren bestand offenbar Mangel. Die 1902 in der Neckarstadt (Fröhlichstraße) eröffnete Krippe wurde daher ganz besonders begrüßt. Sie war von privaten Spendern finanziert worden und stand unter dem Protektorat der badischen Großherzogin Luise. Beispielhaft wurde ihre großzügige Ausstattung empfunden. Sie konnte jedoch nur dreißig Säuglinge aufnehmen und kostete erheblich mehr als die Kleinkinderschulen: Die Eltern zahlten hier 20 Pf pro Tag gegenüber 20 Pf pro Woche dort.[25] Das Personal bestand aus einer zuverlässigen Hausmutter, einer geprüften Kinderpflegerin und mehreren Dienstmädchen. Hermine Lämmer erinnert sich: *Das Haus war ziemlich weit unten gelegen im echten*

Arbeiterviertel, und da sind jeden Tag ungefähr fünfzig Kinder dagewesen, von vierzehn Tagen bis zu drei Jahren alt. Die Kinder sind ausgezogen worden, wenn sie gekommen sind. Ihre Kleider sind weggekommen, sie sind dann vom Haus angezogen worden, ganz entzückend angezogen waren die. Da waren große Säle, ein Speisesaal, ein Spielzimmer. Morgens um sechs Uhr sind die Kinder gebracht worden, weil ja die Frauen noch alle haben arbeiten müssen. Da waren viele Frauen dabei, die auf Schiffen gearbeitet haben, wo die am Neckar entladen wurden. Da waren auch Frauen Sackträger, die haben vielleicht drei Mark am Tag gekriegt. Wenn eine Mutter gesagt hat: „Frau Lämmer, ich arbeite da und da ...", da ist niemand ausgesucht worden. Es waren auch manchmal sechzig Kinder, doch es gab eigentlich nur Platz für fünfzig. Da war ein Spielsaal, ein schöner Schlafsaal, auf der einen Seite standen weiße Bettchen, auf der anderen Kinderwagen für die ganz Kleinen. Und dann war da eine große Veranda, wo die Kleinen am Tag bei schönem Wetter 'rausgeschoben worden sind. Es gab einen Hof mit Kastanienbäumen drin und einen großen Sandplatz, wo die Größeren 'raus konnten zum Spielen.

In wohlhabenden Familien wurden die Kinder von einem eigens dazu angestellten Kindermädchen ausgeführt bzw. ausgefahren. Der Spaziergang ging dann wohl in den Luisen- oder Friedrichspark. Der Eintritt dort war nicht kostenlos; so versuchten die Bürger sicherzustellen, daß sie unter sich waren.

Die kleinen Mädchen trugen Schürzen zum Spielen und, um vornehme Blässe zu bewahren, weit ausladende Hüte. Auch Matrosenblusen und Faltenröcke erfreuten sich zunehmender Beliebtheit. Für die kleinen Jungen fand der Matrosenanzug im Kaiserreich in allen Schichten starke Verbreitung. Einerseits war er gewiß praktisch und kindgemäß – er wurde geradezu zum Symbol für Kindlichkeit, Jugendlichkeit[26] –, andererseits entsprach er der herrschenden militaristischen Einstellung und insbesondere der Marinebegeisterung.

Von einer Kinderfrau beaufsichtigt: Kinder im Luisenpark an der Hildastraße (heute Kolpingstraße), 1907. An der Kleidung ist der soziale Stand der Kinder zu erkennen. Bei den kleinen Mädchen aus „besseren" Familien sollten die Hüte vornehme Blässe bewahren.

Ein kleiner Junge im Matrosenanzug in Begleitung einer modisch gekleideten Dame (mit Krawatte!), im *Läugergarten*, 1907.

Kinder werden im Luisenpark spazierengeführt, vor 1906.

Oben: Schulkinder vor der Löwenapotheke (Planken, E 2, 16), 1906.

Kinder auf der Straße

*Die eigentliche Freiheit vom häuslichen
Leben war in meiner Kindheit das Spielen
auf der Straße.*
(Hedwig Wachenheim)

Oben links: R 6, 9–12, um 1907. Die „unbehüteten"
Kinder aus der ärmeren Unterstadt.

Mitte: Kinder auf den Planken, 1906.

Links: Schulkinder auf dem Heimweg (Planken, E 2,
18), 1906.

Rechts: Eisrodeln an der Langen Rötterstraße, um 1895.

Friedrich Hitzfeld (geb. 1887), Oberbauinspektor, mit seiner Ehefrau Marie (geb. 1880) und den Kindern Ludwig (geb. 1908) und Luise (geb. 1906), Weihnachten 1912.

Vorweggenommene Zukunft – Erziehung von Mädchen und Jungen

Spielsachen sagen viel darüber aus, welche Rollenerwartungen die Erwachsenen für die Kinder hegen. Die Kinder wiederum akzeptieren diese Erwartungen meist und machen sich die Ideale ihrer Eltern zu eigen: So präsentiert sich stolz und selbstverständlich die sechsjährige Luise Hitzfeld mit Puppe und Puppenstube, in der eine Küche besonders detailliert nachgebaut ist. Luise weiß schon, daß Küche und Kinder Bereiche sind, die den Frauen zufallen ... Auch die dreizehnjährige Martha Mayer wird mit Attributen fotografiert, die auf die erwartete Zukunft als Ehefrau und Mutter hinweisen. Zehn Jahre später deuten die Rosenranken – ein damals gängiges Symbol – an, daß sie nun in der Blüte des (weiblichen) Lebens stehe. Kleine Jungen, wenn sie über das Alter hinaus sind, in dem sie ganz Kind sein dürfen, nehmen sehr oft schon erwachsen-männliche Haltungen ein, wie sie in der Porträtmalerei und -fotografie üblich waren. Uniform und eleganter Sommeranzug, Schreibpult und Buch signalisieren, daß der kleine Ernst Bassermann aus gutem Hause kommt und eine ordentliche bürgerliche Karriere von ihm erwartet wird. Auch militärische Erziehung wird kleinen Jungen im Spiel vermittelt: Zinnsoldaten und anderes Kriegsspielzeug liegen auf den Geschenktischen der heranwachsenden Jungen.

Martha Mayer (geb. 1877), 1890 (links) und 1900 (rechts).

Zweimal die Schwestern Caroline und Maria Walter, um 1900. Fotografie: F. Walter.

Cläre Toni Hirschhorn (geb. 1884), 1900, am Polter-
abend ihrer Kusine Anna Hirschhorn, verehelichte
Neumeyer.

Weibliche Attribute

Friedrich Walter, der hier seine Schwestern
fotografiert hat, bleibt beim traditionellen
Schema, das für die (weibliche) Porträtauf-
nahme im Atelier üblich ist: Caroline hat
ein Buch in der Hand, Maria beschäftigt
sich mit einer Handarbeit. Das Bild rechts
oben (auf einem Spaziergang) zeigt die
beiden Frauen in konventionellen, aber
eleganten Kleidern. Hut, Schirm und
Handschuhe waren unverzichtbar für
Damen der „besseren Gesellschaft", wenn
sie ausgingen. Die Befreiung von derlei
Konventionen geschieht wie heute beim
Verkleiden: Maria Walter tritt kokett als
„Carmen" auf.
Kultureller Wandel in der Mode, der die
Emanzipation der Frauen um die Jahrhundertwende anzeigt, tritt in der „Reformkleidung" zutage. Die ein- und abschnürende
Wirkung des Korsetts wurde endlich als zu
lästig empfunden – zumal beim Radfahren
oder anderen sportlichen Betätigungen.
Statt des Korsetts setzte sich der Büstenhal-
ter durch.

Maria Walter als *Carmen*.

61

Die Söhne einer Mannheimer Arbeiterfamilie. Kleine
Jungen in den ersten Lebensjahren dürfen noch ganz
Kind sein.

Ernst Bassermann (geb. 1854), etwa 1860 bzw. 1868. Der kleine Junge nimmt bereits erwachsen-männliche Haltung ein,
wie es in der Porträtmalerei und Porträtfotografie üblich war.

Dem Ideal der Vätergeneration soll auch der Sohn nacheifern: schneidiger und tapferer
Soldat zu sein. Ludwig Dobler und sein Sohn, 1915.

Die militärische Erziehung kleiner Jungen wird auch im Spiel vermittelt: Zinnsoldaten,
eine Trommel und eine Pickelhaube erhielten diese Jungen zu Weihnachten im
kriegsbegeisterten Jahr 1914.

Mädchen aus großbürgerlichen Familien

Die Erinnerung zweier Frauen aus großbürgerlichen Familien Mannheims, beide Anfang der neunziger Jahre geboren, geben uns Einblick in die für diese Schicht typische Mädchenerziehung. Zugleich wird an beiden Beispielen deutlich, wie Frauen dem scheinbar festgelegten Lebensplan entrinnen konnten. Hedwig Wachenheim und Dora Paul[27] besuchten beide eine Privatschule, das traditionsreiche Institut Stammel in Mannheim. Hedwig Wachenheim war in den ersten beiden Schuljahren von einem Privatlehrer zu Hause unterrichtet worden. Das in C 7, 6 gelegene Institut Stammel war seit 1869 eine zehnklassige Mädchenschule mit Elementarunterricht für die Töchter der ersten Bürger Mannheims.[28] Sein Vorläufer, das Kuhnsche Erziehungs- und Unterrichtsinstitut, war schon 1809 gegründet worden. Der Lehrplan entsprach einer staatlichen höheren Mädchenschule und enthielt zusätzlich, was den modernen Reformvorstellungen entsprach: Haushaltskunde, Gesundheitslehre, Bürger- und Rechtskunde, Handels- und Verkehrsgeografie, Kunst- und Literaturgeschichte. Dora Paul erinnert sich, daß die Schülerinnen das Schreiben von Zeugnissen für Dienstboten erlernten.

Die Schule bereitete auf keinen Beruf vor und führte auch nicht zum Abitur. Ziel des Unterrichts war, eine zur Repräsentation und zur Leitung des Hauswesens befähigte künftige Ehefrau zu erziehen. Hedwig Wachenheim schreibt über die Rollenerwartung an eine junge Frau: *In der Generation meiner Mutter wurde die Bildung der Ehefrau, zusammen mit Perlen und Diamanten, zum Statussymbol des Ehemannes. Ein erfolgreicher Geschäftsmann brauchte eine Frau, die einer Gesellschaft durch ihre Bildung Glanz verleihen konnte. Damit aber wurde diese Bildung ganz oberflächlich.*[29] Erwerbstätigkeit war für Frauen dieser Schicht nicht vorgesehen. Sie sollten, während sie auf einen Mann warteten, der den Eltern genehm war, Bildung und Manieren verfeinern. Zu diesem Zweck wurde Dora Paul nach der Schulzeit in ein Pensionat in der Schweiz geschickt; Hedwig Wachenheim trat mit vierzehn Jahren in das Mannheimer Großherzogliche Institut ein. Diese Anstalt für höhere Töchter nahm übrigens keine Jüdinnen auf, und Hedwig Wachenheim konnte es nur deshalb besuchen, weil ihre Mutter sie hatte evangelisch taufen lassen. *Ich war dort erst in Halbpension, d. h. von morgens bis abends, dann aber in Vollpension, was sehr komisch war, denn das Institut lag etwa fünf Minuten zu Fuß von unserer Wohnung entfernt. Die Schülerinnen durften nicht allein über die Straße gehen, und ich mußte deshalb stets von unserem Zimmermädchen abgeholt und zurückgebracht werden, und zwar auf einem Weg, den ich vorher Hunderte von Malen allein gegangen war. Wir trugen Tracht, d. h. Kleider aus einheitlichem Stoff, von gleicher Farbe und gleichem Schnitt, die je nach der Jahreszeit wechselten, dazu während der Woche schwarze und sonntags hellblaue Krawatten. Wir waren nur frei in bezug auf die Frisur, und auf sie verwandten wir alle Versuche, unsere Eitelkeit zu befriedigen.*

Nach der Schulzeit, berichtet Hedwig Wachenheim weiter, *bestand mein Leben großteils im Anfertigen von Handarbeiten, in Besuchen bei meinen Großmüttern, Kaffeevisiten, Besuchen von Theateraufführungen und Bällen, Schlittschuhlaufen und den sechswöchigen Sommerferien [...]. Vier Jahre lang, bis ich 1912 von zu Hause wegging, habe ich im Sommerhalbjahr jeden Tag nur auf die Zeit gegen vier oder fünf Uhr gewartet, um auf den Tennisplatz zu gehen. Ich liebte das Spiel, aber auch die Unterhaltung und den Flirt mit den Männern, die ich dort traf.*[30]

Heiraten wurden damals in den bürgerlichen Familien durchaus noch geplant. Erwünschte Geschäftsverbindungen spielten dabei eine große Rolle. Sollte es aber kein Mann von auswärts sein, so erfüllten die Bälle der großen Gesellschaftsvereine Harmonie (für die nicht-jüdische Oberschicht), Ressource (für die jüdische bessere Gesellschaft) und das Casino (eher für den Mittelstand) die Funktion von Heiratsmärkten.[31] Die Institution der Ehe als Versorgungsinstitut war in bürgerlichen Kreisen nahezu unangetastet.

Weder Hedwig Wachenheim noch Dora Paul gingen jedoch diesen vorgezeichneten Weg. Beide entschieden sich für einen sozialen Beruf: Hedwig Wachenheim besuchte die Soziale Frauenschule in

Hedwig und Lili Wachenheim, Töchter des Bankiers Eduard Wachenheim. Hedwig (geb. 1891) trat 1914 in die SPD ein und wurde in den zwanziger Jahren preußische Landtagsabgeordnete. Sie verfaßte ein umfangreiches Werk über die Geschichte der deutschen Arbeiterbewegung.

Schülerinnen des Großherzoglichen Instituts im Garten, um 1905.

63

Schülerinnen des Großherzoglichen Instituts, um 1905, bei „standesgemäßen weiblichen Beschäftigungen": Sticken, Klavierspielen und Singen, Gesellschaftsspielen und Lesen. Die Schürzen sind auch hier nur Symbole der Unselbständigkeit.

Berlin und kehrte später als Fürsorgerin nach Mannheim zurück. Gleichzeitig begann sie, sich lebhaft für Politik zu interessieren und trat bald der Sozialdemokratischen Partei bei, für die sie in den zwanziger Jahren in Berlin kandidierte. Dora Paul machte eine Schwesternausbildung und leitete später eine Abteilung des Roten Kreuzes in Mannheim. Ihr Großvater sorgte dafür, daß sie anfangs kein Gehalt bekam, denn sonst hätte es ja so ausgesehen, als ob sie es nötig gehabt hätte . . .[32]

Sozialer Dienst und Tätigkeit als nichtakademische Volksschullehrerin waren die typischen Berufe für bürgerliche Frauen, die sich entweder den Erwartungen ihrer Umgebung nicht beugen mochten oder aus weniger wohlhabenden Familien kamen und damit auf dem Heiratsmarkt weniger Chancen hatten. Bessere Ausbildungsmöglichkeiten und mehr Berufschancen für Frauen waren Forderungen, die die bürgerliche Frauenbewegung seit der Mitte des 19. Jahrhunderts vehement vertreten hatte, und es war einer ihrer

Erfolge, daß Ende des 19. Jahrhunderts erste Reformen eingeleitet wurden. Der zur Frauenbewegung gehörige Verein Frauenbildungsreform richtete in Karlsruhe mit privaten Mitteln 1893 das erste zum Abitur führende Mädchengymnasium ein. In demselben Jahr wurden auch in Mannheim an der Höheren Mädchenschule erstmals Lateinkurse angeboten, die der Vorbereitung auf das Abitur dienten. Ab 1899 wurde den Mädchen der Zugang zum Gymnasium gestattet, und gleichzeitig erhielt die Höhere Mädchenschule eine Oberrealschulabteilung, die mit dem Abitur abschloß.[33] Schon Hedwig Wachenheims zwei Jahre jüngere Schwester Lili z. B. besuchte im Anschluß an das Institut Stammel die Oberrealschule für Mädchen.[34] Im Jahr 1900 erließ die badische Regierung schließlich eine Verfügung, wonach Frauen mit dem Reifezeugnis eines Gymnasiums, eines Realgymnasiums oder einer Oberrealschule versuchs- und probeweise zur Immatrikulation an den beiden badischen Landesuniversitäten zugelassen waren.[35]

Die Portalfiguren an der Elisabethschule, nach 1905, versinnbildlichen die „weiblichen Tugenden" damaliger Zeit: Häuslichkeit (Stricken), Entwicklung musischer Gaben (Singen) sowie Wißbegier (das Schulmädchen) als ungewöhnlichstes, modernes Attribut.

Schülerinnen des Luisen-Instituts in L 3, 4, um 1900.

Volksschule

Das demokratisch-liberale Stadtregiment hatte Anfang der siebziger Jahre eine einheitliche Volksschule geschaffen, die Vier-Gulden-Schule. 1892 wurde das Schulgeld gänzlich abgeschafft. Aber um die standesmäßige Abgrenzung aufrechtzu-

erhalten, wurde für die Kinder der Mittelschicht extra eine schulgeldpflichtige Bürgerschule errichtet (1893). Der Lehrplan in den oberen Klassen war um gewerbeschulische Inhalte erweitert, so daß die Absolventen vom Besuch der Fortbildungsschule

entbunden waren, die etwa unserer heutigen Berufsschule entspricht.
Die einheitliche sogenannte erweiterte Volksschule war als eine Mannheimer Besonderheit, als ein Exempel sozialer Reform weithin berühmt. Man versuchte,

Schülerinnen der K 5-Schule, 1908.

Schulküche in der gewerblichen Mädchenfortbildungsschule, um 1905.

Werkunterricht in der erweiterten Volksschule, um 1905.

die Schüler durch die Einrichtung von Hilfsklassen, Wiederholungs- und Abschlußklassen – heutigen Einrichtungen wie Stützkursen und Förderunterricht vergleichbar –, individueller zu fördern. Der Übergang auf höhere Schulen sollte durch Vorbereitungsklassen erleichtert werden, die im dritten und vierten Schuljahr parallel eingerichtet wurden. 256 Jungen (aber kein Mädchen) von insgesamt rund 25 000 Volksschülern besuchten im Schuljahr 1905/06 diese Vorbereitungsklassen.[36] Es wurde nicht einmal für nötig gehalten, daß Mädchen ebensolange die Elementarschule besuchten wie Jungen. Da man erwartete, daß die Töchter heirateten, schien nur die Ausbildung der Söhne eine lohnende Investition zu sein. Andererseits waren viele Familien darauf angewiesen,

daß die Kinder so schnell wie möglich dazuverdienten.
Mädchen, die nach Schulabschluß einen kaufmännischen Beruf erlernen wollten, hatten mit dem Widerstand vor allem der mittleren und kleinen Unternehmer gegen den Fortbildungsunterricht der Lehrlinge zu rechnen. Häufig finden wir Stellenanzeigen, in denen ausdrücklich gefordert wird, daß die Lehrmädchen frei von Koch- und Handelsschule sein müssen. Der Besuch der städtischen Handels-Fortbildungsschule, die seit 1902 bestand, war obligatorisch für alle Volksschüler bis zum 18. Lebensjahr. Das Pensum betrug neun Wochenstunden. Die kaufmännischen Lehrmädchen hatten vier Stunden Haushaltungsunterricht, fünf Stunden Fachunterricht zu absolvieren.

Die Einrichtung von Brausebädern in den Volksschulen trug der Tatsache Rechnung, daß ein Bad zu „Kaisers Zeiten" noch ein Luxus war, den die meisten sich nicht leisten konnten. Fotografie um 1905.

Knabenturnen in der Volksschule (ab 4. Schuljahr), um 1905.

Mädchenturnen: Gymnastik mit musikalischer Begleitung, um 1905.

Schulordnung

für die

erweiterte Volksschule der Hauptstadt Mannheim.

§ 1.

Die Schüler haben pünktlich zur bestimmten Zeit, an Körper und Kleidung reinlich und anständig und mit den erforderlichen Schulsachen versehen, in dem Schulzimmer zu erscheinen, sich sofort an ihre Plätze zu setzen, dieselben nicht mehr zu verlassen und alles zum Unterricht Nötige in Bereitschaft zu halten; barfuß und ohne Jacke oder Kittel in die Schule zu kommen, ist nicht gestattet.

§ 3. ·

Den Schulweg haben alle Schüler hin und her still und ruhig zurückzulegen, sich gegen jedermann höflich und anständig zu benehmen und insbesondere die Vorgesetzten und Lehrer ehrerbietig zu grüßen.

§ 5.

Während des Unterrichts sollen die Schüler still, ruhig, in gerader und anständiger Haltung auf ihren Plätzen sitzen, die Hände auf den Tisch legen und die Füße ruhig auf dem Boden halten. Alles, was den Unterricht hemmt oder stört, wie Essen, Spielen, Scharren oder Stampfen mit den Füßen, Schwatzen, Lachen und eigenmächtiges Verlassen des Platzes ist untersagt. Hat ein Schüler während des Unterrichts dem Lehrer etwas zu sagen, oder ihn um etwas zu bitten, so gibt er, bevor er spricht, ein Zeichen mit dem Finger.

§ 6.

Beim Eintritt des Lehrers in das Schulzimmer haben die Schüler denselben durch Aufstehen zu begrüßen. Ebenso werden Geistliche, die Schulvorgesetzten und andere Lehrer begrüßt.

§ 7.

Die Schüler sollen ihre volle Aufmerksamkeit dem Lehrer, oder bei mittelbarem Unterricht ihren schriftlichen Arbeiten zuwenden. Beim Aufsagen, Lesen und Singen sollen sie stehen: ihre Antworten sollen sie in gerader Haltung des Kopfes laut, lautrein, wohlbetont und möglichst in ganzen Sätzen geben. Beim Schreiben und Zeichnen sollen sie aufrecht sitzen, die Brust nicht an den Tisch andrücken, noch den Körper stark vorwärts biegen.

§ 16.

Gegen die Lehrer haben sich die Schüler stets folgsam, wahrheitsliebend, bescheiden und höflich zu benehmen; dasselbe anständige Verhalten sollen sie auch gegen andere erwachsene Personen beobachten und auf Befragen bereitwillig Auskunft geben.

§ 17.

Fremdes Eigentum soll den Schülern heilig sein. Das Quälen der Tiere, das Ausnehmen von Vogelnestern, das Einfangen von Vögeln und das Beschädigen der Bäume und anderer Gewächse ist verboten; ebenso das Tabakrauchen und die Anschaffung von Pulver, Feuerwerkskörpern, Streichzündhölzchen und andern leichtentzündlichen und gefährlichen Sachen, sowie das sogenannte „Fuggern".

§ 18.

Alles Lügen, Fluchen, Schimpfen, Schlagen, Werfen, Nachspringen nach Fuhrwerken, Anhängen oder unbefugtes Aufsitzen auf solche, darf nicht vorkommen; ebenso ist das Schleifen (Glennen) auf den Fußwegen in und um die Stadt während des Winters und das Baden an unerlaubten Orten im Sommer strengstens untersagt.

§ 19.

Nach Einbruch der Nacht sollen sich Schulkinder nicht mehr zwecklos auf den Straßen und öffentlichen Plätzen umhertreiben.

§ 20.

Der Besuch der Tanzböden und Wirtshäuser ohne Beaufsichtigung der Eltern oder Fürsorger ist verboten.

Schulordnung der erweiterten Volksschule, um 1900.

Volksschulklasse, 1906.

Die höheren Schulen

Die Geschichte der höheren Schule im 19. Jahrhundert ist die Geschichte der allmählichen Anerkennung der realschulischen Bildung. Zu ihrem Fächerkanon gehörten darstellende Geometrie, Englisch (als Handelssprache) und Stenografie. Sie qualifizierte also für kaufmännische Berufe Traditionell hatte nur das humanistische Gymnasium zur Reifeprüfung geführt. Die 1840 gegründete höhere Bürgerschule bot keinen entsprechenden Abschluß, erst seit 1868 ermöglichte sie den Zugang zum Polytechnikum in Karlsruhe, d. h. unter anderem zur Ingenieurslaufbahn. Nun traten ab 1884 die Realgymnasien gleichberechtigt neben das humanistische Gymnasium.

Der hohe Bedarf an realschulischen Bildungsgängen führte zur schnellen Ausbreitung dieses Schulzweiges: Neben dem Realgymnasium mit altsprachlichem Unterricht gab es seit 1888 die Oberrealschule (heute Tulla-Gymnasium) – ohne Latein –, die 1901/02 die größte höhere Schule Badens war, schließlich wurde noch eine Realschule mit Realgymnasiumszweig (Gabelung nach der dritten Klasse) eingerichtet, die sogenannte Reformschule (heutiges Lessing-Gymnasium).

Der Druck der Frauenbewegung wirkte sich auf dem Gebiet der Mädchenbildung endlich aus: In der Höheren Mädchenschule wurde 1901 eine Oberrealschulabteilung eingerichtet. Zugleich wurden ab 1900 in allen höheren Schulen Mädchen zugelassen. 1908 verließen die ersten Abiturientinnen die Höhere Mädchenschule. Der große Andrang auf die weiterführenden Ausbildungsmöglichkeiten bereits seit den neunziger Jahren erforderte räumliche Ausdehnung. 1897/98 wurde ein Neubau in D 7, 22 auf dem Gelände des vormaligen Tabakmagazins Sauerbeck und Diffené erstellt, der 1903–05 noch um ein neues Schulhaus in D 7, 8 erweitert wurde. 1910 erhielt die Anstalt den Namen Elisabeth – Schule zu Ehren der Mutter Goethes. Die gestiegenen Schülerinnenzahlen machten schließlich die Eröffnung einer zweiten höheren Mädchenschule notwendig. Sie wurde zwischen Collini- und Nuitsstraße (heute Mozartstraße) 1911 errichtet und Liselotteschule genannt.

Wer kein Abitur machte, verließ die höhere Schule oft mit dem Zeugnis über die wissenschaftliche Qualifikation zum einjährig-freiwilligen Militärdienst, einem Vorläufer der Mittleren Reife. Das „Einjährige" war eine preußische Erfindung und erst mit der Übernahme des preußischen Heeresgesetzes (1872) in Baden eingeführt worden. Es eröffnete den Absolventen mittlere, zum Teil sogar höhere Beamtenlaufbahnen.

Mannheimer Gymnasiasten, um 1880 (rechts: die Brüder Karl und Hermann Künzig, links: Ernst Zechbauer). Die Gymnasiasten ahmten studentischen Lebensstil nach: Zur farbigen Schülermütze wird ein Band in den gleichen Farben getragen; Bierseidel und Pfeife vervollständigen das Bild.

Abiturklasse des humanistischen Karl-Friedrich-Gymnasiums, 1913. Seit 1900 waren Mädchen auf dem Gymnasium zugelassen.

Die Handelshochschule

Die Mannheimer Handelshochschule geht
auf eine Initiative des Oberbürgermeisters
Otto Beck zurück, der das Bedürfnis der
Kaufleute nach fachwissenschaftlicher
Fort- und Ausbildung erkannte, ist aber im
Zusammenhang einiger gleichzeitiger
derartiger Gründungen zu sehen. Sie
entstand unter Mitwirkung und mit Unterstützung der Heidelberger Universität und
einiger ihrer Dozenten, insbesondere
Professor Eberhard Gotheins. Man begann
1905 mit abendlichen Vorträgen und
Kursen, die von Kaufleuten und Beamten
neben dem Beruf besucht werden konnten;
1906 wurde auch tagsüber Lehrbetrieb
eingeführt. Die Stadt stellte Räume in der
Kurfürst-Friedrich-Schule in C 6 (Fried-
rich-List-Schule) zur Verfügung und
finanzierte das Projekt zu zwei Dritteln, ein
Drittel trug die Handelskammer. Zum
Wintersemester 1907/08 nahm die Handelshochschule vollen Lehrbetrieb auf. Für
damalige Verhältnisse waren übrigens viele
Frauen immatrikuliert (ein Viertel der
Studierenden).[37]
Obwohl die Mannheimer Hochschule
sicherlich wenig Ähnlichkeit mit einer
traditionellen „Alma mater" wie der Heidelberger, Freiburger oder Tübinger Universität hatte, entstanden doch auch hier studen-
tische Korporationen. In ihnen wurden die
nationalistischen, antisemitischen, antide-
mokratischen, antisozialistischen Wertmu-
ster eingeschliffen, die den Bürgersohn zum
Mitglied der herrschenden Elite qualifizier-
ten. *Auf dem Paukboden als Stätte überleb-
ter Mannbarkeitsriten und gespreizter
Mutproben holten sich diese Studenten in
künstlich hochstilisierten Duellen sichtbare,
oft mit Gewürzen übertriebene Schmuck-
narben, die bald zwar von aufgeklärten
Potentaten in Schwarz-Afrika als Relikte
böser Vorzeit verboten wurden, im Deutschen Reich jedoch ihren Träger vor aller
Augen als Mitglied der akademischen
Oberschicht auswiesen.*[38]
Die Korporationen ebneten bürgerlichen
Karrieren den Weg. Der Heidelberger
Soziologe Max Weber bemerkte, es handle
sich hier einfach um *Avancementsversiche-
rungsanstalten.* Schlimm sei vor allem, daß
dieses Treiben nun auch die Zöglinge der
Handelshochschulen ergreife. *Die Vermu-
tung, daß mit der Gründung der letzteren
zuweilen in erster Linie nicht dem Wissens-
bedürfnis der Kaufleute, sondern ihrem
Wunsch, an der patentierten „akademischen" Bildung teilzunehmen, dadurch
„satisfaktionsfähig" und damit u.a. auch
reserveoffiziersfähig zu werden, entgegen-
gekommen werden soll, ist leider recht
naheliegend.*[39]

Nach einem Duell. Der „Schmiß" ist das Standessymbol der Jungakademiker im Kaiserreich. Mensur in der T. C. Cheruscia an der Ingenieurschule Mannheim, 1910.

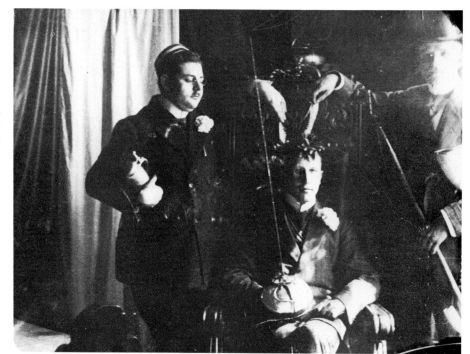

Mannheimer Korporierte, um 1910. (Studenten der Mannheimer Handelshochschule.)

Oberrealschüler, um 1895. Im Gegensatz zu den Gymnasiasten tragen die Oberrealschüler dunkle Schirmmützen.

Zwei alte Frauen aus einer Mannheimer Arbeiterfamilie, um 1900.

Oswald Rutschmann war Wagner von Beruf. Im Alter gründete er eine Blaskapelle, die auf Hochzeiten und Festen spielte. Mitunter schrieb er sogar die Noten selbst. Fotografie: um 1918.

Das Alter

Die soziale Versorgung alter Menschen war früher wesentlich schlechter. Zwar war die Alters- und Invalidenversicherung Teil der hochgelobten Bismarckschen Sozialpolitik, jedoch wurden nur minimale Altersrenten bezahlt. Ihre durchschnittliche Höhe stieg von 1891 bis 1914 von 123 Mark auf 168 Mark jährlich – das entsprach einem Sechstel des durchschnittlichen Jahresverdienstes eines Arbeiters.[40]

Die größte Gruppe der von der städtischen Armenpflege unterstützten Personen waren Witwen. Erst ab 1911 gab es eine Witwen- und Waisenversicherung, deren Wirkung ebenfalls bescheiden war.

In den ohnehin viel zu knappen Wohnräumen der Arbeiterfamilien konnten die Alten auch nicht immer aufgenommen werden. Waren sie pflegebedürftig, wurden sie in ein Spital überwiesen; ein Altersheim wurde erst 1927 auf dem Lindenhof eingerichtet. Die Männer blieben erwerbstätig, solange es irgend ging. Jedoch wurde der Lohn schon im fünften Lebensjahrzehnt wegen fortgeschrittenen Alters herabgesetzt. In Wörishoffers Untersuchung der sozialen Lage der Fabrikarbeiter Mannheims (1891) erfährt man von einem 62jährigen Schriftsetzer, der nur noch 12 Mark in der Woche verdiente (gegenüber 24–25 Mark seiner jungen Kollegen). Er konnte Frau und Tochter alleine nicht ernähren; die Frau ging daher Putzen und verdiente damit 2 Mark in der Woche. Die Familie erhielt außerdem von einem Kostgänger Geld und empfing 20 Mark Armenunterstützung im Jahr.

Wurden die Arbeiter aus Altersgründen in der Industrie entlassen, dann nahmen sie bisweilen Gelegenheitsarbeiten auf dem Bau oder im Hafen an. Andere kehrten aufs Land in ihre Heimatdörfer zurück, wenn sie dort noch Verwandte hatten und Platz sowie ausreichend Ernährungsmöglichkeiten für sie vorhanden waren.

Rechts: Alter Arbeiter (vielleicht ein städtischer Fuhrmann) im Hof des Kaufhauses N 1, vor 1910.

Links: Barbara Transier, Hausfrau in Neckarau, 77 Jahre alt, 1911.

Familie Lamey auf der Terrasse ihrer Villa in R 7, 1886. August Lamey (1816–1896) in der Mitte mit Hut, war badischer Innenminister von 1860–66. Die Fotografie entstand zu seinem 70. Geburtstag.

Selbstdarstellung im Bild

Fotografische Selbstdarstellung von Familien, Einzelpersonen und Gruppen unterliegt historischem Wandel und ist abhängig vom gesellschaftlichen Milieu. Kaum je bringt sie die Realität zur Kenntnis, eher das, was sein sollte, ein Ideal.
Aufschlußreich sind die Unterschiede: Die Lameysche Familiendynastie posiert lässig, selbstzufrieden vor ihrem Besitz. Man bekennt sich zum Schöngeistigen, aber alle Starrheit und übermäßiger Ernst sind vertrieben. Die Arbeiterfamilie Paula Bauer, deren Mann schon am Anfang des Jahrhunderts starb, präsentiert sich mit der Großmutter heiter und vergnügt im Atelier; die sechs sind ganz ohne Requisiten aufgenommen – war es so vielleicht billiger? Die Metzgerfamilie Hornig schließlich läßt sich im Kriegsjahr 1916 im eigenen Wohnzimmer fotografieren. Bilder aus besseren Zeiten sind auf dem Tisch aufgestellt oder hängen an der Wand. Es ist gleichsam eine eilige Bestandsaufnahme; vielleicht kommt der Ehemann nicht von der Front zurück.

Oben: Familie Bauer, mit Großmutter, 1904. Der Vater Karl Bauer, Gerüstbauer, war am Anfang des Jahrhunderts gestorben. Im Krieg ernährte Frau Bauer ihre Familie, indem sie Putzen ging.

Rechts: Die Familie des Metzgers Hornig im Ersten Weltkrieg.

Cläre Toni Hirschhorn, Kaufmannstochter, um 1900.

Anna Hafenmeyer, Arbeiterin, um 1910.

Familie Olbert, 1910. Der Vater war gutverdienender Schreiner bei Lanz. Man sieht Frau und Kindern den Stolz auf die soziale Stellung an.

Familiensinn: Vier Generationen der Familie Helwig im Bild vereint. Spätjahr 1897.

Friedrich Adolf und Maria Elisabeth Walter, Kaufmannsehepaar, Eltern des Stadthistorikers Friedrich Walter, um 1870.

Das Atelier ebnete soziale Unterschiede ein. Einzig und allein die Kleidung vermag noch etwas über soziale Rangunterschiede auszusagen. Dabei trägt jeder etwas Gutes, vielleicht das Beste, was vorhanden war. Die Selbstdarstellung orientierte sich meist noch an historischen Vorbildern, war standardisiert. Das Ehepaar Walter zeigt sich ebenso in typischer Haltung und Geste wie das Ehepaar Albert Bassermann, das in seiner Haltung auf Vorbilder der empfindsamen Epoche des 18. Jahrhunderts zurückgriff.

Sofie und August Bassermann, um 1900. August Bassermann war 1895–1904 Intendant des Mannheimer Nationaltheaters.

73

Arbeitsleben

Rheinvorland, um 1890.

Handel und Verkehr

Durch den Anschluß Badens an den Zollverein 1835 und durch den Bau eines
Rheinhafens 1840 wurde Mannheim ein
wichtiges Handels- und Verkehrszentrum
in Süddeutschland. Die Einführung der
Dampfschleppschiffahrt mit eisernen
Kähnen bewirkte, daß Mannheim zum
Endpunkt der Rheinschiffahrt wurde, denn
die großen Schleppzüge konnten den
Oberrhein vor seiner Regulierung (ab 1907)
nicht befahren. Die den Fluß heraufkom-
menden Schiffsgüter wurden daher in
Mannheim auf die Bahn umgeladen. Von
Mannheim aus wurden sie mit der Bahn
weiter nach Süddeutschland und in die
Schweiz verfrachtet.

Um der Stadt ihre Position im Güterverkehr
gegen die Konkurrenz der norddeutschen
Eisenbahnen und der bayrisch-pfälzischen
Schwesterstadt Ludwigshafen zu sichern,
waren hohe Investitionen in Verkehrsanla-
gen nötig. Den Ausbau des Handelshafens
und des Güterbahnhofs (bis 1875) übernahm der badische Staat, den Bau des
Industriehafens in den neunziger Jahren
zahlte die Stadt selbst. Dazwischen wurden
die Hafenanlagen mehrfach erweitert:
durch den Binnenhafen (1887) und den
Rheinkai (1891). Ein Teil des Mannheimer
Güterumschlags wurde seit 1900 in dem neu
erbauten Rheinauer Hafen abgewickelt, der
ermöglichte, daß die Schleppzüge zum
gleichen Tarif 7 km weiter stromaufwärts
fahren konnten. Die Rheinauer und Mannheimer Binnenhafenanlagen zusammen
galten als die zweitgrößten Europas (nach
Duisburg-Ruhrort).

Durch die Regulierung des Oberrheins
büßte Mannheim als Handels- und Ver-
kehrsknotenpunkt an Bedeutung ein, doch
wog die inzwischen vollzogene Industrialisierung diesen Verlust auf. Der wirtschaftliche Wandel brachte auch soziale Veränderungen mit sich. Mannheim wurde zur
Industriearbeiterstadt.

Aber auch das alte kaufmännische Großbürgertum mußte sich auf die neue Zeit einstellen. Es hatte seinen Reichtum im 19.
Jahrhundert durch den Handel mit *Landesprodukten* (Getreide, Tabak, Wein und

Kammerschleuse am südlichen Ende des Handelshafens mit Pegel. Im Vordergrund Lagerplätze der Holzgroßhandlung Dreyfus & Mayer-Dinkel. Die Fruchtbahnhofstraße am unteren Bildrand ist bereits elektrisch beleuchtet. Das Foto ist also nach 1890 entstanden.

Hopfen) und den Import von Kolonialwaren begründet. Einige Handelshäuser
verfügten über weltweite Verbindungen.
Die Firma Jakob Hirsch & Söhne z. B.,
deren Getreidesilospeicher am Rheinkai
(1899 erbaut) die Blicke der Schiffsreisenden
auf sich zog, besaß seit den sechziger Jahren
eine Filiale in Budapest. Man bezog das
Getreide aus Argentinien, Australien und
Indien.

Ein immer größerer Teil des Mannheimer
Getreideumschlags wurde jedoch an Ort
und Stelle verarbeitet: Seit 1867 ließen sich
große Dampfmühlen in Mannheim nieder.
Die industriellen Unternehmen nahmen die
kaufmännischen Funktionen nach und nach
selbst in die Hand und schwächten damit
den Handel. Gegen Ende des Jahrhunderts
hatte die industrielle Entwicklung Mannheims den Handel bereits überholt.

Verbindungskanal mit Teufelsbrücke, nach 1890. Das
wichtigste Gütertransportmittel in der Stadt war das
Pferdefuhrwerk. Links stehen einige Hafenarbeiter. Im
Hintergrund sieht man die schmalen Laufbretter, über
die die Sackträger bis zu 2 Zentner schwere Säcke vom
Schiff auf das Ufer trugen – eine Einrichtung, die
zahlreiche Arbeitsunfälle verursachte.

Handdrehkran im Neckarhafen, 1918. Der Handdrehkran war in den sechziger Jahren aufgestellt worden. Im Hintergrund Friedrichsbrücke und Feuerwache.

Hafenarbeiter, 1890. Rechts im Anzug die Arbeiterunternehmer oder Akkordanten, die morgens in den Hafenkneipen des Jungbuschs Arbeiter anwarben und für einen Auftrag weitervermieteten.

Fahrbare Dampfkräne ersetzen die Arbeit der Sackträger beim Ein- und Ausladen der Schiffe an den großen Kais, 1890. Die Güter werden unmittelbar in Eisenbahnwaggons umgeladen. Die dadurch eingesparten Arbeitsplätze entstanden an anderer Stelle neu, da der Güterumschlag sich noch ständig vermehrte.

Arbeit im Hafen

Getreide und Kohlen machten den größten Anteil des Mannheimer Güterumschlags aus. Die Kohlen kamen hauptsächlich aus dem Ruhrgebiet. Sie wurden zum Teil in Mannheim und Rheinau in Brikettfabriken verarbeitet. Das Getreide kam normalerweise aus Übersee. Die Schiffe wurden entweder im Handbetrieb durch die Sackträger entladen, auch mit Hilfe von Kränen und Selbstgreifern, oder aber durch Elevatoren, die das Getreide „schluckten" und im Innern eines Lagerhauses auf Transportbänder warfen, auf denen es zum vorgesehenen Platz gelangte. Bei der letzteren Methode mußten die sogenannten Bordarbeiter auf dem Schiff das Getreide zur Öffnung des Elevators hinschaufeln. Gegen die starke Staubentwicklung bei dieser Tätigkeit trugen sie Mundschwämme – eine freilich sehr unangenehme und daher unbeliebte hygienische Maßregel.

Die Arbeit im Hafen war unregelmäßig. Wenn ein Schiff kam, mußte es so schnell wie möglich entladen werden, um die Liegegebühren niedrig zu halten – daran waren alle Firmen lebhaft interessiert, und hierin bestand Konkurrenz zwischen den Häfen. Infolgedessen versuchte man, die übliche Arbeitszeit (von zwölf bis dreizehn Stunden abzüglich zweistündiger Pause) durch Überstunden zu verlängern. Nur bei den staatlichen Kränen wurden diese Überstunden extra abgegolten.

Da der Schiffstransport von natürlichen Bedingungen abhängig und daher unregelmäßig war, bedienten sich die privaten Firmen und auch die staatliche Eisenbahn und Hafenverwaltung besonderer *Arbeiterunternehmer* oder *Akkordanten*, die schnell mit einer Truppe von Arbeitern zur Stelle sein mußten, wenn ein Schiff ausgeladen werden sollte. Die *Akkordanten* pflegten die Arbeiter an bestimmten Treffpunkten anzuheuern, z. B. in den Hafenkneipen des Jungbuschs.[1] Das ungeregelte Arbeitsverhältnis und eine sehr hohe Fluktuation der Arbeiter öffnete dabei Schiebereien Tür und Tor, und die Klagen der Hafenarbeiter über undurchsichtige Lohnauszahlung und übermäßige Ausbeutung durch die *Akkordanten* beschäftigte die badische Fabrikinspektion schon seit den achtziger Jahren. Ein gewerkschaftlich gut organisierter Stamm von ständigen Getreidearbeitern erkämpfte 1894 die erste Tarifkommission in Mannheim – jedoch war sie nicht paritätisch besetzt und damit nahezu wirkungslos. Durch gelegentliche Streiks verbesserten die Getreidearbeiter in den neunziger Jahren jedoch ihre Position gegenüber den

Akkordanten.[2] Nach und nach stellten immer mehr Firmen Arbeiter selbst an und ließen sie im Akkord arbeiten.

Wegen vieler Mißstände kam es 1898 zu einer breiten Bewegung unter den Hafenarbeitern, die sich an die Petitionskommission der Zweiten Kammer der badischen Ständeversammlung wandte.[3] Sie wollten, daß der Hafen der Fabrikinspektion unterstellt werde, denn diese hatte durch wirksame sozialpolitische Tätigkeit das Vertrauen der Arbeiter gewonnen. Ferner wurden überlange Arbeitszeiten und Unfallgefahren angeprangert. In der Petition heißt es: *Im Mannheimer Lagerhaus wurde von jeher bis nachts zwölf und ein Uhr, ja zwei Uhr gearbeitet. Ja, es kam sogar öfters vor, daß die Arbeiter von Samstag früh halb sieben Uhr bis Sonntags früh sechs Uhr und sogar bis Mittags zwölf Uhr mit ganz geringfügigen Pausen von höchstens je einer Stunde ununterbrochen arbeiten mußten. Erst in den letzten vierzehn Tagen, da der Güterandrang nicht so groß ist, wurde schon um elf Uhr nachts Schluß gemacht. Kein Wunder, daß häufig Arbeitsunfälle vorkamen. Auch die Behauptung, daß mit der Einführung des elektrischen Lichts die Gefährlichkeit der Nachtarbeit behoben sei, darf nicht unwidersprochen bleiben. Das elektrische Licht kann das Tageslicht nie ersetzen. Es darf z.B. nur ein Eisenbahnwagen oder ein Laufkrahnen zwischen das künstliche Licht und die Arbeitenden treten, so befinden sich letztere plötzlich im Dunkeln und laufen Gefahr abzustürzen, die um so größer ist, als die Abmattung und Übermüdung in Folge der langen Arbeitszeit die Sinne der Arbeitenden ohnedies schon geschwächt hat.*[4]

Die Arbeiter monierten auch die ungenügende Absicherung der Laufbretter zwischen Schiff und Land. Nicht selten stürzte ein Arbeiter ab.

Nach der Jahrhundertwende trat eine erneute Veränderung der Arbeitsorganisation ein: In Konkurrenz zu den großen Getreidelagerhäusern errichteten neue Unternehmungen nur billige Schuppen, installierten Kräne mit Selbstgreifern und bezahlten die Arbeiter im Taglohn.[5] Dies war für die Arbeiter noch ungünstiger und führte 1906 zu einem dreiwöchigen Streik bei der Rheinschiffahrtsaktiengesellschaft vormals Fendel, der für die Arbeiter erfolgreich endete: Der Taglohn wurde nicht eingeführt, dagegen wurden die Akkordsätze erhöht. Auch die übrigen Hafenarbeiter erkämpften sich in diesen Jahren Lohnerhöhungen, die allerdings nur mit der gleichzeitigen Teuerung schritthalten haben dürften. Mit einem vierwöchigen Streik 1911 setzten die inzwischen stark gewerkschaftlich organisierten Hafenarbeiter eine Verkürzung der Regelarbeitszeit auf neun Stunden und Lohnerhöhungen durch, freilich weit weniger, als sie gefordert hatten.

Sackträger 1893. Arbeitspause zwischen Lagerschuppen und Eisenbahngleis.

Das östliche Ufer des Mühlauhafens. Links der 1882 erbaute Speicher der Fa. Gruber mit Getreide-Elevator. Der Elevator beförderte das Getreide auf ein Transportband, auf dem es in den Speicher gelangte.

Hafenarbeiterwirtschaft im Jungbusch, nach 1920.

Kohlenarbeiter der Fa. Klock im Jungbusch, 1906.

Der Industriehafen. Blick vom Waldhofbecken zur Friesenheimer Insel, um 1913. Im Vordergrund die Diffenébrücke.

Die Industriestraße, Blickrichtung zum Waldhof, nach 1902. Im Hintergrund links die Germania Mühlenwerke.

Arbeiter, die beim Umbau der Mühle beschäftigt sind, 1913. Im hellen Anzug ein Meister der Firma.

Dampfschiff auf dem Neckar, 1907. Im Hintergrund die Dammstraße (Neckarstadt).

Blick von der Friedrichsbrücke flußabwärts in den Neckarhafen, um 1906. Rechts ein Kettenschleppzug, im Hintergrund Flöße, die den Neckar abwärts schwimmen bis zum Floßhafen. Fotografie: A. Weinig. Kettenschleppschiffahrt gab es auf dem Neckar 1878–1935.

Hausboot der Familie Hartmerer im Verbindungskanal, 1910.

Pfalzgau-Ausstellung 1880, auf dem Gelände des späteren Friedrichsparks.

Rechts: Werner Siemens stellt den ersten elektrischen Fahrstuhl auf der Pfalzgauausstellung 1880 vor.

Technische Neuerungen

Durch die Anwendung neuer Energieträger wurde die Technik innerhalb kurzer Zeit mehrmals „revolutioniert": Außer Dampfmaschinen verwendete man seit den achtziger Jahren Gasmotoren, und schon kurz darauf begann der „Siegeszug" der Elektrizität auch in Mannheim. Sie verdrängte weitgehend die Dampfkraft. Elevatoren und Kräne im Hafen – um ein Beispiel zu nennen – wurden nun elektrisch angetrieben, auch Handwerksbetriebe bedienten sich bald der neuen Technik.[6] Daneben hatte der Ausbau eines Stromversorgungsnetzes die allmähliche Umstellung der Versorgung mit künstlichem Licht zur Folge. Statt der Pferdebahn fuhr nun *die Elektrische*. Auf den Bildern der Gewerbeausstellung von 1880 sehen wir den Enthusiasmus und Stolz, der sich mit dieser technischen „Revolution" verband. Auf der anderen Seite forderte die ungewohnte Schnelligkeit der Bewegung den Spott der Leute heraus.

Mitte: Spottpostkarte zur Eröffnung der ersten elektrischen Straßenbahnlinie am 10. 12. 1900.

Links: Eröffnung der Linie Mannheim-Ludwigshafen vor der Rheinbrücke, Mai 1902.

Oben: Carl Benz (rechts) mit Frau, Tochter und Mitarbeiter Fritz Held, 1894. Ausflug an die Bergstraße.

Rechts: Die Landung des *Zeppelin III* auf der Friesenheimer Insel, 15. 9. 1909. Postkarte.

Unten: Luftschiff *Schütte-Lanz* über Mannheim, 1911. In der Bildmitte das National-theater, rechts im Vordergrund die Jesuitenkirche.

Wilhelm Kopfer (1813–1887).

Philipp Diffené (1833–1903).

Viktor Lenel (1838–1917).

Karl Ladenburg (1827–1909).

Handelskammer Mannheim, B 1, 7 b, Neubau 1904.

Mannheimer Arbeitgeber und ihre Verbände

Die Mannheimer Kaufleute waren seit 1728 in einer Handlungsinnung organisiert, deren Vorstand seit 1831 den Namen Handelskammer trug. Die Handelskammer nahm insbesondere bei Schiffahrt und Verkehr betreffenden sowie zoll- und steuerpolitischen Problemen Einfluß auf Entscheidungen im Staat und in der Stadt selbst. Die Präsidenten der Handelskammer kamen aus alten Mannheimer Familienunternehmen und bekleideten häufig auch politische Ämter in der Stadt.

Wilhelm Kopfer z. B. war 1876–1879 Präsident der Handelskammer und 1878–1887 direkt gewählter demokratischer Reichstagsabgeordneter. Philipp Diffené, 1880–1903 Präsident der Handelskammer, war 1887–1890 nationalliberaler Reichstagsabgeordneter. Viktor Lenel, 1903–1911 Präsident der Handelskammer, war 1905–1909 (qua Amt aufgrund der badischen Verfassungsreform 1904) gleichzeitig Mitglied der Ersten Kammer der badischen Landstände. Die Lenels hatten 1833 in Mannheim eine Gewürzmühle mit Safran-

und Vanillehandel begründet. Schon Viktor Lenels Vater Moritz hatte das Amt des Handelskammerpräsidenten bekleidet (1871–1876). Viktor Lenel war übrigens zusammen mit Friedrich Julius Bensinger Begründer der Rheinischen Hartgummiwarenfabrik (der späteren Rheinischen Gummi- und Celluloidfabrik) und der Fabrik wasserdichter Wäsche. Auch der Oberbürgermeister Eduard Moll, der 1870–1891 amtierte, war vorher Handelskammerpräsident gewesen.

Der Bedeutungsverlust des Handels zugunsten der Industrie machte sich in der Zusammensetzung der Handelskammer bemerkbar wie auch in der Gründung zusätzlicher Interessenverbände der Fabrikanten. Im Zuge der Auseinandersetzung mit Fabrikinspektion und Arbeiterbewegung entstanden 1891 der Fabrikantenverein und 1908 der Arbeitgeberverband Mannheim-Ludwigshafen, in dem nicht mehr die Kaufleute, sondern die Industriellen tonangebend waren.

Banken

Eine wesentliche Voraussetzung der Industrialisierung war das Vorhandensein von Kapital, das in der Form von Krediten oder Gesellschaftsbeteiligungen neuzugründenden Unternehmen zur Verfügung stehen mußte. Die herausragenden Kapitalgeber der badisch-pfälzischen Industrialisierung waren die beiden Banken Ladenburg und Hohenemser, die noch aus dem 18. Jahrhundert stammten. Das Bankhaus Ladenburg hatte sowohl den Bau der Rheintalbahn durch eine Anleihe mitfinanziert als auch Firmengründungen wie die der BASF und der Zellstoffabrik Waldhof ermöglicht. Da der Bedarf an Kapital die Kapazität der Familienunternehmen überschritt, wurden seit den siebziger Jahren Bankaktiengesellschaften gegründet, wie z. B. die Rheinische Creditbank (1870), zu deren Gründern prominente Nationalliberale und Industrielle gehörten. Mannheim wurde 1876 auch Sitz der Reichsbankhauptstelle. Mannheim war im Kaiserreich *der Bankplatz Südwestdeutschlands schlechthin*[7].

Der Kassendiener der Deutschen Reichsbank in N 2, 3, August Kraus mit Frau und Kindern, Mai 1898. Vorne in der Mitte und links (stehend): Tochter und Sohn des Bankdirektors. Die Aufnahme entstand im Garten der Reichsbank. Die Kassendienerfamilie wohnte im Haus.

Reichsbankdirektor Rudolf Richter und seine Frau Louise, um 1907.

Die Hauptstelle der Deutschen Reichsbank in Mannheim N 2, 3, 1885. 1911 bezog die Reichsbankhauptstelle ein neues Domizil in M 7.

Handwerksgesellen feiern den *blauen Montag*, 1884.

Radschmiede bei Heinrich Lanz. Links am Rand ein Aufseher bzw. ein Werkmeister. Vor 1909.

Fabrik-Ordnung.

§ 1.

Jedem neu eintretenden Arbeiter ist gestattet, zu jeder Zeit, bis zum ersten Zahltage, an welchem sein Lohn bestimmt wird, auszutreten. Nach dieser Zeit findet eine gegenseitige Aufkündigung **acht** Tage vor dem Austritte, und zwar am Zahltage statt.

§ 2.

Sofortige Entlassung eines Arbeiters kann stattfinden: wegen Unfähigkeit, Faulheit, Ungehorsam, schlechter Arbeit, Weigerung der Anordnungen, wiederholter vorsätzlicher Versäumniß der Arbeitszeit, wiederholter Trunkenheit, Unredlichkeit, überhaupt wegen solcher Handlungen, welche dem Interesse des Geschäftes sowohl, wie überhaupt der Würde des ganzen Arbeiterstandes zuwiderlaufen.

§ 3.

Die normale Arbeitszeit beträgt 60 Stunden per Woche. Deren Eintheilung ist folgende:

	Vorm.	Nachm.
Montag	8 — 12	1' — 6'.
Dienstag bis		
Freitag	7 — 12	1'. — 6'.
Samstag	7 — 12	1'. — 6

Aenderungen in dieser Eintheilung bleiben vorbehalten.

§ 4.

Die festgesetzte Arbeitszeit ist pünktlich einzuhalten. Der Aufenthalt in den Fabriklocalitäten außer der Arbeitszeit ist nicht statthaft. Ausnahmen können nur mit Zustimmung des Werkführers gemacht werden. Der Ein- und Ausgang findet nur durch das Hauptthor statt.

§ 5.

Jeden Abend sind die Werkzeuge einzuschließen, und die in Arbeit befindlichen Gegenstände zu ordnen. Samstag Abend haben alle an Maschinen beschäftigten Arbeiter ihre Maschinen und Werkzeuge zu putzen. Taglöhner ohne Werkzeuge und Maschinen haben die Verpflichtung, die betreffenden Werkstätten zu kehren.

§ 6.

Jeder Arbeiter ist für die ihm übergebenen Werkzeuge, Materialien und Zeichnungen verantwortlich, und hat für deren richtige Ablieferung Sorge zu tragen. Für Inventarstücke, welche der Werkstätte angehören, haftet das gesammte Werkstättepersonal. Werden Maschinen, Werkzeuge, Materialien oder Zeichnungen durch Fahrlässigkeit verdorben, oder werden trotz genauer Unterweisung mangelhafte Arbeiten geliefert, so kann der betreffende Arbeiter zu Schadloshaltung angehalten werden.

§ 7.

Jeder Arbeiter hat — wenn es das Geschäft erfordert — auf specielle Bestimmung des Werkführers sog. Ueberzeit zu arbeiten, und darf sich derselben ohne besondere Erlaubniß nicht entziehen.

§ 8.

Es wird keinem Arbeiter Vorschuß gegeben, noch Lohn im Voraus bezahlt. Auf Accorde werden bis zu deren Fertigstellung im Verhältnisse zu dem inzwischen verdienten Lohne Abschlagszahlungen geleistet. Tritt ein Arbeiter vor Vollendung eines übernommenen Accordes aus, so hat er nur Anspruch auf Vergütung seines bis dahin verdienten Taglohnes.

§ 9.

Die Arbeitswoche schließt mit Mittwoch Abends 6'. Uhr und wird am Samstag ausbezahlt. Auf Bezahlung Bezug habende Reclamationen können nur Montag Vormittag bis 12 Uhr vorgebracht werden, und finden spätere keine Berücksichtigung.

§ 10.

Bei sofortiger Entlassung eines Arbeiters erhält solcher seinen Lohn ausbezahlt. Tritt ein Arbeiter nicht ordnungsgemäß aus, so erhält derselbe seinen Lohn am nächstfolgenden Zahltage.

§ 11.

Rauchen ist verboten. In sogenannten Ueberstunden ist dasselbe gestattet.

§ 12.

Diese Satzungen sind in sämmtlichen Fabrik-Localitäten angeschlagen. Durch seinen Eintritt in die Fabrik übernimmt jeder Arbeiter die Verpflichtung sich vorstehender Fabrik-Ordnung zu unterwerfen.

Mannheim, Mai 1872.

Mannheimer Maschinen-Fabrik

SCHENCK, MOHR & ELSÆSSER.

Nr. 11,346. Geschen
Mannheim, den 23. Mai 1872.
Großherzogliches Bezirksamt.
Bender.

Fabrikordnung der Fa. Schenck, Mohr & Elsässer, 1872.

Industrialisierung aus der Sicht der Fabrikarbeiter

Ein großer Teil der wachsenden Mannheimer Fabrikarbeiterschaft kam vom Lande. Zum Teil waren es Bauern-, zum Teil Handwerkerkinder. Viele von ihnen waren Handwerksgesellen, die in die Fabrik gingen, weil man dort mehr verdiente. Die Chance, sich selbständig zu machen, war ohnehin gering. Der Arbeitsprozeß in der Fabrik unterschied sich aber grundlegend von den bekannten bäuerlichen oder handwerklichen Tätigkeiten. Herrschte dort noch geringe Arbeitsteilung und eine vom Produkt und vom Tagesablauf her bestimmte Zeitökonomie, so machten die Fabrikarbeiter hier die Erfahrung eines weitgehend zersplitterten und für sie unübersichtlichen Produktionsablaufs.

Die repetitiven Teilarbeiten, die sie nun verrichteten, wurden durch andere, Vorarbeiter, Meister und Ingenieure, gesteuert und kontrolliert. Die Arbeitszeit erschien für den einzelnen nicht als die konkrete Zeit, die zur Herstellung eines Produkts benötigt wird, sondern als *abstrakte Uhrenzeit*[8]. Der Tag war in Arbeitszeit, Pause und Freizeit scharf untergliedert.

Die ersten Fabrikarbeitergenerationen unterwarfen sich der geforderten Disziplin, dem "Rhythmus" der Fabrik, nicht ohne weiteres. Ihre Reaktionen sind an den Klagen der Fabrikanten abzulesen: häufiger Stellenwechsel, große Fluktuation, *Blaumachen* sind die Klagen, die am häufigsten zu hören sind.

Die Gesellen verteidigen darüberhinaus offensiv ihre angestammten Rechte: den *blauen Montag* oder das Recht auf ehrenvolle Behandlung. Immer noch wurden viele Arbeitseinstellungen mit dem ehrverletzenden Gebaren der Fabrikherren begründet (s. Flugblatt zum Streik der Lanz-Schmiede, S. 103). Andererseits vertraten die Unternehmer gänzlich unverblümt den *Herr-im-Hause-Standpunkt* und griffen erzieherisch in das Leben ihrer Arbeiter ein. Fabrikordnungen und *schwarze Listen*, mit denen politisch mißliebige Arbeiter außer Gefecht gesetzt werden sollten, legen davon Zeugnis ab.

Kabelverlegung über die Neckarbrücke durch die Süddeutschen Kabelwerke A. G. Mannheim-Neckarau, 1900.

Industrialisierung

Die Zeit zwischen 1860 und 1914 war in Mannheim eine Epoche intensiver Industrialisierung. Die Einführung der Gewerbefreiheit in Baden 1862 hatte einen Boom von Firmengründungen zur Folge. Aber auch ältere Firmen begannen erst in den sechziger Jahren, ihre Werkstätten zu Fabriken zu erweitern; Dampfmaschinen wurden eingesetzt und immer mehr Arbeiter eingestellt. Der erste Höhepunkt dieser Industrialisierungswelle lag zwischen 1867 und 1873.

In Mannheim wurden einige Betriebe des Maschinenbaus gegründet, die entweder von den technischen Fortschritten im Transportwesen oder in der Landwirtschaft profitierten (Lanz: Landmaschinen; Vögele: Eisenbahnweichen; Mohr & Federhaff: Kräne und Aufzüge; Benz: erst Gasmotoren, dann Automobilbau). Die Herstellung von Hydranten und anderen Teilen für Wasserversorgungsanlagen (Bopp & Reuther) verweist auf die Rolle der Urbanisierung als Stimulus der Industrialisierung. In diesem Zusammenhang ist auch die Niederlassung der Firma BBC zu sehen, die für den Bau des städtischen Elektrizitätswerks nach Mannheim geholt worden war und Dampfturbinen herstellte, oder auch die Gründung der Kabelwerke (1898), eine Tochter der Firma Seilwolff in Neckarau, und die Filialniederlassung des Strebelwerks (1900) zum Bau von Zentralheizungen. Die Metallindustrie war bald Mannheims größter Arbeitgeber. Der Maschinenbau beschäftigte 1907 über 11 000 Personen, die metallverarbeitenden Betriebe fast 6 000. In dieser Branche gab es weitaus die meisten Großunternehmen. Die Metallarbeiter, insbesondere die Facharbeiter, waren schon früh gewerkschaftlich organisiert und stellten den größten Gewerkschaftsverband in Mannheim. Die Löhne in der Mannheimer Metallindustrie galten als recht hoch. Die Arbeitszeit konnte von 1890 bis 1910 durchschnittlich um eine halbe Stunde gesenkt werden, von zehn auf neuneinhalb Stunden.

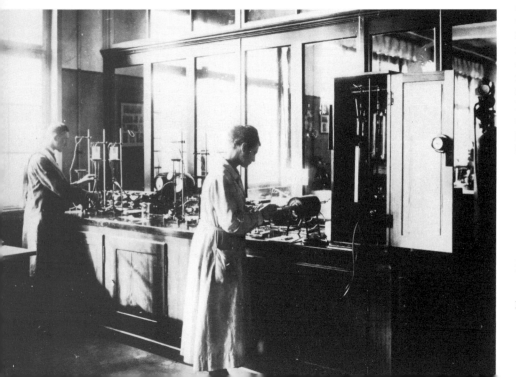

Mitte: Sulfitvorbereitungsanlage in der Zellstoffabrik Waldhof, vor 1909.

Links: Chemisches Labor bei Benz, vor 1918.

Rechts: *Zur Erinnerung an die Automobilmontage des ersten „Hydromobil ‚Lenz'" bei Benz, 1908.* Die Arbeiter und Angestellten auf der Fotografie identifizieren sich mit den technischen Erfolgen der Firma.

Mannheims Standortqualitäten wegen siedelten sich hier auch viele andere Industriezweige an: z. B. die chemische, Papier-, Gummi- und Celluloid-, Nahrungs- und Genußmittelindustrie. Eine der ältesten Branchen war die Zigarrenherstellung. Sie war inzwischen weitgehend auf das Land verlagert worden (Sandhofen, Hockenheim, Reilingen u. a.), weil die Fabrikanten dort niedrigere Löhne zahlen konnten. In Mannheim blieben vor allem die Sortieranstalten und die kaufmännischen Abteilungen. In der Tabakindustrie arbeiteten übrigens besonders viele Frauen. Auf dem Sektor der Nahrungs- und Genußmittelindustrie waren in Mannheim die Getreidemühlen im Industriehafen und die Ölfabriken ebenfalls von großer Bedeutung.
Die chemische Industrie begann früh, sich im Umkreis von Mannheim anzusiedeln (1854: Verein chemischer Fabriken Wohlgelegen; später C. Weyl auf dem Lindenhof, Böhringer auf dem Waldhof, Rhenania auf der Rheinau). In den Chemiefabriken arbeiteten besonders viele ungelernte und schlecht bezahlte Arbeiter. Sie kamen oft aus entfernt gelegenen Dörfern. Die Arbeitszeit lag in der chemischen Industrie bei zehneinhalb Stunden (1890). Es wurde in zwölfstündigen Schichten gearbeitet, die durch eine längere Pause unterbrochen waren.
Infolge der schlechten Bezahlung und ungesunden Arbeitsverhältnisse gab es unter den Chemiearbeitern eine besonders hohe Fluktuationsrate. Erst nach der Jahrhundertwende begegneten die Arbeitgeber der Fluktuation mit einer Anhebung des Lohnniveaus und „Treue-Prämien". Andere Maßnahmen, die „Treue" der Arbeiter zu fördern, waren besondere geldliche Unterstützungen bei Krankheit oder altersbedingter Arbeitsunfähigkeit, krankenpflegerische Unterstützung oder auch die Einrichtung von Betriebskindergärten sowie der Werkswohnungsbau. Werkswohnungen kamen vorzugsweise dem festen Facharbeiterstamm zugute.

Mitte: Teilansicht der Hauptversandhalle bei Bopp & Reuther mit zwei elektrischen Laufkranen, um 1900.

Arbeiter bei Heinrich Lanz, 1913. Ein Arbeitsplatz bei Lanz bedeutete ein relativ hohes Lohnniveau und daher Ansehen bei den Leuten.

Hermann Mohr (1846–1902), Fabrikant.

Gustav Federhaff (1858–1893), Teilhaber von 1881–1893.

Arbeiter bei Mohr & Federhaff: Abteilung Kranbau, 1889.

Mohr & Federhaff an der Friedrichsfelder Straße, 1889.

Aus einem Firmenalbum
(Mohr & Federhaff)

Die Firma Mohr & Federhaff ging auf die Werkstätte des Zirkelschmieds Johann Schweitzer zurück, die dieser 1802 in F 2, 4 eröffnet hatte. 1850 baute die Firma Johann Schweitzer sen. Kräne, Waagen und Schneidepressen. Erst 1863 führte sie Dampfbetrieb ein.

In den folgenden Jahren wechselten mehrfach Besitzer und Fabrikationsstätten, bis sich die Fabrik schließlich 1867 in der Schwetzinger Vorstadt an der Bahnlinie in der Friedrichsfelder Straße/Ecke Keplerstraße niederließ. Die Firma stellte nun vor allem Aufzüge und Kräne her, die sie weltweit exportierte. Auf der Pariser Weltausstellung von 1900 wurde der Portalkran von Mohr & Federhaff mit einer Goldmedaille ausgezeichnet.

Die Firma beschäftigte 1871 68 Arbeiter und drei kaufmännische und technische Angestellte; 1904 waren es bereits 350 Arbeiter und 90 Angestellte. 1898 stellte die Firma die erste weibliche Angestellte ein. Die folgenden Bilder zeigen deutlich die Hierarchie in der Firma und den Stolz und das Selbstbewußtsein der Fabrikanten, der „Chefs" und der Angestellten, die sich schon durch ihre Kleidung von den Arbeitern in der Produktion abheben.

Der elektrisch betriebene Portalkran von Mohr & Federhaff auf der Pariser Weltausstellung 1900.

89

Linke Seite oben: *Zur Erinnerung an den Besuch seiner königlichen Hoheit des Großherzogs von Baden am 15. Oktober 1894 in der Mannheimer Maschinenfabrik Mohr & Federhaff.* Die Angestellten. In der ersten Reihe, 3. von links: Prokurist Julius Landauer.

Linke Seite Mitte: 50jähriges Jubiläum der Betriebszugehörigkeit des Schlossers und Monteurs Hermann Rees, 1917. Geschmückt ist der Arbeitsplatz des Schlossers.

Linke Seite unten: 25jähriges Jubiläum des Betriebsingenieurs Philipp Gastner, 1912.

Oben: Büro von Hermann Mohr (geb. 1873), 1918. Im Vergleich mit den Arbeits- und Repräsentationsräumen anderer Firmenchefs ist es recht bescheiden eingerichtet.

Unten links: Prokurist Julius Landauer, vor 1919.

Unten rechts: Die Telefonistinnen bei Mohr & Federhaff, 1918.

Bau des Elektrizitätswerks, 1898/99.

Straßenbahndepot Collinistraße im Bau, 1900/01.

Bauarbeiter, Polier und Unternehmer auf einer Baustelle in der Altstadt.

Das Baugewerbe

Einer der am stärksten expandierenden Wirtschaftszweige Mannheims im Kaiserreich war das Baugewerbe. Die städtebaulichen Aufgaben wirkten als mächtiger Investitionsanreiz. Insgesamt stieg die Zahl der Beschäftigten von knapp 2 000 (1882) auf fast 9 000 (1907). Im Wohnungsbau wurden um 1900 durchschnittlich 1 600 Einheiten pro Jahr fertiggestellt, bei erheblichen konjunkturbedingten Schwankungen.

Arbeiterinnen im Walzensaal der Rheinischen Gummi- und Celluloidfabrik Neckarau, 1898.

Frauenerwerbstätigkeit im Kaiserreich

Die Rollenteilung zwischen Männern und Frauen nach der Devise *Der Mann ist berufstätig, während die Frau den Haushalt versorgt und die Kinder erzieht* galt im Kaiserreich noch selbstverständlicher als heute. Während in wohlhabenden Familien die ökonomische Basis für eine solche Arbeitsteilung vorhanden war, gerieten schon das mittlere und das kleine Bürgertum mit dieser Norm in Konflikt, weil die Töchter nicht versorgt werden konnten. Erst recht in den Unterschichten bestand die Notwendigkeit, daß die Frauen mindestens teilweise dazu verdienten, obwohl sie allein – ohne Dienstboten – für Haushalt und Kindererziehung zuständig waren. Der badische Fabrikinspektor Friedrich Wörishoffer schrieb 1891, daß die Arbeiter Mannheims *selbst gewerbliche Arbeit ihrer Frauen nicht gerne sehen und diese auf die Führung des Haushalts und die Fürsorge für die Kinder beschränkt wissen wollen, welches Bestreben durch die Höhe der Löhne für einen Teil der männlichen Arbeiter begünstigt wird*[9]. In dieser „glücklichen" Lage befanden sich aber nur jene Arbeiterfamilien, in denen der Vater gut verdiente, die Kinder *aus dem Gröbsten raus* waren und etwas zum Familieneinkommen beisteuerten. Ansonsten mußten die Frauen mitverdienen.

Der Anteil der Frauen lag zwischen 1882 und 1907 gleichbleibend bei rund 20 % aller Erwerbstätigen in Mannheim.[10] Dabei wurde unregelmäßige Beschäftigung nicht erfaßt. Von 1882 bis 1895 nahm aber die Quote weiblicher Erwerbstätigkeit in der Industrie zu (von 16,6 % auf 19,8 %), und der Frauenanteil an den ungelernten Arbeitern wuchs von 20,3 % auf 24,5 %. Frauen wurden überdies besonders schlecht entlohnt. Friedrich Wörishoffer schreibt 1891, der Unterschied zwischen den Löhnen der Arbeiter und denjenigen der Arbeiterinnen sei ein *sehr greller*, auch wenn man eine ziemlich weitgehende Abstufung im Verdienst beider Geschlechter für natürlich (!) halte.[11] Ein Grund für die schlechte Bezahlung lag nach Wörishoffer in dem *Überangebot an weiblichen Arbeitskräften*[12] in einer Stadt, deren Industriebetriebe traditionell Männer bevorzugten: Metall- und Maschinenbau, Chemie, Zellstoff- und Glasfabrikation, Baugewerbe, Handels- und Verkehrsbetriebe. Frauen waren vor allem in den Tabakfabriken, der Rheinischen Gummi- und Celluloidfabrik, in der Fabrik wasserdichter Wäsche, in einer Korsett- und einer Asbestfabrik angestellt. Um 1900 kam noch die Jutespinnerei in Sandhofen dazu. Dort arbeitete eine große Zahl von ledigen jungen Italienerinnen. Die

schlechtere Arbeitsmarktlage und die schlechtere Entlohnung von Frauen wurde damit begründet, daß sie sich von Natur zu schwerer Arbeit nicht eigneten. Gleichwohl waren Frauen gelegentlich als Sackträgerinnen im Hafen beschäftigt, und im Ersten Weltkrieg hielten sie die Produktion in der Metallindustrie wie in der Landwirtschaft aufrecht. Es galt aber im Kaiserreich noch fast unangefochten, daß die Frau physisch, geistig und ihren Charakteranlagen nach in der Volkswirtschaft immer nur eine sekundäre Rolle zu spielen vermöge.[13]

Mädchen machten nur sehr selten eine Lehre. Die Eltern waren im allgemeinen der Ansicht, die Tochter solle nach der Schule (die sie nicht einmal bis zum Ende absolvieren mußte!) schnell verdienen, und dann heirate sie ja sowieso. Viele Familien waren darauf angewiesen, daß die Kinder früh zum gemeinsamen Einkommen beitrugen, und es wurde für selbstverständlich gehalten, daß wenn, dann den Söhnen die mühsam vom Munde abgesparte Ausbildung zuteil wurde. Diese Einstellung wird durch die Altersstatistik der badischen Fabrikinspektion[14] bestätigt. 1890 war die Mehrzahl der Industriearbeiterinnen des Mannheimer Raums unter 20 Jahre alt. Über 40 Jahre waren nur sehr wenige. Nur knapp ein Drittel war verheiratet, und die Quote sank

in den folgenden Jahren noch etwas. In den Mannheimer Fabriken arbeiteten also in der Regel Frauen, die (noch) keine Familien hatten. Verheiratete Frauen waren vorwiegend auf Heimarbeit oder Gelegenheitsarbeit angewiesen: putzen, waschen, bügeln, nähen. Solche Tätigkeiten übten sie als Hausfrauen ohnehin aus, dazu kam jetzt die bezahlte Arbeit, sei es als selbständige oder abhängige Beschäftigung. Als Heimarbeit kam überdies Kaffee oder Safran lesen in Betracht, Puppen schaben, zusammensetzen und bemalen (für die Rheinische Gummi- und Celluloidfabrik in Neckarau), Herstellen von Ölpreßdeckeln aus Roßhaarschnur für eine Roßhaarspinnerei (ebenfalls in Neckarau) oder Säckeflicken für die Mannheimer Sackfabriken. Zwei Beispiele aus den Berichten des badischen Fabrikinspektors Karl Bittmann von 1903/04 mögen die Lebenssituation von Mannheimer Heimarbeiterinnen illustrieren.

Die sechsunddreißigjährige Frau D. flickt seit sieben Jahren Säcke. Sie erhält für den Sack 5 Pf, flickt in fünf Stunden 12 bis 13, in der Woche etwa 75 Stück; der wöchentliche Fadenverbrauch beträgt 35 Pf. Der durchschnittliche Stundenverdienst beträgt 10,8 bis 11,7 Pf. Die Frau besorgt die Haushaltung. Der Mann bezieht eine Invalidenrente von monatlich 15 M; die Familie erhält monatlich 20 M aus der städtischen Armenkasse; als Taglöhner kann der Mann monatlich noch etwa 10 M verdienen. Es sind 6 Kinder vorhanden; das jüngste ist ein Jahr, das älteste ist dreizehn Jahre alt. Die Monatsmiete betrug bisher 13 M; auf Anordnung der Wohnungspolizei mußte die Familie eine größere Wohnung beziehen, die monatlich 25 M kostet: 10 M werden von der Stadtkasse beigeschossen. Geflickt wird im Wohnzimmer.

Die siebenundsechzigjährige Sackflickerin E. ist alleinstehend. Sie erhält für den Sack 5 Pf. Für 10 Säcke braucht sie elf Arbeitsstunden. In der Woche näht sie etwa 80 Säcke, leistet also täglich im Durchschnitt

14½ Arbeitsstunden. Der Fadenverbrauch beträgt 50 Pf wöchentlich, der Wochenverdienst 3,50 M, der Stundenverdienst 4 Pf. Die Leistungsfähigkeit der fleißigen alten Frau, die sich zeitlebens mit Feldarbeit abgegeben hat, ist sehr gering. Sie lebt in den dürftigsten Verhältnissen in einer Dachkammer, für die sie monatlich 5 M bezahlt. Eine Unterstützung von ihren Kindern, deren vier in Mannheim ansässig sind, erhält sie nicht. Zur Arbeit, die sie bis in die späten Nachtstunden ausdehnt, benützt sie einen ihrem Zimmer gegenüberliegenden Dachraum.[15]

Was es für eine Frau mit kleinen Kindern bedeutete, noch „nebenbei" Heimarbeit zu machen, berichtet eine Untersuchung über Berliner Heimarbeiterinnen aus dem Jahr 1898: *Auch die Mutter einer vielköpfigen Kinderschar, die in einem einfenstrigen Berliner Zimmer zusammengedrängt schlief, schrie, spielte, arbeitete und krank lag, meinte: Gegen die Unruhe und Unordnung in ihrem Haushalt sei ihr die ruhige und gleichmäßige Tätigkeit in der Fabrik, in der sie eine Weile beschäftigt war, eine wahre Erholung gewesen, sie habe sich oft kaum entschließen können heimzukehren. Aber der Säugling sei von den Geschwistern immer überfüttert worden und dauernd elend gewesen, da habe sie die auswärtige Arbeit aufgeben müssen. Jetzt näht sie Blusen zu Haus und verdient bei ungleich längerer Arbeitszeit nur viel weniger. Dabei wird sie innerlich hin- und hergezerrt zwischen dem Wunsch, das Nötige zu erwerben, und dem Verlangen, für die Kinder zu sorgen, deren Bedürfnisse ihr jetzt immer vor Augen treten. Gereizt über jede Unterbrechung der Arbeit und andererer-*

seits von dem Zustand gepeinigt, in dem sie beim Aufblicken von der Maschine die Kinder und die Häuslichkeit sieht – immer genötigt, eine Pflicht über der anderen zu vernachlässigen – so wird das Leben zu einem so aufregenden Vielerlei, „daß ich immer morgens denke, du kannst nicht aufstehen und einen solchen Tag wieder beginnen".[16]

Welche Berufe konnten junge Frauen wählen?

Sehr viele Arbeiter- und Kleinbürgertöchter wurden Dienstmädchen, bevor sie heirateten. Bei einer Familie *in Dienst* zu stehen bedeutete, dauernd für Hausarbeit zur Verfügung stehen zu müssen. Arbeiterinnenschutzbestimmungen galten hier nicht, eine Arbeitszeit von 14 bis 16 Stunden wurde als normal angesehen. An das Bild der wartenden Dienstboten, die ihre Herrschaft vom Theater abholten, erinnern sich auch alte Mannheimer. Das Ausmaß der Freizeit hing von der Großzügigkeit der Herrschaft ab; ein freier Nachmittag in der Woche war schon viel.

In einer Dienstbotenzeitschrift veröffentlichte 1899 eine Hausfrau den *Dienstfahrplan* für *ihr Mädchen* (wobei hier abendliche Arbeit nicht erwähnt wird!):

Um 6 Uhr aufstehen, bis 3/4 7 Uhr den Salon reinmachen.
Von 3/4 7 – 7 Feueranmachen und 2 Paar Stiefel putzen.
Von 7 – 1/4 8 Kleider reinmachen.
Von 1/4 8 – 1/2 8 Kaffeetrinken des Mädchens.
Von 1/2 8 – 1/4 9 Uhr das Eßzimmer reinmachen.
Von 1/4 9 – 1/2 9 Uhr 2 Lampen putzen.
Von 1/2 9 – 9 Uhr den Korridor und Mädchenbetten besorgen.
Um 9 Uhr Gemüse putzen und zum Mittag aufsetzen.
Von 1/2 10 – 10 Uhr das Schlafzimmer der Frau besorgen.
Von 10 – 1/2 1 Uhr Mittag kochen, abwaschen und Tisch decken. Das Mittagessen muß pünktlich um 1/2 1 Uhr fertig sein. Mittagessen dauert für Herrschaft und Mädchen in voller Ruhe bis 1/2 2 Uhr.
Von 1/2 2 – 1/2 4 Uhr abwaschen und Küche besorgen.

Oben: Frauen in der Metallindustrie: Wassermesserfabrikation bei Bopp & Reuther, um 1900.

Mitte: Männer im Büro: *Schreibmaschinenzimmer* bei der Steinzeugwarenfabrik Friedrichsfeld, um 1910.

Links: Frauen im Büro bei Mohr & Federhaff, 1918.

Dienstmädchen mit Kind schaut der Herrschaft beim Tennisspielen zu. Tennisplatz an der Goethestraße, um 1910.

Von 1/2 4 – 4 Uhr muß das Mädchen sich zum 2. Male waschen und anziehen und Montag und Dienstag für mich Handarbeit machen.
Mittwoch nachmittag hat das Mädchen für sich.
Donnerstag werden die Meubles und Teppiche geklopft, nachmittags Silber, Türdrücker und Ofentüren geputzt.
Freitag werden die Fenster geputzt und Waschgeschirre geseift, nachmittags die Küche gründlich gereinigt.
Sonnabend Speise kochen und Lampen gründlich reinigen.
Wäsche von uns 2 Leuten alle 14 Tage in meiner Küche ist eine Arbeit von 1/2 Tag.[17]
Vollends entwürdigend war das Dienstbotinnenleben, wenn die Söhne der Dienstherrschaft ihre ersten sexuellen Erfahrungen mit dem Dienstmädchen machten oder der Familienvater sich so den Weg ins Bordell ersparte. Umgekehrt wurden Mädchen sofort entlassen, die ledig ein Kind erwarteten.
Der Lohn war gering, weil Dienstboten im Hause wohnten und verköstigt wurden, und er wurde zum größeren Teil erst am Ende der vertraglich vereinbarten Dienstzeit gezahlt. Durch Beschädigung entstandene Kosten zog man vom Lohn ab, sogar die Habe des Dienstmädchens konnte einbehalten werden.[18] Unzählige Konflikte entstanden zwischen der Herrschaft und den Dienstboten, die mit häufigem Stellenwechsel auf die schlechten Arbeitsbedingungen reagierten.
In wohlhabenden Familien beschäftigte man außer dem Dienstmädchen entweder ständig oder gelegentlich auch eine Köchin, eine Näherin und eine Waschfrau. Viele bürgerliche Familien gaben die Wäsche aber auch nach Ziegelhausen zum Waschen; allwöchentlich kamen die Wäscherinnen von dort, um sie abzuholen. Wenn Kinder da waren, wurden schließlich noch ein Kindermädchen und vielleicht noch eine Gouvernante eingestellt.
Andere Berufe für die Töchter der Arbeiter und Kleinbürger waren z. B. Verkäuferin, Köchin, Näherin, Kellnerin. Kellnerinnen standen damals besonders unter dem Verdacht, sich ihren geringen Lohn durch

Prostitution aufzubessern. Das Vorurteil hat sicher dazu beigetragen, wenn es mitunter tatsächlich so war.
Büroberufe eröffneten sich in größerem Umfang den Frauen erst gegen Ende der wilhelminischen Ära. Vorher waren sie den Männern vorbehalten. Hier ergab sich die Möglichkeit, bei besseren Arbeitsbedingungen mehr zu verdienen und ökonomisch selbständig zu sein; eine Chance, die viele Frauen in der folgenden Zeit ergriffen, während die Männer vom Bürovorsteher bis zum Chef weiterhin die leitenden Positionen besetzten.
Frauen aus den bürgerlichen Schichten, die die höhere Mädchenschule besucht hatten, konnten Lehrerinnen werden. Das höhere Schulwesen blieb ihnen als Pädagoginnen

indes versperrt. Die bürgerliche Frauenbewegung kämpfte darum, daß die Frauen wenigstens in den höheren Mädchenschulen zu allen Positionen Zugangsberechtigung hatten. Ein weiteres Betätigungsfeld für junge Frauen aus „besseren" Familien boten zunehmend die sozialen Berufe.
Erst wenige Töchter „aus gutem Hause" erkämpften sich um diese Zeit bereits den Weg zum Abitur und auf eine Universität. Lili Wachenheim promovierte 1917 als Chemikerin und fand eine Anstellung bei der BASF. Als sie dem Direktor mitteilte, sie sei zwar protestantisch getauft, aber ursprünglich Jüdin gewesen, wurde ihr mitgeteilt: *Wenn wir schon eine Frau anstellen, dann kommt es darauf auch nicht mehr an.*[19]

Kellnerin und Kellner vor dem Café Hagen an der Augustaanlage während der Jubiläumsausstellung 1907.

Lehrerinnen und Lehrer in der *Höheren Töchterschule,* 1874.

Katharina Nicklas, Hebamme des Wöchnerinnenasyls
Luisenheim, um 1900.

Die Modistin

Hermine Langenbach, Tochter eines
Polizeibeamten, trat 1909, mit 14 Jahren,
beim Warenhaus Wronker & Co. als
Lehrling ein, um Modistin zu werden. Das
war schon etwas Besseres, und die Mädchen
mußten elegant und fein wirken, damit sie
überhaupt als Lehrling für diesen Beruf
angenommen wurden. Sie hatten die
Aufgabe, die modisch unentbehrlichen
Damenhüte mit der entsprechenden Pracht
von Bändern und Kunstblumen zu versehen. Hermine Langenbach erinnert sich,
daß sie schon als Kind Freude daran gehabt
habe, sich herauszuputzen. Dieser Beruf
war ihr Traumberuf.
Sie mußte die von der Fabrik im Rohzustand
ankommenden Hüte mit den erforderlichen
Accessoires versehen, die mit der Jahreszeit
und den modischen Trends wechselten:
Straußenfedern und Stoffblumen (für die
vornehmen Damen aus echter Seide).

Wronker hatte für das Hutgeschäft extra ein
Atelier im obersten Stockwerk des Hauses.
Dort wurden auch alte Hüte wieder aufge-
frischt, indem man die Farben der Blumen
mit Puder neu belebte.
Die Modistinnen absolvierten im allgemeinen ein Lehrjahr in der französischen
Hauptstadt, um sich den Pariser Chic
anzueignen. Für Hermine Langenbach
mußte diese „Bildungsreise" wegen des
Ersten Weltkriegs entfallen.
Später war sie im vornehmsten Hutsalon
der Stadt angestellt, im *Pariser Modesalon*
von Aline Hanf, wo die Damen Lanz und
Röchling einzukaufen pflegten. Zu Hause
arbeitete sie noch für private Kundschaft,
um sich zusätzlich etwas Taschengeld zu
verdienen. Sie blieb auch berufstätig,
nachdem sie 1919 geheiratet hatte: ein
Beispiel für die neue Generation berufs-
orientierter Frauen.

Hermine Langenbach, Modistin, um 1917.

Modistinnen vor dem Hutsalon der Babette Maier, F 6, 8, zwischen 1908 und 1914.

Das Handwerk: Wagnerei in T 6, 5, nach 1900.

Hof des Bauern und Fuhrunternehmers Kloos in H 5, 13, um 1900: Einer der wenigen in der Stadt noch lebenden Bauern. 1910 ließ sich Kloos nur noch als Fuhrunternehmer im Adreßbuch eintragen.

Klavierfabrik Scharf & Hauk in C 4, 4, um 1904. Rechts der Meister.

Küferei Schumm in T 3, 5, erste und älteste Küferei Mannheims, gegründet 1866, um 1904.

Dorfschmiede auf dem Scharhof, um 1900.

Das Heu wird eingefahren. Eine Fotografie vom Scharhof, um 1910.

Das Heu wird eingefahren. Eine Fotografie vom Scharhof, um 1910.

Streikende Hafenarbeiter der Rheinschiffahrts-AG vorm. Fendel, 1906 oder 1911.

Maifest-Programm des Sozialdemokratischen Vereins (Deckblatt), Mannheim, 1903.

Gewerkschaften

Im „roten" Mannheim war auch die sozial-demokratische Gewerkschaftsbewegung besonders stark; 40% der badischen Mit-glieder der freien Gewerkschaften wohnten 1907 im Amtsbezirk Mannheim. Der liberale Hirsch-Dunckersche Gewerkverein und die christlichen Gewerkschaften zählten jeweils nur rund 1 000 von den insgesamt 25 000 Mannheimer Gewerk-schaftern.[20]

Es dauerte sehr lange, bis die einzelnen Fachvereine – ursprünglich Organisationen standesbewußter Handwerksgesellen – sich bereit erklärten, auch ungelernte Arbeiter oder gar Frauen aufzunehmen. Umgekehrt hielten diese sich von den gewerkschaftli-chen Organisationen fern. Lediglich die Mannheimer Metallarbeiter forderten schon eine gemeinsame Organisation von gelernten und ungelernten Arbeitern, als die meisten ihrer deutschen Kollegen noch berufsorientiert in Fachvereinen bleiben wollten. Die damals von Mannheim aus geleitete Vereinigung der Metallarbeiter Deutschlands (gegründet 1884) konnte jedoch unter den Bedingungen des Soziali-stengesetzes nur etwa ein Jahr lang existie-ren.[21]

Ab 1891 war der Metallarbeiterverband im ganzen Deutschen Reich Industriegewerk-schaft.

Aber auch unter den Mannheimer Metallar-beitern standen die Ungelernten noch lange abseits. So z. B. bei dem Streik in der Firma Heinrich Lanz im Jahre 1903. Dort wehrten sich die Kesselschmiede gegen die Einfüh-rung von Kontrolluhren, die die Akkord-sätze herabdrückten. Vom 13. bis 15. August traten zwei Drittel der Lanzschen Arbeiter in den Streik, ohne ihr Ziel zu erreichen.[22]

Streikbewegungen in Großbetrieben waren damals eine Seltenheit. Besonders in der chemischen Industrie, der Gummi- und Zellstoffabrikation lag das an der hohen Zahl gewerkschaftlich nicht organisierter, ungelernter Arbeiter und Arbeiterinnen. Im wesentlichen fand der gewerkschaftliche Kampf vor dem Ersten Weltkrieg noch in kleinen Betrieben statt (und wurde von Facharbeitern getragen) oder im Bau- und Transportgewerbe, die nicht unter dem disziplinierenden Einfluß der Fabrikorgani-sation standen.

In Konfliktfällen (z. B. beim Streik im Strebelwerk 1908[23]) wirkte die Gewerk-schaftsleitung kanalisierend und dämpfend und zog sich damit die scharfe Kritik eines Teils der Arbeiter zu. Die sozialdemokrati-schen Gewerkschaften verfolgten noch stärker als die Partei trotz Verbalradikalis-mus einen legalistischen und pragmatischen Kurs. Der Metallarbeiterverband stand aus diesem Grunde einige Jahre abseits des örtlichen Gewerkschaftskartells.

An die gesamte Bevölkerung von Mannheim und Umgebung!

Der Generalstreik bei der Firma Hch. Lanz.

August — *1903.*

Ein **Lohnkampf**, wie ihn Mannheim wohl noch niemals gesehen hat, ist im Laufe der letzten Woche zum Ausbruch gekommen. **Sämtliche gelernten Arbeiter** bis auf einige ältere Leute **haben die Lanz'sche Fabrik verlassen,** da sie es **mit ihrer Ehre nicht mehr vereinbaren konnten,** die von der Firma geforderte Herstellung von Streikarbeit zu vollführen, wodurch sie die schon in der fünften Woche um ihr Recht kämpfenden Schmiede aufs Schwerste geschädigt hätten. Um nun der gesamten Bevölkerung ein klares Urteil über die Ursachen dieses, auch weitere Kreise der Bürgerschaft in Mitleidenschaft ziehenden Kampfes zu ermöglichen, sehen sich die Lanz'schen Arbeiter veranlaßt, eine ausführliche Darlegung der Bewegung zu geben.

Schon seit Januar d. J. wurden die Schmiede aus ihrer bisherigen Lethargie aufgeweckt und in Unruhe versetzt dadurch, daß die Firma Lanz sie gewissermaßen als **Versuchsobjekte** benutzte, um Mittel und Wege zu finden, wie aus dem Schweiße der Arbeiter noch mehr Unternehmerprofit herauszupressen sei. So gelangte anfangs des Jahres ein sogenanntes Kolonnensystem zur Einführung, und nur dem einmütigen Widerstande der Schmiede gegen diese Einrichtung war es zu verdanken, daß von dieser neuen Ausbeutungspraktik wieder Abstand genommen wurde.

Hand in Hand mit diesen Versuchen gingen fortwährende **Reduktionen der Akkordsätze,** so daß es auch den fleißigsten Schmieden nicht mehr möglich war, auch nur einigermaßen den Lohn zu verdienen, der für solch schwere Arbeit als gerecht und billig anerkannt werden muß. Es kamen Fälle vor, daß alte Feuerschmiede infolge des niedrigen Akkordsatzes in **120 Stunden** den geradezu erbärmlichen Lohn von **36 Mk.** verdienten. Durch ein raffiniertes System suchte man die Schmiede bei diesen schmählichen Akkordreduktionen zu übertölpeln. Man gab nämlich die Arbeit aus zu dem reduzierten Akkordsatze; stellte sich dann heraus, daß der die Arbeit ausführende Schmied trotz der größten Anstrengung absolut nichts verdient hatte, so erhöhte man nicht etwa wieder den betr. Akkordsatz, sondern man legte dem Arbeiter am Zahltag ein paar Mark zu, so daß er wenigstens mit einem einigermaßen zufriedenstellenden Lohn nach Hause gehen konnte. Dies geschah jedoch nur ein paar Mal, dann fiel die Lohnzulage weg. Bekam dann später ein Schmied eine solche Arbeit zum reduzierten Akkordsatze wieder zur Ausführung, und beklagte sich derselbe dann darüber, daß er an dieser Arbeit nichts verdienen könne, so wurde ihm einfach bedeutet: „Sie können hier aus den Lohnbüchern ersehen, daß bisher an derselben Arbeit zum gleichen Akkordsatze soviel verdient wurde; die Firma kann nichts dazu, daß Sie nicht fleißiger arbeiten." Durch derartige unsaubere Manipulationen suchte man die

Schuld an dem geringen Verdienste auf die Arbeiter selbst abzuwälzen.

Ein weiterer Trik, um die Schmiede zu übervorteilen, wurde folgendermaßen vorgenommen: In der letzten Zeit wurden in der Abteilung der Schmiede verschiedene Maschinen eingeführt; gegen die Aufstellung von Maschinen hätten die Schmiede selbstverständlich nicht das Geringste einzuwenden, wenn die Maschinen blos dazu bestimmt gewesen wären, die Produktivität des Betriebs zu erhöhen. Die Firma Heinrich Lanz benutzte jedoch die Maschinen zu einer **weiteren Reduktion der Akkordsätze.** Hatte es beispielsweise für ein Stück 1 Mk. gegeben, als die ganze Arbeit noch von Hand gemacht werden mußte und wurde nun ein Teil der erforderlichen Arbeit, welcher für den Schmied einen Zeitaufwand im Werte von 5 Pfg. repräsentierte, an einer Maschine angefertigt, so erhielt der Schmied aber nicht 5 Pfg. Abzug, sondern man setzte den Akkordsatz gleich um 10, 15 oder mehr Pfennige herunter. Ein derartiges trauriges Gebahren einer Millionenfirma gegenüber ihren Schmieden wird gewiß jeder gerecht und billig denkende Mensch aufs Entschiedenste verurteilen.

Die Erbitterung der Schmiede über solch unwürdige Machinationen wurde jedoch noch gesteigert durch die **verletzende brutale Behandlungsweise** seitens des Herrn Ingenieurs Lösmöllmann und des Herrn Schmiedemeisters Uhland. Während der erstgenannte Herr sich den Schmieden gegenüber den Ausspruch erlaubte, daß er denselben „das Messer an die Kehle setzen werde", erdreistete sich Herr Uhland sogar die gemeine Redensart zu gebrauchen: „Ihr Schmiede seid nicht wert, daß man Euch ins Gesicht spuckt!"

Unter solchen Umständen wird jedermann die gewaltige Erregung und Erbitterung begreiflich finden, welche schon seit geraumer Zeit unter den Schmieden Platz gegriffen hatte. Verschiedentlich geplante Versuche, diesen Mißständen abzuhelfen, wurden jedesmal durch Verrat vereitelt.

Als nun die Schmiede am 17. Juli Zahltag hatten und dabei ersahen, mit welchen **Hungerlöhnen** wiederum ein Teil von ihnen nachhause gehen mußten, da riß ihnen endlich die Geduld, und sie beschlossen des Abends in einer Versammlung einstimmig, daß eine von ihnen gewählte fünfgliedrige Kommission direkt bei Herrn Lanz betreffs Abstellung der oben geschilderten Mißstände vorstellig werden solle. Erhalte die Kommission andern Tags bis 10 Uhr vormittags keinen Bescheid darüber, ob sie vorstellig werden könne oder nicht, so würden die Schmiede die Arbeit niederlegen. Dieser Beschluß wurde am folgenden Morgen bei Geschäftsbeginn seitens eines Kommissionsmitgliedes dem Meister Uhland mitgeteilt; eine Antwort bis 10 Uhr erfolgte **nicht,** deshalb

Flugblatt des Deutschen Metallarbeiterverbandes, Zahlstelle Mannheim (Ausschnitt), zum Streik bei Lanz, 1903.

Lebensstandard

Lebensstil

Wie lebte eine Arbeiterfamilie um 1900?

Nach einer Erhebung des badischen Fabrikinspektors Friedrich Wörishoffer, in der der besser verdienende Teil der Mannheimer Arbeiterschaft überrepräsentiert ist, verdienten 1889/90 etwa 50 % der Industriearbeiter des Mannheimer Raums 15–24 Mark pro Woche, 20 % erhielten mehr als 24 Mark (bis zu 35 Mark pro Woche) und 30 % weniger als 15 Mark. Unter den letzteren befanden sich die Frauen, jugendliche und alte Arbeiter, darüberhinaus Tagelöhner der schlechter zahlenden Industriezweige.

Der Fabrikinspektor errechnete, daß *für die gerade noch ausreichende Existenz einer Arbeiterfamilie* in der Stadt Mannheim 5 Mark pro Kopf, auf dem Land 4 Mark pro Kopf wöchentlich nötig seien. Daraus ergibt sich, daß für die meisten Arbeiter die Löhne nicht hoch genug waren, um damit alleine eine Familie mit mehreren Kindern zu ernähren.

Der Lohn kann aber niemals so hoch steigen, versicherte der Fabrikinspektor, *daß er bei dem Zusammentreffen dieser beiden die Lebenshaltung herabdrückenden Umstände* [gewöhnliche Lohnarbeit und eine vielköpfige Familie] *vollständig ausreichend ist.* [1] Das Familieneinkommen mußte, zumindest solange die Kinder noch nicht selbst verdienten und die Familie unterstützten, durch gelegentliche Erwerbstätigkeit der Frau oder die Aufnahme von Kost- und Schlafgängern bzw. Untermietern ergänzt werden.

Es ist bemerkenswert, daß selbst ein Spitzenverdiener unter den Mannheimer Arbeitern wie der im nebenstehenden Beispiel angeführte Maschinenformer der Firma Heinrich Lanz sich auf eine Zweizimmerwohnung ohne Küche beschränkte, von der ein Zimmer vermietet wurde. Dafür „leistete" sich die Familie eine relativ üppige Ernährung (4 Pfund Fleisch in der Woche), auch Tabak und alkoholische Getränke gingen mit 92 Mark im Jahr in die Haushaltsrechnung ein, dazu kamen Sonntagsausgaben, ein Posten, der in dem Haushalt eines ungelernten Arbeiters wie in unserem Beispiel auf S. 110 gänzlich fehlt. In beiden Fällen wird deutlich, daß die Ehefrauen noch zusätzlich Arbeit leisteten, um die Ausgaben zu reduzieren: durch die Versorgung des Untermieters und die eigene Reparatur der Kleidung im einen, durch das Aufsammeln von Brennmaterialien im anderen Fall. [2]

Angesichts solcher Verhältnisse ist es erklärlich, daß die von den Gewerkschaften eingerichteten Leseräume, in denen nichts verzehrt werden mußte, als große Errungenschaft galten. Trotzdem gingen die Männer in der Freizeit ins Wirtshaus, und das Einkehren auf dem sonntäglichen Ausflug gehörte zu den Vergnügungen, die man sich nach Möglichkeit leistete.

Das Haupt der Familie ist Maschinenformer in einer Fabrik landwirthschaftlicher Maschinen. Die Familie besteht aus Mann und Frau im Alter von 33 und 30 Jahren und drei Kindern im Alter von 1 bis 6 Jahren. Der Mann ist im Kreise Kreuznach in Preußen geboren, wo der Vater ebenfalls Gießer war. L sowohl wie seine beiden Brüder ergriffen den Beruf des Vaters und traten in ihrer Heimath auf einer Hütte in die Lehre. Nach beendigter Lehrzeit arbeitete er in Köln in einer Gießerei, wo er bald 3,20 Mk. im Tage verdiente. Er ersparte sich hier in drei Jahren 400 Mk., welche er später für seine kranken Eltern verwendete. Er diente dann drei Jahre beim Militär und trat nach Beendigung der Dienstzeit zu Hause mit einem Tagesverdienste von 1,80 Mk. in Arbeit. Von hier aus ging er vor sieben Jahren in seine jetzige Stelle nach Mannheim, verdiente zuerst 18 Mk., jetzt 36 Mk. in der Woche. L verheirathete sich bald nach seinem Eintritte in die Mannheimer Fabrik. Von fünf Kindern sind zwei gestorben, das jüngste ist kränklich.

Die Lebensweise ist die bei den besser situirten städtischen Arbeiterfamilien gewöhnliche. Nur die Zwischenmahlzeiten sind hier einfacher als sonst. Morgens Kaffee mit Weißbrod, das Frühstück besteht aus Brod mit Butter oder Käse und entweder wieder Kaffee oder Bier. Mittags wird meist Fleisch (4 Pfd. in der Woche), Suppe und Gemüse oder Kartoffeln gegessen. Die Vesper besteht aus Kaffee mit Schwarzbrod, und Abends werden entweder Reste vom Mittag oder Suppe mit etwas Wurst oder Kartoffeln gegessen. [...]

Zusammenstellung sämmtlicher Einnahmen und Ausgaben.

A. Einnahmen.

1. Verdienst des Mannes im Jahre	1875 Mk.
2. Einnahmen aus Aftermiethe	65 „
Summa: Einnahmen	**1940 „**

B. Ausgaben.

1. Wohnungsmiethe	276 Mk.
2. Kosten des Haushaltes wie vorstehend	990 „
3. Heizung und Beleuchtung	75 „
4. Kleider a. neue	105 „
„ b. Reparaturen (besorgt die Frau)	— „
5. Schuhwerk, a. neues	50 „
„ b. Reparaturen	17 „
6. Anschaffung und Reparatur von Wäsche	21 „
7. Anschaffung u. Erneuerung von Haushaltungsgegenständen	15 „
8. Reinlichkeit (Ausgaben für Seife, Wäsche u. f. w.)	16 „
9. Schulgeld und Schulbücher für die Kinder	6 „
10. Sonntagsausgaben, soweit sie nicht schon unter O.-B. 14 und 15 der Haushaltungsrechnung enthalten sind	55 „
11. Cigarren und Tabak	21 „
12. Vereine und Lektüre	12 „
13. Krankenkassenbeiträge des Mannes, Krankenversicherung der Angehörigen und Lebensversicherung	115 „
14. Steuern	10 „
15. Kleinere u. unvorhergesehene Ausgaben, welche in Obigem nicht enthalten sind	36 „
Summa: Ausgaben	**1820 Mk.**

Die Differenz zwischen den Einnahmen und Ausgaben zu Gunsten der Ersteren erklärt sich durch eine oben nicht aufgenommene Unterstützung, welche im Betrage von etwa 50 Mk. im Jahre der Mutter der Frau zugewendet wird, und eine jährliche Einlage von etwa 50 Mk. in die Sparkasse des Kriegervereins. Der Haushalt wird gut geführt, und der Hausrath immer im Stand gehalten. Die Familie kommt aber bei den sehr guten Einnahmen des Mannes und den noch geringen Kosten der Kinder nicht genügend vorwärts. Dabei beschränkt sie sich noch, da sie ein Zimmer vermiethet, und weil bei der fehlenden Küche in einem Zimmer gekocht werden muß, eigentlich auf ein Zimmer. Mindestens müßten bei den Verhältnissen der Familie die sonstigen Ausgaben so eingeschränkt werden können, daß die Vermiethung eines Theiles der ohnedem knapp ausreichenden Wohnung wegfiele.

Nebenstehende Seite links: Kleinbürgerliches Wohnhaus in der Altstadt; rechts: Großbürgerliches Wohnhaus in der Richard-Wagner-Str. 56, 1911.

Aus: Friedrich Wörishoffer: Die sociale Lage der Fabrikarbeiter in Mannheim und dessen nächster Umgebung. Karlsruhe 1891, S. 243 ff.

Der knappe Haushalt zwang also zur Einschränkung von Bedürfnissen. In allererster Linie betraf das den Wohnraum. Die normale Arbeiterwohnung hatte 1–2 Zimmer mit oder ohne Küche, oft noch einen Alkoven (eine Nische), und häufig war davon ein Zimmer untervermietet. Zwei Zimmer mit Küche war schon die „Luxusversion" der Arbeiterwohnung. Die Untersuchung des Fabrikinspektors F. Wörishoffer über die soziale Lage der Fabrikarbeiter in Mannheim und Umgebung (1891) enthält viel Material über deren Wohnverhältnisse. Danach wohnten die Tagelöhner und unregelmäßig beschäftigten Arbeiter (Hafen- und Bauarbeiter) durchweg in den schlechtesten Wohnungen: z. B. ein Zimmer unterm Dach für die ganze Familie. Ein Tagelöhner, der 21,50 Mark in der Woche verdiente, schlief mit Frau und vier Kindern im Alter zwischen ein und sieben Jahren in einem Alkoven, das einzige Zimmer war vermietet, wurde von der Familie jedoch tagsüber mitbenützt. Immerhin hatte diese Familie noch eine Küche. Größere Wohnungen waren für Arbeiter gänzlich unerschwinglich. So kam Wörishoffer zu dem Ergebnis, auch die besten Wohnungen der Arbeiter seien nur Schlafstätten, *die jede Behaglichkeit ausschließen, der Familie kein Heim bieten und jeder Kulturentwicklung entgegenstehen*[3] Er resümierte: *Wenn man die relativ kleine Zahl von Arbeiterfamilien ausnimmt, welche noch eine Landwirtschaft treiben, so ist das gemeinsame Merkmal der Arbeiterwohnungen im allgemeinen eine bis aufs Äußerste getriebene Einengung des den einzelnen Familien zur Verfügung stehenden Raumes. Die Arbeiter wohnen dazu meist in Hinterhäusern, und es kann schon aus diesem Grunde angenommen werden, daß die Arbeiterbevölkerung an den zur Hebung der öffentlichen Gesundheit getroffenen Einrichtungen weniger Anteil nimmt als die übrige Bevölkerung. Küchen werden immer seltener, auch in den Wohnungen von Arbeitern, welche 4–6 Mark durchschnittlich am Tage verdienen und welche daher zu der Elite der Arbeiterschaft gehören. Ebenso gehören Wohnungen von mehr als zwei Zimmern auch für diese Arbeiterklasse zu den fast verschwindenden Ausnahmen. Und weiter: Die Bauspekulation hält diese Wohnungen [Zweizimmerwohnung ohne Küche] offenbar für die Arbeiter genügend, denn in neuerer Zeit wird ein sehr großer Teil der Arbeiterwoh-*

Beengte Wohnung in der Unterstadt (K 3, 5). Dreimal die Familie des Dachdeckers Karl Schäfer, um 1916. Auf dem oberen Foto fehlt der Vater; vermutlich war er zum Zeitpunkt der Aufnahme im Feld.

Hof des Hauses T 2, 2, um 1900.

Ein zusammenhängender Complex von mehreren Häusern, von welchen eines groß und fünfstöckig ist, wird fast ausschließlich von Arbeitern bewohnt. Derselbe enthält 117 Wohnungen mit 217 Zimmern und Kammern, 17 Küchen, 68 Kellern und 18 Speichern, und dient als Wohnung für 209 Erwachsene, 418 Kinder — 109 Knaben und 209 Mädchen, — 14 männliche und 13 weibliche Untermiether, zusammen also für 644 Personen. Es kommen mithin auf die Wohnung 5,5 Personen und auf jeden bewohnten Raum 2,97 Personen.

Die Zimmer der obigen Gebäulichkeiten sind 7—13 qm, meist 8—10 qm groß. Sie müssen in der Regel zugleich als Küchen dienen, da für die 117 Wohnungen nur 17 Küchen vorhanden sind, und liegen in langer Reihe an nur 1 m und 1,1 m breiten Gängen. Von den Wohnungen haben 48 weder Küche noch Keller, 52 keine Küche, aber einen kleinen Kellerraum, 2 eine Küche, aber keinen Keller und nur 15 haben Küche und etwas Keller. Die 18 Speicher, welche an 13 Wohnungen mit meist nur einem Zimmer vertheilt sind, dienen fast ausschließlich Kindern und Untermiethern zur Schlafstätte. Zwischen einem einstöckigen und dem Nachbargebäude befindet sich ein langgestreckter Hof, welcher 1,5 m breit ist.

Was die Miethspreise anlangt, so kostet eine dieser Wohnungen, aus 2 Dachkammern im fünften Stock bestehend, ohne allen Zubehör 96 Mk. bis 120 Mk., eine Dachkammer mit Küche und Keller 144 Mk. Eine Wohnung im zweiten und dritten Stock von zwei kleinen Zimmern ohne Küche mit etwas Keller 140—170 Mk., mit einer kleinen Küche 240 Mk. Der ganze Complex trägt über 16,500 Mk. Miethe und bringt, da er vor einigen Jahren für 116,000 Mk. erworben wurde, nach reichlicher Abrechnung der Unterhaltungskosten noch über 13 % rein.

Über *Mietskasernen*. Aus: Friedrich Wörishoffer: Die sociale Lage der Fabrikarbeiter in Mannheim und dessen nächster Umgebung. Karlsruhe 1891, S. 216 f.

nungen überhaupt ohne Küche hergestellt. Am durchgreifendsten ist diese rücksichtslose, durch keine gesetzlichen Schranken gezügelte Art zu bauen, in Sandhofen eingeführt. Hier hat keine der in den letzten Jahren hergestellten Arbeiterwohnungen eine Küche. [...] Etwas besser als in Sandhofen liegen die Wohnungsverhältnisse in Neckarau. Hier sind eigene kleine Häuschen bei dem schon länger ansässigen Stamm von Arbeitern nicht gerade selten, und das Wohnen muß hier als durchaus normal und ausreichend bezeichnet werden. Auch haben Arbeiter mit einem kleinen ersparten Kapital Gelegenheit, sich ein kleines Haus zu erwerben, und können leicht 4/5 des Kaufpreises zu 5 % stehen lassen. Die in den letzten Jahren in großer Zahl neu zugezogenen Arbeiter wohnen dagegen bei billigeren Mieten mindestens ebenso schlecht als in der Stadt.[4]

Die Fabrikinspektion interessierte sich nicht nur für das materielle Wohl der Fabrikarbeiter, sondern in gut patriarchalischer Tradition fühlte sie sich auch für deren moralische, insbesondere sittliche Verhältnisse zuständig. Die aus der Not geborene Institution des Schlaf- und Kostgängers und die Untervermietung in ohnehin viel zu engen Wohnungen gab immer wieder Anlaß zu moralischen Bedenken der

Versteigerung.

Montag, den 19. ds. Nachmittags 2 Uhr werden im Laden H 1, 7 eine große Parthie fertiger

Buxkin-Herren- und Knaben-Anzüge,

sowie Arbeiterkleider öffentlich gegen Baarzahlung versteigert.

Ferd. Aberle, Auctionator.

Stellen suchen:

Lehrmädchen
welches das Kleidermachen gründlich erlernen will, findet Stelle. Näheres im Verlag.

Mehrere gute Maschinenstrickerinnen
gesucht bei Karl Fischer, Ludwigshafen.

Mädchen
zum Backen von Packeten sofort gesucht. Q 7, 2.

Arbeiterinnen
gesucht. Wollfabrik Neckarauerstraße.

Amme
sofort gesucht. Näheres bei Hebamme Bauer, Ladenburg.

Lehrling-Gesuch.
Ein Lehrling gesucht. J. Bertram, Schreinermstr. G 4, 7.

Wir suchen für unser Comptoir

1 Lehrling
mit guten Schulkenntnissen.

Zu vermiethen:

(Wohnungen.)

G 3, 1, Neubau.
Im Mittelpunkte der Stadt ein getheilter abgeschlossener 4. Stock

(Schlafstellen.)

Möblirte Zimmer

Kost & Logis

Generalanzeiger 18. 7. 1886.

Fabrikinspektion: *Die Unzukömmlichkeiten vermehren sich aber noch, wenn die Arbeiterfamilien männliche Kostgänger oder Schlafmädchen aufnehmen. Bei der Beschaffenheit der Arbeiterwohnungen kommt es zwar kaum jemals vor, daß beides gleichzeitig in einer und derselben Familie stattfindet. Allein schon in der Aufnahme nur einer fremden Person liegt in so engen Wohnungen eine große Verschlimmerung der Zustände. Am meisten ist dies bei Schlafmädchen der Fall, welche bei der schlechten Bezahlung der weiblichen Arbeit im Gegensatz zu derjenigen der Männer meist nicht in der Lage sind, so viel zu bezahlen, daß ihnen ein besonderes Zimmer eingeräumt wird. Sie schlafen dann in der Regel mit einem der Kinder in einem Bette, was bei dem lockeren Leben vieler dieser Mädchen fast mit Notwendigkeit zu einer frühzeitigen Verderbnis der Kinder solcher Arbeiterfamilien führen muß. Derartige Zustände können allerdings nicht genügend bei dem Besuche von Arbeiterwohnungen wahrgenommen werden, wie sie aus Anlaß dieser Erhebungen stattfanden, weil sie sich leicht der Kenntnisnahme bei einem einmaligen Besuche entziehen und mehr nur aus dem Zusammenfassen aller Umstände geschlossen werden können.*[5]

Schwetzingervorstadt, Kleine Wallstadter Straße, heute Galileistraße 8, 1912, mit Arbeiterwohnungen.

Arbeiterinnenwohnheim auf dem Werksgelände der Gummi-, Guttapercha- und Asbestfabrik in der Schwetzinger Straße 145, um 1910.

gemeinnützige Baugesellschaft gegründet; angesichts fehlender kommunaler Unterstützung blieb ihre Aktivität aber gering. Erst in den neunziger Jahren wurden vermehrte Anstrengungen gemacht: 1895 gründete sich der Spar- und Bauverein, 1898 beschloß der Bürgerausschuß Vergünstigungen für den Bau kleiner und mittlerer Wohnungen. Die Stadt baute selbst für ihre Arbeiter einige Wohnhäuser. Die berühmtesten Projekte des Spar- und Bauvereins waren der *Schillerblock* am Neckarauer Übergang und der *Elfenblock* in der Neckarstadt-West.[8]

Für die Schlafgängerinnen und Schlafgänger selbst hat solche Gemeinsamkeit sicher oft einen Ausgleich für die Belastung durch schlechte Arbeitsbedingungen und häufigen Arbeitsplatzwechsel geschaffen.[6] Ein alter Mannheimer, der solche Verhältnisse noch als Kind erlebt hatte, erinnert sich: *Sie wollten wissen, wie groß die Wohnung war. Zwei Zimmer und Küch'. Der Abort, da mußte man die Trepp' runter. Ich kann Ihnen das aufzeichnen, ich hab' den Grundriß noch im Kopf ... Also, da war ein langer Hausgang, da ging's zum Hinterhaus. Und im 3. Stock, wo wir wohnten, da waren nach vorne raus unsere Küch' und die Küch' vom Nachbarn und noch mal ein kleineres Zimmer. Der Balkon nach vorne, der ist später weggekommen ... [...] Wir haben eine Zeitlang noch einen Logisherrn gehabt, einen Schlafgänger hat man gesagt. Die Eltern haben den aufgenommen, um ein bißchen dazuzuverdienen. Und während wir den Logisherrn gehabt haben, hab' ich bei meinen Eltern im Schlafzimmer geschlafen. Wir sind gut mit dem ausgekommen und der mit uns. [...] Das waren alles Arbeiter, alleinstehende, ledige Arbeiter, er war ein Kollege vom Vater.*[7]

Sooft auch der Wohnungsmangel und die schlechten Wohnverhältnisse der Arbeiterfamilien Gegenstand von sozialpolitischen Untersuchungen und Debatten waren, so wenig wurde andererseits von der Stadt unternommen, um Abhilfe zu schaffen. Die wirtschaftsliberale Einstellung des herrschenden Bürgertums verhinderte eine soziale Wohnungsbaupolitik. Schon in den sechziger Jahren des 19. Jahrhunderts hatten zwar einige Mannheimer Bürger eine

H ist der Sohn eines Landwirths von Bruchsal. Die Mutter starb im Wochenbette, als er acht Jahre alt war. Das jüngste der fünf Kinder wurde von der Schwester des Vaters aufgenommen, zwei Kinder von 12 und 14 Jahren waren dem Vater in der Besorgung des Haushaltes behülflich. H arbeitete bis zum 19. Jahre theils als Taglöhner, theils war er seinem Vater in der Landwirthschaft behülflich. Dann wurde er Hausbursche, machte den Feldzug 1870/71 mit und arbeitete nach dessen Beendigung ununterbrochen in Mannheim als nicht gelernter Hülfsarbeiter. Anfangs verdiente er 2.50 Mk., jetzt etwas über drei Mark im Tage.

Die Ernährung ist bezüglich des Fleischverbrauchs weniger günstig als bei den vorigen Familien. Bei den Zwischenmahlzeiten wird zu dem Brod entweder Bier getrunken oder Wurst gegessen. Die physiologische Berechnung ergibt folgendes Ergebniß:

Auch bei diesen einfacheren Verhältnissen erscheint die Ernährung im Ganzen nicht gerade als eine ungünstige trotz der zu kleinen Mengen von Fetten. Günstig ist besonders der mäßige Verbrauch von Kartoffeln. Gegenüber den früher gefundenen Ernährungswerthen für besser situirte Cigarrenarbeiter auf dem Lande unterscheidet sich die Ernährung durch solche Momente mehr als durch die absoluten Zahlen an sich vortheilhaft. Ein Zusatz von Fetten zu der Ernährung ist aber erwünscht.

Die Einnahmen bestehen nur in dem Verdienste des Mannes mit 1010 Mk. jährlich. Die Ausgaben betragen 1022 Mk. Die Differenz kann wohl nur durch gelegentliche Entbehrungen gegenüber der im Allgemeinen eingehaltenen Lebensweise ausgeglichen werden. Die Kosten des Haushaltes allein betragen 650 Mk., so daß der Beköstigungstag eines Erwachsenen durchschnittlich auf 60 Pfg. kommt, was gegenüber den Ergebnissen in anderen Arbeiterfamilien mit reichlicherem Leben verhältnißmäßig hoch ist, und wohl nur daher kommt, daß in kleineren Familien einige Ausgaben, wie z. B. die Zwischenmahlzeiten des Mannes, den Durchschnittsverbrauch für die Person mehr belasten als in größeren Familien. Die übrigen Ausgaben sind mehr als bescheiden, so z. B. für Heizung und Beleuchtung nur 30 Mk., weil die Frau in einer Brauerei die Kohlenabfälle und Coaks aufliest. Sonntagsausgaben, wie sie sonst meist und dazu in ziemlich hohen Beträgen üblich sind, gibt es hier nicht. Das Budget würde auch keinen Raum dafür bieten.

Aus: Friedrich Wörishoffer: Die sociale Lage der Fabrikarbeiter in Mannheim und dessen nächster Umgebung. Karlsruhe 1891, S. 256 ff.

Bis in den letzten Winkel genutzter Raum: Das Dach des alten kleinen Hauses in H 5, 5 ist doppelstöckig ausgebaut, vor 1914.

Arbeiterwohnhäuser im Kleinfeld, errichtet 1873, um 1905.

Städtische Arbeiterwohnhäuser am Schlachthof, erbaut 1899, um 1905.

In der „Spiegel"-Siedlung, um 1900 (?).

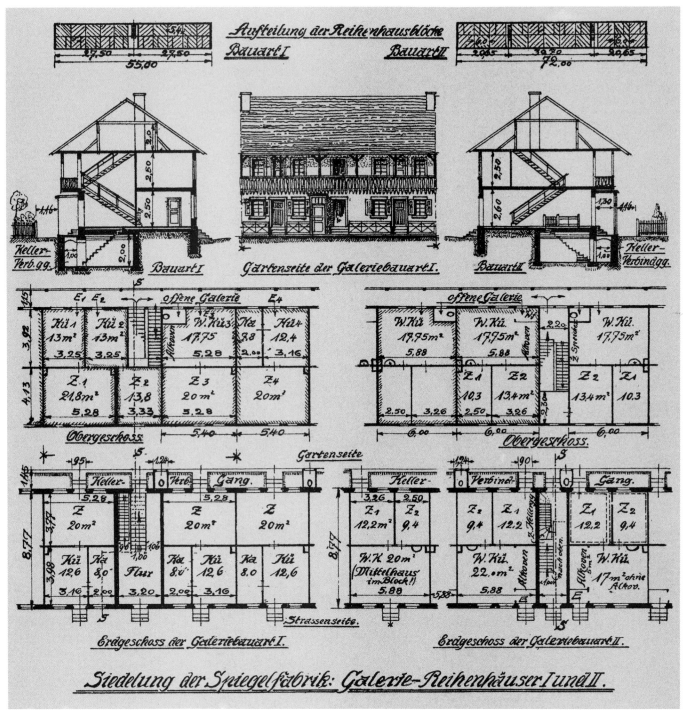

Grund- und Aufriß der Galeriehäuser in der „Spiegel"-Siedlung.

Arbeitersiedlungen

Eine ganze Reihe von Mannheimer Unternehmen baute Arbeitersiedlungen für die Betriebsangehörigen. Die älteste Arbeitersiedlung war die der Spiegelfabrik auf dem Waldhof, die der französische Werksinhaber 1854 für die mit übersiedelnden französischen Arbeiterfamilien erbaute. Der Waldhof wurde durch diese Kolonie erst richtig besiedelt. Die Firma errichtete für die Betriebsangehörigen eine Schule, eine Kirche und einen Kindergarten sowie einen Laden. Die unterschiedlich großen Zweizimmerwohnungen mit Küche, eventuell etwas Keller, Speicher und Garten sowie Ställen für Kleintierhaltung waren mietfrei.

Die Siedlung, die 19 Häuser mit insgesamt 346 Wohnungen zählte, galt als beispielhaft großzügig.[9]
Wie beengt die Verhältnisse nach unseren heutigen Maßstäben dennoch waren, geht aus der rückschauenden Schilderung von Frau Margaret J. hervor:*Das ist so gewesen: In der „Spiegel" war eine große Küch' – so breit wie meine Küch' hier, dann war da ein Raum, da war ein Vorhang davor, da haben alle Eltern drin geschlafen.[…] Das war wie eine Nische, und da war ein zweischläfriges Bett drin, und da haben meine Eltern drin geschlafen. Und wir Mädle, dort mußte man die Zimmer teilen, die Buben durften*

nicht bei den Mädle schlafen, das war Brauch. Da haben meine Brüder einen Raum gehabt. Und wir Mädle, wir haben alle zusammen in einem Bett schlafen müssen, wir waren ja zu fünft. Aber das waren alles die zweischläfrigen Betten, wissen Sie, wie man sie früher gehabt hat. Kinder hat man drei reinlegen können. Und das war so, daß die Kleinen am Fuß geschlafen haben und die andere Hälfte oben, wo wir doch so viele waren, aber da hat's keinen anderen Ausweg gegeben. So an sich hat man sich nicht beengt gefühlt.[10]
In Werkssiedlungen herrschte vermutlich ein besonderer Anpassungsdruck, der dem

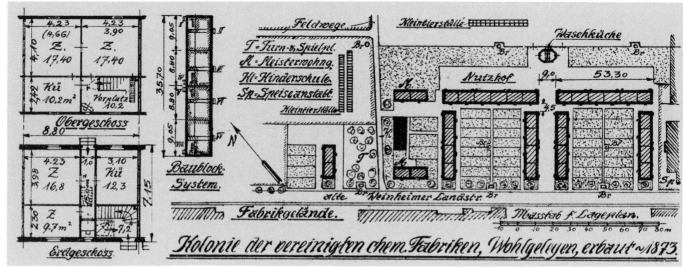

Grundrisse der Arbeiterwohnhäuser und der Kolonie des Vereins der chemischen Fabriken Wohlgelegen.

Interesse der Firma entsprach, eine loyale Stammbelegschaft zu ziehen. In der Siedlung der Spiegelfabrik sorgte ein Fabrikpolizist für *Ruhe und Ordnung*. Nachbarschaftliche Querelen wurden mit Geldbußen geahndet. Der fabrikeigene Laden erlaubte kein *Anschreiben*, nichtgedeckte Ausgaben wurden vom Lohn abgezogen. Die Bewohner der Spiegelkolonie waren in ihrer Mehrzahl katholisch und galten als überwiegend loyal, friedlich und unempfänglich für die Ideen der Sozialdemokratie.

In späteren Jahren bauten insbesondere jene Firmen Arbeitersiedlungen, die einen großen Bedarf an un- und angelernten Arbeitern hatten und dem Problem der hohen Arbeitskräftefluktuation begegnen wollten: so z. B. die Firmen der chemischen Industrie, die Jutespinnerei und die Zellstoffabrik. Die erstgenannten gaben Werkswohnungen zu besonders günstigen Mietpreisen ab, die dem niedrigen Lohnniveau der Chemie-Arbeiter entsprachen: Eine Zweizimmerwohnung mit Garten des Vereins chemischer Fabriken Wohlgelegen kostete jährlich 62 Mark (1903), eine

Dreizimmerwohnung 78 Mark.[11] Dagegen kostete eine Zweizimmerwohnung bei Bopp&Reuther jährlich 192 Mark, eine Dreizimmerwohnung 240 Mark. Garten und Ackerland standen dort allerdings gratis zur Verfügung.[12]

Mädchenwohnheim der Jutespinnerei Sandhofen, um 1906. Postkarte. Hier wurden viele italienische ledige junge Arbeiterinnen beschäftigt.

GARTENVORSTADT-GENOSSENSCHAFT MANNHEIM.

E.G.M.B.H.

FERNSPRECHER 237

MANNHEIM, den 24. Februar 1919.

Briefkopf der Gartenvorstadt – Genossenschaft Mannheim, 1919. Das Emblem ist stark vom Jugendstil beeinflußt.

Die Gartenstadt

Als Reaktion auf das Wohnungselend der Unterschichten war in Deutschland und England in den neunziger Jahren die Idee von Garten(vor)städten für die *Minderbemittelten* entstanden. In England war die Bewegung mit den Namen Ebenezer Howard, in Deutschland mit dem Namen Theodor Fritsch und Hans Kampffmeyer verbunden. Der letztere regte als Generalsekretär der Deutschen Gartenstadt-Gesellschaft 1910 auch die Gründung der Mannheimer Genossenschaft an.

Die Gartenstadt war laut Statut von 1907 *eine planmäßig gestaltete Siedlung auf wohlfeilem Gelände, das dauernd im Obereigentum der Gemeinschaft erhalten wird, derart, daß jede Spekulation mit dem Grund und Boden dauernd unmöglich ist. Sie ist ein neuer Stadttypus, der eine durchgreifende Wohnungsreform ermöglicht, für Industrie und Handwerk vorteilhafte Produktionsbedingungen gewährleistet und einen großen Teil seines Gebietes dauernd dem Garten- und Ackerbau sichert.*[13] Die Gartenstadtbewegung war weder sozialistisch noch sozialdemokratisch.

Die am 26. August 1910 gegründete Mannheimer Genossenschaft formulierte ihren Zweck folgendermaßen: *Gegenstand des Unternehmens ist die Verwirklichung der Ziele der Deutschen Gartenstadt-Gesellschaft durch Siedelungen in oder bei Mannheim. Mittelst gemeinschaftlichen Geschäftsbetriebs sollen für Minderbemittelte gesunde, zweckmäßig eingerichtete und schöne Wohnungen zu billigen Preisen beschafft werden. Eine spekulative Verteuerung dieser Preise soll dadurch ausgeschlos-*

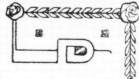

Rechts oben: Gartenstadt, Waldpforte, um 1913. Postkarte.

Rechts unten: Gartenstadt, Heidestraße, nach 1914.

Einzug in die Gartenstadt am Kugelfang, am 1. Oktober 1912

Ein lieblicher Herbsttag ist es. Schon hat die Sonne die frische Luft durchwärmt, und den Mantel auf dem Arm ziehen wir der Gartenstadt zu. Es treibt uns heute mehr als je hinaus. Ist doch heute der große Augenblick gekommen, wo die ersten Bewohner in unsere Gartenstadt einziehen sollen.

In den wenigen Minuten, die wir vom Endpunkt der Elektrischen aus zu gehen haben, läuft uns die ganze Zeit noch einmal durch den Kopf, die hinter uns liegt.

Vor drei Jahren war es. Da hielt ein auswärtiger Gartenstadtapostel hier den ersten Vortrag. Man hörte aufmerksam zu, man debattierte bis Mitternacht und erklärte die Gartenstadtbewegung für eine schöne Idee, aber eine Utopie, leider infolge viel zu vieler Schwierigkeiten nicht durchführbar. „Was unerreichbar ist, das rührt uns nicht, doch was erreichbar, sei uns goldene Pflicht." Einige hielten das Ziel doch für erreichbar. Und vor zwei Jahren war es, da wurde die Genossenschaft gegründet und der Kampf mit den Schwierigkeiten aufgenommen. Die gab es freilich, namentlich in den ersten Monaten, aber es war eine schöne Zeit, diese Zeit des Kämpfens, des Verteidigens, des Überzeugens, des Siegens. Wie haben damals unsere Köpfe geglüht und unsere Herzen geschlagen!

Auch heute schlagen unsere Herzen höher, da wir das Werk vollendet vor uns sehen.

Ein glückliches Gefühl der Befriedigung durchflutete uns: Unser Glaube hat gesiegt, unsere Arbeit war nicht vergebens. Auch ein Gefühl des Dankes für alle, die uns geholfen, Behörden und einzelne.

Wie oft haben unsere Genossen gezweifelt, ob alles so würde, wie ihre Sehnsucht ihnen das Heim in der freien Natur vorspiegelt. Wie wurde da draußen vor den halbfertigen Häusern, denen man ihr endgültiges Aussehen noch nicht ansah, räsoniert.

Heute ist eitel Freude und Glück bei den Menschen, die jetzt in ihren Zimmern stehen und den Möbelträgern angeben, wohin dieser Schrank, wohin diese Kiste zu tragen. Das Räsonieren ist Privileg derer geworden, die neidisch sein müssen oder den Sinn für schönes und behagliches Wohnen nicht besitzen. Aber unsere 40 Mieter, sie strahlen förmlich vor Freude, trotzdem noch alles drunter und drüber geht, dort noch der Schlosser das letzte Schloß anschlägt oder das Rohr in die Wand einpaßt und hier eben erst die Badewanne angefahren wird. Und trotzdem die Gärten noch nicht angelegt sind, nein, der ausgegrabene Bausand liegt noch drauf und die gefällten Kiefern, aber das macht nichts. Und trotzdem der Gasanschluß erst in drei Tagen fertig wird und heute mittag noch kalt gegessen werden muß. „Des nimmt mer in Kauf, dafür is mer jetzt da hauß in seim schöne Häusel."

Und die Kinder? Freut ihr euch, da außen zu wohnen? Und ob sie sich freuen. Seht doch ihre glänzenden, lachenden Augen. Ein Kind, das drin in der Stadt gefragt worden war, hatte mit aller seiner kindlichen Wichtigkeit erzählt: „Mir wohne jetzt ganz im Wald." Ja, im Wald, den ihr vielleicht bisher nur vom Märchen gekannt, wo die Großmutter vom Rotkäppchen gewohnt hat. Jetzt ist euch das Märchen zur Wirklichkeit geworden. Möge euch alle, ihr 120 Kinder, die Freude am Wald durch euer ganzes Leben begleiten und die Waldluft euch gesund machen und stark zum Kampf ums Dasein.

Und ihr, ihr Väter und Mütter, die ihr euch aus der Mietskaserne hinaussehnt nach freierem Wohnen, nach Sonne, Luft und Garten – mögt ihr all das finden, was euch bisher gefehlt und was das Leben erst lebenswert macht: ihr Männer ein Heim, in dem ihr euch von Arbeit und Kampf des Lebens ausruht und an Weib und Kindern und dem Wachstum eures Gartens erfreut, und ihr Frauen eine Häuslichkeit, die ihr nicht wieder verlasset dieses oder das nächste Jahr, die ihr mit eurer ganzen Sorgfalt und Liebe einrichten und pflegen könnt, eine Heimat für eure Familien.[14]

Mitglieder der Gartenstadtgenossenschaft, 1912.

sen werden, daß die Häuser und Grund-
stücke nur in Miete, in Erbbaurecht oder
unter Eintragung des Wiederverkaufsrechts
abgegeben werden. Von den erzielten
Überschüssen sollen gemeinnützige Einrich-
tungen aller Art geschaffen werden, die der
Bildung von Geist und Körper dienen.[15]
Dem Vorstand und dem Aufsichtsrat
gehörten neben Sozialdemokraten wie dem
Arbeitersekretär Richard Böttger und dem
Rechtsanwalt und sozialdemokratischen
Reichstagsabgeordneten Ludwig Frank
bürgerliche Liberale an: Dr. Elisabeth
Altmann-Gottheiner, Dozentin der Handelshochschule Mannheim, Dr. Otto
Moericke, Stadtrechtsrat, Dr. Julius Finter,
Bürgermeister, Julius Bensheimer, Verleger
der liberalen *Neuen Badischen Landeszeitung*. Im Aufsichtsrat saßen die Fabrikdi-
rektoren Karl Reuther (Bopp&Reuther)
und Bernhard Spielmeyer (Süddeutsche
Kabelwerke), außerdem Beamte, Rechtsan-
wälte und ein Arbeiter.
Der Aufbau der Gartenstadt wurde durch
einen Erbbauvertrag zwischen der Genossenschaft und der Stadt Mannheim ermöglicht. Die letztere verpflichtete sich zu
infrastrukturellen Versorgungsleistungen
(Kanalisation, Wasser-, Gas- und Stroman-
schlüsse sowie Straßenbau). Die Stadt
unterstützte weiterhin die Genossenschaft
durch Bürgschaften und Darlehen und
wurde selbst Anteilseignerin.

Die Tatsache, daß die Genossenschaftsmit-
glieder eine bestimmte Summe einzahlen
mußten und auch die Miete nicht gerade
niedrig war, die Tatsache, daß keine Schlafgänger aufgenommen werden durften
(Untermieter nur mit Genehmigung des
Vorstandes), läßt vermuten, daß die *Gar-
tenstadtfamilie* Wohnungen nur für die
ohnehin bessersituierten Arbeiterfamilien
bot. Das Adreßbuch weist als Haushalts-
vorstände, neben Angestellten und Beamten, besonders hochqualifizierte Arbeiter in
der Gartenstadt auf. Offenbar waren diese
auch Zielgruppe der Genossenschaft. Als
man benachbarte Unternehmen vor dem
Ersten Weltkrieg um Spenden für die
Genossenschaft bat, wies man darauf hin,
daß *wir ihrem ständigen Arbeiterstamm
gesundheitlich einwandfreie Heimstätten
zur Verfügung stellen und bereit sind, als
Gegenleistung ihre Angestellten vorzugsweise zu berücksichtigen*[16].

Oben und Mitte: Der Großherzog besucht die
Gartenstadt, Mai 1914.

Unten: Gartenstadt, Waldstraße, um 1914. Postkarte.

Kantine bei Bopp & Reuther, um 1900.

Bemühungen zur Hebung des Lebensstandards

Ansätze, die Lage der Arbeiterfamilien zu verbessern, gab es von verschiedenen Seiten. Die größeren Firmen gründeten selbst *Wohlfahrtseinrichtungen*, die auch dem Zweck dienten, sich eine feste Stammbelegschaft zu ziehen. Das war angesichts der starken Fluktuation der Arbeitskräfte für die Fabriken ein Problem erster Ordnung. Ganz besonders galt das für die Firmen, deren Auftragslage saisonbedingt war wie z. B. H. Lanz' Produktion landwirtschaftlicher Maschinen. Lanz gründete

bereits 1897 eine *Kasse für Arbeitslose*, die diejenigen Beschäftigten, die wegen des Produktionsrückgangs im Spätherbst und Winter zeitweilig entlassen wurden und die zuvor mindestens ein Jahr bei Lanz gearbeitet hatten, absichern sollte.

Beiträge zu den von den großen Firmen gegründeten Unterstützungskassen zahlten die Arbeiter selbst. Meist unter der Bedingung langjähriger Zugehörigkeit zum Werk wurden dann Unterstützungsgelder bei Krankheit und Unfall (über den staatlich

festgesetzten Satz hinausgehend), Sterbegelder, Altersrenten, Witwen- und Waisenunterstützungen gezahlt.

Firmen, die Arbeiter aus entfernteren Landorten beschäftigten oder aus dem Ausland wie die Jutespinnerei in Sandhofen oder die Zellstoffabrik, richteten Schlafsäle für die ledigen Arbeiter oder Arbeiterinnen ein. Der Preis für ein Bett schwankte zwischen 10 Pfennig und 1 Mark pro Nacht. Darüberhinaus gehörten zur betrieblichen „Wohlfahrt" billiges Kantinenessen, das freilich aus verschiedenen Gründen von den Arbeitern nicht immer in Anspruch genommen wurde, Abgabe von Kohlen zum Selbstkostenpreis und unentgeltliche Bäder. Manche Firmen hatten sogar Kindergärten.

Angesichts ihrer ohnehin knappen Budgets gerieten Arbeiterfamilien, in denen durch Krankheit viel Geld verbraucht wurde oder die Ernährer auch nur vorübergehend durch Krankheit oder Arbeitslosigkeit ausfielen, rasch in Not. Zwar hatte die Sozialversicherungsgesetzgebung der achtziger Jahre die Situation der Industriearbeiterschaft leicht verbessert, aber erst nach und nach wurde das Sozialversicherungssystem wirksam ausgebaut. Der Krankenversicherungsschutz bezog sich zunächst nicht auf die Familienangehörigen; Witwen und Waisen wurden nur bei Betriebsunfällen mit Renten bedacht. Erst ab 1911 gab es eine eigenständige Witwen- und Waisenversicherung. Die Altersrenten lagen äußerst niedrig, man kann wohl sagen: unter dem Existenzminimum. Arbeitslosenversicherung wurde bereits früh auf kommunalpolitischer Ebene diskutiert, aber es dauerte viele Jahre, bis ein System städtischer Arbeitslosenunterstützung geschaffen war. Obwohl in Mannheim die Frage der Arbeitslosenfürsorge schon in den neunziger Jahren von den Gewerkschaften an die Stadt herangetragen worden war, gelangte die städtische Arbeitslosenunterstützung wie in allen anderen deutschen Großstädten nicht über die Vergabe von *Notstandsarbeiten* – das berühmte Steineklopfen – hinaus.

1911 verabschiedete der Bürgerausschuß eine längst überholte Form der Arbeitslosenunterstützung: das *Sparsystem*. Arbeiter, die ein Guthaben in bestimmter Höhe auf der Sparkasse hatten, sollten bei Arbeitslosigkeit einen Zuschuß von der Stadt bekommen. Dieses System hatte sich bereits in mehreren Städten als völlig unwirksam erwiesen, weil die Betroffenen über ein Sparguthaben eben nicht verfügten. 1913 erst wurde in Mannheim Arbeitslosenunterstützung nach dem *Genter System*, allerdings modifiziert, eingeführt. Die gewerkschaftlich organisierten Arbeiter, die Arbeitslosenunterstützung von ihrer Organisation bezogen, erhielten aus der Stadtkasse einen Zuschuß von 70 Pfennigen pro Tag. Der Zuschuß wurde aber höchstens 60 Tage im Jahr gewährt. Die Gewerkschaften mußten das Geld vorschießen und die Auszahlung vornehmen. Arbeiter, die

Walderholungsstätte der Ortskrankenkasse Mannheim I im Käfertaler Wald, um 1910. Die Einrichtung war 1907 eröffnet worden; im Ersten Weltkrieg ungenutzt, wurde das Haus 1917 verkauft.

Städtisches Arbeitsamt und städtischer Wohnungsnachweis in M 4 a (ehemalige Dragonerkaserne), nach November 1908.

Volksküche in R 5, nach 1897.

infolge eines Streiks oder einer Aussperrung den Arbeitsplatz verloren hatten, bekamen außer der Leistung ihrer Gewerkschaft von der Stadtkasse keinen Zuschuß. Sie konnten aber auch nicht zur Annahme eines Arbeitsplatzes gezwungen werden, der durch Streik oder Aussperrung „frei" geworden war. Eine Verbesserung gegenüber dem *Genter System* lag besonders im Interesse der Industrie: Nicht organisierten Arbeitern stand ebenfalls eine Unterstützung von 70 Pfennigen aus der Stadtkasse zu statt des nach dem *Genter System* vorgesehenen *Sparzuschusses.* Das Argument der Arbeitgeber gegen das *Genter System* war immer gewesen, daß es einseitig die Gewerkschaften stärke. Für die Stadt bedeutete dieses System hingegen vor allem eine bedeutende Entlastung der Armenkasse; denn Arbeitslosenunterstützung galt nicht als Armenunterstützung.

Private Wohltätigkeit außerhalb der Betriebe beruhte vor allem auf Stiftungen reicher Bürger und der ehrenamtlichen Tätigkeit, d. h. der unbezahlten Arbeit bürgerlicher Frauen. Karitativ zu wirken war eine der angesehenen Beschäftigungen dieser Frauen, für die Stand und Sitte keine mit Geldverdienst verbundene Berufstätigkeit vorsahen.

Als Beispiel sei die Volksküche angeführt. Sie war 1889 aus einer Stiftung Karl Jörgers (Vizepräsident der Handelskammer 1881-1895) anläßlich seiner silbernen Hochzeit hervorgegangen. Diese Stiftung wurde der Stadt unterstellt. Der badische Frauenverein, eine Wohlfahrtsorganisation, hatte die praktische Leitung. Die Volksküche diente zwar der Unterstützung der armen Bevölkerungskreise, sollte sich aber durchaus selbst tragen.

Suppe mit bzw. ohne Gemüse- und Fleischeinlage kostete bis zu 30 Pfennige. In Zeiten der Krise – zumindest 1891-94 – ging der Abnehmerkreis stark zurück, in der anschließenden Hochkonjunktur nahm er wieder stark zu. Wenn es den Leuten schlechter ging, war also auch das Essen in der Volksküche zu teuer. An die von der Armenpflege Unterstützten ließ die Stadt-

verwaltung das Volksküchenessen allerdings gratis ausgeben.

Insgesamt rentierte sich das Unternehmen. Das erste Lokal in Q 5 war bald zu klein; 1897 zog die Volksküche nach R 5 um und eröffnete in der Schwetzinger Straße eine zweite Ausgabestelle (Stephanienschlößchen), 1906 folgte eine dritte in der Neckarstadt.

Volksküche II im *Stephanienschlößchen* in der Schwetzinger Straße, nach 1904.

Essensausgabe in einer Volksküche durch angestellte und ehrenamtlich arbeitende Frauen, um 1905.

Schmuckblatt der David- und Jeannette-Aberle-Stiftung. David Aberle war Mitglied des israelitischen Oberrats. Sein Sohn Julius, Kunsthändler, und dessen Frau Henriette trugen maßgeblich zum Aufbau der Kunsthalle bei.

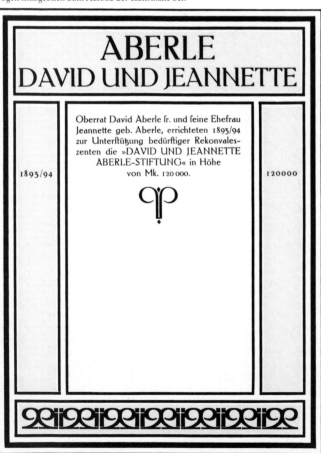

Links: Das Wöchnerinnenasyl in M 3, 5, vor dem Umzug 1903.

Unten: Wöchnerinnenasyl *Luisenheim* in C 7, 4, um 1904.

Von den privaten Initiativen sei eine besonders wirksame genannt: das Wöchnerinnenasyl Luisenheim. Hier wurden Frauen aus ärmlichen Verhältnissen während des Wochenbetts unentgeltlich aufgenommen. Durch Zuschüsse der Stadt und des Kreises wurde das Asyl erweitert und konnte 1905 fast 1 000 Aufnahmen verzeichnen. Man war stolz auf den großen Neubau in C 7, 4, der 1903 bezogen wurde und den „modernen" Ansprüchen einer Frauenklinik entsprach.

Die Aufmerksamkeit, die dem Wöchnerinnenasyl zuteil wurde, steht im Zusammenhang mit der immer noch recht großen Säuglingssterblichkeit in den großen Städten. In Mannheim machte die Rate der im Alter von weniger als einem Jahr Gestorbenen 30–40 % aller Gestorbenen aus und stieg 1900 sogar auf 46 %. Zwar war dieser hohe Anteil zunächst in der gestiegenen Geburtenrate begründet, doch sah man die Ursachen dafür nicht zu Unrecht auch in den mangelhaften, viel zu beengten Wohnverhältnissen der Arbeiterfamilien, die die Hygiene außerordentlich schwierig machten.

Die öffentliche Armenpflege schließlich wurde nicht gerne in Anspruch genommen. Für die Männer verband sich damit der Verlust des Wahlrechts (das die Frauen sowieso nicht hatten). Unter denen, die Armenhilfe erhielten, waren überproportional viele Frauen, vor allem Witwen. Armut bedeutete wie heute soziale Diskriminierung, zumindest wenn man auf öffentliche Hilfe angewiesen war.

Diesen Makel hatten die Selbsthilfeeinrichtungen der Arbeiter nicht. Der erste Konsumverein war – übrigens auf bürgerliche Initiative – schon 1866 gegründet worden und bestand bis zur Krisenzeit 1875. Er endete mit einer negativen Erfahrung: Den Konkurs hatten die Mitglieder persönlich zu bezahlen. So dauerte es lange, bis sich 1900 erneut genügend Mitglieder zur Gründung eines Konsumvereins – diesmal als GmbH – gefunden hatten. Ein Grund für dieses späte Auftreten lag gewiß auch im zwiespältigen Verhältnis der sozialdemokratischen Arbeiterbewegung zur genossenschaftlichen Selbsthilfe. Die Mannheimer sozialdemokratische Zeitung, die *Volksstimme*, betonte, die Partei habe mit der Gründung des Konsumvereins nichts zu tun, das sei Privatsache der betreffenden Genossen.[17] Der Konsumverein war mit einer Einkaufsgenossenschaft verbunden, die Mitglieder des Konsumvereins zahlten

Kindererholungsheim *Viktor-Lenel-Stift* in Neckargemünd, 1911. Das Heim wurde aus Mitteln einer Stiftung des Handelskammerpräsidenten Viktor Lenel von 1908 errichtet.

Einlagen und erhielten Dividenden von dem erzielten Gewinn. Nach einer etwas schleppenden Anlaufphase wuchs die Mitgliederzahl des Konsumvereins rasch. 1918 zählte er rund 18 000 Mitglieder und 36 Verteilungsstellen in Mannheim und den Landorten der Umgebung.

Auch die eigentlichen Selbsthilfeeinrichtungen der Arbeiterbewegung hatten eine lange Tradition. Sie reichten von den frühen Unterstützungskassen der Handwerksgesellen bis zum Medicinalverein, der in der Zeit des Sozialistengesetzes (1878–1890) Krankenkassenleistungen für alle Familienmitglieder, freie ärztliche Behandlung und freien Bezug der Medikamente bot. Der Medicinalverein war in den achtziger Jahren eine umfassende Selbsthilfeorganisation der Mannheimer Arbeiter und gleichzeitig Vermittlungsstelle zwischen der in die Illegalität gedrängten sozialdemokratischen Partei und ihrer Basis. Der Verein zählte gegen Ende 1890 fast 15 000 Mitglieder.[18]

Nach dem Urteil des Fabrikinspektors Wörishoffer ergänzte *der Medicinalverband die vorhandenen Mängel und Lücken nach der Richtung, daß er überhaupt eine Vereinigung fast sämtlicher Arbeiter schafft, der organisierten und der nicht organisierten, der gelernten und der nicht gelernten. Er bewirkt, auch wenn er sich von dem Eingreifen in einzelne außerhalb seines Vereinszweckes liegende Verhältnisse fernhält, die Erweckung eines Solidaritätsgefühls der gesamten Arbeiterschaft und schafft damit die Vorbedingungen für die Weiterbildung der Arbeiterorganisationen.*[19]

Konsumverein Mannheim-Käfertal, Obere Riedstraße, nach 1905. Postkarte.

Links: Der Schuhmachermeister und Schäftemacher Nikolaus Schreck, 1908, im Alter von 66 Jahren, seine (zweite) Frau Margarete, 56 Jahre alt, und die 3 Kinder Lina (25), Emilie (12) und Richard (20). Die Familie wohnte in H 1, 12.

Zwischen Kleinbürgertum und Proletariat

Im letzten Viertel des 19. Jahrhunderts rekrutierten sich die Mannheimer Arbeiter aus Bauern- und Handwerkerkindern, die zum größten Teil vom Lande zuzogen. Mit der Wanderung in die Stadt verließen sie ihre von starken Traditionen geprägte ländliche Umgebung, um in ein von raschen Veränderungen und sozialer Unsicherheit gekennzeichnetes städtisches Milieu einzutauchen. Wanderung vom Land in die Stadt bedeutete in aller Regel beruflichen Wechsel, veränderte Lebenshaltung und Wohnsituation.

Der 1882 geborene Michael Günther war der zweite Sohn eines einigermaßen begüterten Bauern aus Gerlachsheim bei Lauda-Königshofen. Er lernte daheim das Drechslerhandwerk und ging dann auf Wanderschaft, die ihn bis Hamburg führte. 1906 kam er nach Mannheim und arbeitete erst bei der Gummi-, Guttapercha- und Asbestfabrik, ab 1907 bei Bopp & Reuther als Eisendreher. Er ging dann in die Heimat zurück, um sich selbständig zu machen. Von 1909 bis 1913 betrieb er in Gerlachsheim eine Dreherei, jedoch ohne wirtschaftlichen Erfolg. Daraufhin kehrte er nach Mannheim zurück und arbeitete fortan als Eisendreher bei Benz.

Michael Günther heiratete 1914 die Tochter eines Mannheimer Schuh- und Schäftemachers, die 1883 geborene Lina Schreck. Deren Eltern kamen aus derselben ostbadischen Gegend wie der Schwiegersohn, Nikolaus Schreck aus Tauberbischofsheim und Margarethe Schreck aus demselben Dorf wie Michael Günther. Die Familie wohnte mit sechs Kindern im Jungbusch. Lina Schreck ging acht Jahre zur Volksschule und ein Jahr auf die Fortbildungsschule, dann machte sie eine Lehre als Verkäuferin. Sie arbeitete im Textilgeschäft Buchsweiler am Markt, auch noch während ihrer Ehe. Weil sie besonders tüchtig war, boten ihr die Buchsweilers, die aus politischen Gründen in den zwanziger Jahren emigrierten, das Geschäft an. In einem Bewerbungsschreiben, das sie nie absandte äußerte sich Lina Schreck schon als Zwanzigjährige (1903) stolz und selbstbewußt über ihren beruflichen Erfolg. Die „Demutsfloskeln" sind als zeitüblicher Stil anzusehen, den sich jemand aneignen mußte, der in der Hierarchie der Geschäftswelt ganz unten war.

Nebenstehendes Bild: Lina Schreck (links) mit einer Arbeitskollegin und mit Lina Buchsweiler (Mitte).

Lina Schreck arbeitete bei S. Buchsweiler, Kurz-, Weiß- und Wollwarengeschäft in G 2, 2 (unten). 2. von links ist Lina Schreck, um 1910.

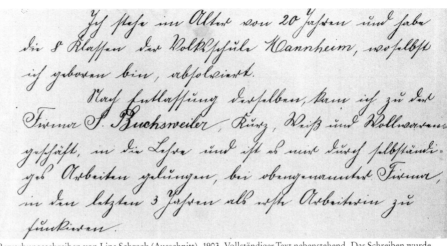

Bewerbungsschreiben von Lina Schreck (Ausschnitt), 1903. Vollständiger Text nebenstehend. Das Schreiben wurde nicht abgesandt.

Ein Bewerbungsschreiben der Verkäuferin Lina Schreck

Vom Wunsche geleitet, berufsweitere Ausbildung meiner Kenntnisse in einer größeren Firma zu erwerben, erlaube ich mir, Ihnen meine Dienste ganz ergebenst anzubieten und zu unterbreiten.
Ich stehe im Alter von zwanzig Jahren und habe die acht Klassen Volksschule in Mannheim, woselbst ich geboren bin, absolviert. Nach Entlassung derselben kam ich zu der Firma S. Buchsweiler, Kurz-, Weiß- und Wollwarengeschäft, in die Lehre, und ist es mir durch selbständiges Arbeiten gelungen, bei obengenannter Firma in den letzten drei Jahren als erste Arbeiterin zu fungieren. Erlaube mir daher die ergebene Anfrage, ob in Ihrem werten Hause demnächst eine dementsprechende Stelle vakant wird, konvenierendenfalls würden Sie mich zu Dank verbinden, wenn Sie mir eine gütige Berücksichtigung zuteil werden ließen, und kann ich Ihnen jetzt schon die Versicherung geben, daß ich die mir übertragenen Arbeiten zu Ihrer vollen Zufriedenheit zu erledigen bestrebt sein werde.
Mit vorzüglicher Hochachtung
Lina Schreck
N. B. Nachträglich möchte ich gerne anknüpfen, daß ich noch in ungekündigter Stellung mich befinde, was Sie berücksichtigen wollen.

Hochzeitsfoto der Verkäuferin Lina Schreck und des Drehers Michael Günther, 18. 4. 1914.

Karl Vogel als Primaner (vorne rechts sitzend) in Osterode/Harz, 1880.

Mühsamer sozialer Aufstieg über zwei Generationen

Sozialer Aufstieg aus dem Proletariat fand relativ selten statt. Es bedeutete eine starke Einschränkung des ohnehin schmalen Budgets, wenn die Kinder auch nur eine Lehre machten. Söhne von Kleinbürgern und Facharbeitern suchten aber bisweilen den Weg nach oben über Positionen im Büro der Firma, in der schon der Vater beschäftigt war, oder über Beamtenlaufbahnen, insbesondere bei der Eisenbahn. Karl Vogel aus Benneckenstein im Harz war der 1862 geborene Sohn eines Nagelschmieds. (Diese Gewerbe war ein im Kaiserreich sterbendes Handwerk.) Sein Vater wollte, daß er Volksschullehrer

würde. Der Lehrer riet aber, den Sohn aufs Gymnasium zu schicken. Die Eltern nahmen die erhebliche finanzielle Belastung des Schulgeldes und der langen Schulzeit – auch noch fern von zu Hause – auf sich. Der Sohn sollte aber mit dem Abschluß, der zum *Einjährig-Freiwilligen* berechtigte (nach der zehnten Klasse), abgehen und eine kaufmännische Lehre machen. Karl Vogel konnte noch eine Verlängerung bis zum Ende der Obersekunda bei seinen Eltern erwirken, weil er eine Beamtenlaufbahn bei der Eisenbahn einschlagen wollte. Karl Vogel begann seine Ausbildung bei der badischen Staatseisenbahn. Als Assistent

arbeitete er 1884/85 einige Monate bei der Güterexpedition auf der Mühlau in Mannheim. Seine Tätigkeit bestand in der Ausfertigung von Frachtkarten. In seiner Abteilung arbeiteten 60 Mann. *In den späten Nachmittagsstunden*, so schreibt Karl Vogel in seinen Erinnerungen, *nahm die Anlieferung von Frachtstückgütern an den Güterhallen immer mehr zu, so daß sich die Arbeiten dieser Beamten oft bis abends 9 Uhr und noch länger ausdehnten. Weil damals noch bei Gaslicht gearbeitet werden mußte, so kam man in den Abendstunden durch die Wärme des Gaslichts und durch die Hast, mit der man arbeitete, um fertig zu werden, ganz schön ins Schwitzen. Ich glaube kaum, daß in einem anderen Beruf die Beamten so anstrengend zu arbeiten hatten wie bei der Eisenbahn zu jener Zeit.*[20]
Im April 1885 trat Karl Vogel seine Militärdienstzeit in Preußen an und verlobte sich bald darauf mit einer Jugendfreundin aus der Heimat. Nach dem Militärdienst wurde er Stationsvorsteher bei der preußischen Eisenbahn, trat aber nach dem Tod seiner jungen Frau – sie starb an Tuberkulose – wieder in den badischen Staatsdienst ein. Ab 1898 war er wieder in Mannheim bei der Güterverwaltung. Nach ein paar Jahren wurde er zum Güterexpeditor und *Stationskontrolleur* befördert.
Aufschlußreich ist die Anbahnung seiner zweiten Ehe. Vetter Fritz aus Bochum berichtete ihm von einem tüchtigen Mädchen aus der Familie, das ihm durch seine Gewandtheit beim Backen, Kochen und Servieren aufgefallen war. Außerdem führe sie das Hauswesen einer reichen Familie und habe also gute Manieren. Karl Vogel reiste nach Bochum und machte der gut Beleumundeten unverzüglich einen Heiratsantrag. Er brauchte eine Mutter für seinen Sohn aus erster Ehe und eine Haushälterin. Sie galt mit 32 Jahren vermutlich als unverheiratbar. Die pragmatisch geschlossene Ehe war in Karl Vogels Erinnerung eine *selten glückliche.*

Karl Vogel (rechts in Uniform) als Stationsvorsteher in Tanne/Brandenburg, 1891. Neben ihm seine erste Frau und ihr Sohn Emil.

Die Familie wohnte in einer Dienstwohnung auf der Neckarspitze. 1897 und 1898 wurden zwei Töchter geboren. Die Einnahmen eines mittleren Beamten scheinen nicht hoch gewesen zu sein: Bei Vogels wurde eisern gespart. Die Kinder waren in den Ferien bei der Großmutter, weil man andere Urlaubsaufenthalte nicht bezahlen konnte.

Da die Eltern für ihre Kinder eine bessere Zukunft wünschten, investierten sie vor allem in deren Ausbildung. Diese wurden nicht auf die schulgeldfreie Volksschule geschickt, sondern auf die Bürgerschule, welche von Kindern des mittleren Bürgertums besucht wurde. Alle drei Kinder, auch die beiden Mädchen, besuchten anschließend das Karl-Friedrich-Gymnasium, das für Mädchen gerade erst geöffnet worden war, und alle drei durften anschließend studieren. Die beiden Mädchen promovierten nach dem Ersten Weltkrieg.

Um die Ausbildung der Kinder finanzieren zu können, nahmen Vogels Kostgänger auf: Schüler des Gymnasiums, deren Eltern auf dem Lande wohnten. Nach den Erinnerungen der Tochter Else gehörten strikte Selbstdisziplin und Härte gegen sich selbst zu den „Tugenden", die der Vater vermittelte. Der soziale Aufstieg wurde vom Vater mit aller Strenge durchgesetzt.

Karl Vogel und seine zweite Frau Minna, 1896.

Die Eltern Vogel mit den Kindern Luise (vorne links, 12 Jahre) und Else (11 Jahre), Emil (oben links, 21 Jahre) und zwei Kostgängern, Schulkameraden der Kinder, 1909. Die Familie wohnte damals in der Eisenbahnerkolonie auf der Neckarspitze.

Die drei Kinder, Else, Emil und Luise Vogel, 1914. Vor der Wohnung, Güterhallenstraße 2, in Mannheim.

Else Vogel (Mitte) als Medizinstudentin in Heidelberg, Wintersemester 1917/18, mit zwei Kommilitoninnen. Ihren Beruf übte sie noch viele Jahrzehnte lang aus.

Peter Löb (3. von rechts) mit seinem Sohn Eduard (2. von rechts) und der Schwiegertochter Johanna (geb. Schmieg) in seinem Geburtsort Wallstadt, um 1909. Fotografie: Adam Löb, Ehemann von Johanna Löb.

Peter Löb während seiner Militärzeit in den achtziger Jahren.

Vom Maurer zum Millionär: Peter Löb aus Wallstadt

Die hohen Wachstumsraten im Baugewerbe aufgrund des Urbanisierungsprozesses ermöglichten insbesondere vor 1900 einigen Unternehmern dieser Branche einen raschen Aufstieg. Ein Beispiel für solch eine erfolgreiche Karriere ist Peter Löb.

Peter Löb wurde als Sohn eines Bauern und Fuhrunternehmers 1854 in Wallstadt geboren. Schon mit 14 Jahren wurde er nach Mannheim *auf den Bau* geschickt. Er lernte Maurer und wurde Polier, schließlich Maurermeister. 1879 heiratete er in Wallstadt Charlotte Heuchel. Das Ehepaar hatte sieben Kinder, vier Söhne und drei Töchter. Um die Jahreswende 1887/88 eröffnete Löb in G 7, 34 ein Baugeschäft und zog mit seiner Familie in die Stadt. Peter Löb betätigte sich *mit großem Erfolg*, wie er schreibt[21], nicht nur als Bauunternehmer, sondern auch als Grundstücksspekulant. Das Bauunternehmen Löb führte über 100 Bauten in Mannheim aus, unter anderem die Rheinische Hypothekenbank in N 7 und das Arkadenhaus Friedrichsplatz 10. Mit Stolz berichtet Peter Löb, daß er im Jahre 1910 ein Jahreseinkommen von 78 354 Mark versteuert habe; sein Vermögen in Form von Liegenschaften dürfte wohl noch darüber gelegen haben. Nach der Jahrhundertwende wurde ihm der Titel *Baumeister* verliehen. Das 25jährige Geschäftsjubiläum wurde 1912 mit einem großen Fest im Casino begangen.

Dem geschäftlichen Erfolg entsprechend wurden auch die Wohnungen der Familie Löb immer stattlicher: 1896 zog man in die Gontardstraße (Lindenhof), 1898 in die Rheinaustraße nach Neckarau, 1900 in die Hebelstraße (Oststadt), 1904 schließlich in das Haus Friedrichsplatz 10. 1912 baute Peter Löb gar ein Landhaus mit zehn Zimmern in Heidelberg-Schlierbach, am Wolfsbrunnenweg 6. Die Verheiratung der Kinder war nicht ohne Nutzen für das Geschäft. Drei von Peter Löbs Söhnen (der vierte starb im Kindesalter) heirateten Töchter des Privatiers Johann Schmieg, der einige Grundstücke an der Seckenheimer Straße besaß und Peter Löb bei dessen Grundstückserwerbungen unterstützte.

Besuch auf dem Lande: Löbs in Wallstadt, um 1909. Mittlere Gruppe: Johanna, Eduard und Peter Löb.

Das Landhaus der Familie Löb am Wolfsbrunnenweg 6 in Heidelberg-Schlierbach, um 1914. Rechts: Ehepaar Löb, ganz links Wilma Löb, die jüngste Tochter.

Charlotte und Peter Löb, Ende der zwanziger Jahre.

Der Privatier Johann Schmieg

Johann Schmieg wurde 1844 in Mannheim als unehelicher Sohn des *Oekonomen* und Privatiers Johann Neucummet und seiner Haushälterin geboren. Er wuchs im Hause des Vaters auf und genoß eine gute Erziehung. Sein Erbe – 11500 Gulden – mußte er sich allerdings im Rechtsstreit gegen die Familie erkämpfen. Während er 1871 noch als Lagerverwalter im Petroleumlager arbeitete, scheint er später nur noch seine Grundstücke und Häuser verwaltet zu haben. 1870 heiratete er die achtzehnjährige Luise Stelzenmüller. Sie hatten 15 Kinder, von denen zehn überlebten. Als im Oktober 1906 in Mannheim die goldene Hochzeit des badischen Großherzogspaares gefeiert wurde, standen Hilda und Johanna Schmieg, die 1886 und 1887 geborenen Töchter des Ehepaars Schmieg, als Ehrenjungfrauen Spalier am Eingang des Schlosses, um das Jubelpaar bei seiner Ankunft zu begrüßen. Aus diesem Anlaß ging man zum Fotografen: Hilda und Johanna im Ehrenjungfrauenkleid mit großer Schleife, daneben die jüngere Schwester Lucie (geb. 1892). Im gleichen Atelier wurden die Brüder Ernst (geb. 1884), Robert (geb. 1888) und Gustav (geb. 1890) aufgenommen: Ernst in Militäruniform, Robert und Gustav mit Gymnasiastenmützen.
Die Familien Löb und Schmieg hatten bei Neuostheim nebeneinanderliegende Pachtgärten. Der Schmiegsche war als Entschädigung für ein entsprechendes Anwesen auf dem Gelände der heutigen Augustaanlage erworben worden, das anläßlich des Stadtjubiläums 1907 der großen Gartenbauausstellung hatte weichen müssen. Die Bilder zeigen, daß diese Gärten parkähnlich angelegt wurden. Die klassizistische Statue erinnert an aristokratische Vorbilder der Gartengestaltung.

Oben links: Erinnerungsblatt von Johann und Louise Schmieg für ihre Kinder, 1910.

Oben rechts: Ein 1898 von den Schmiegs erworbenes Haus in der Mollstraße 6, Oststadt: Schmiegs wohnten in der „Beletage". Auf dem Balkon: Johann Schmieg, Hilda Löb geb. Schmieg und Heinrich Löb, um 1910.

Rechts: Ernst, Robert und Gustav Schmieg, die beiden letzteren mit Schülermützen, 1906. Sie sind im gleichen Atelier aufgenommen wie ihre Schwestern.

Nebenstehende Seite, oben links: *Der große Hof*, das Schmiegsche Anwesen in der Seckenheimer Straße 31–35. Vor 1894 sagte man Z 7, 3½. „Z" war die Bezeichnung für alle Gebiete außerhalb des Ringes. Dieses Haus hatte Johann Schmieg geerbt.

Darunter: Lucie, Hilda und Johanna Schmieg (geb. 1892, 1886 und 1887). Hilda und Johanna in den Kleidern, die sie als *Ehrenjungfrauen* beim Empfang des Großherzogspaares trugen, 1906.

Oben rechts: Johann und Louise Schmieg, 1910.

Im Pachtgarten in Neuostheim, zwischen 1908 und 1911. Von links: Heinrich und Hilda Löb, daneben Johanna und Adam Löb, rechts Lucie Schmieg.

Die Schmieg-Kinder und Freunde im Pachtgarten an der Augustaanlage, 1902.

Im Pachtgarten Neuostheim, zwischen 1908 und 1911. Von links: Johann Schmieg mit Hilda und Heinrich Löb, dahinter Adam Löb.

Verlobungsfotografie von Heinrich und Hilda Löb geb. Schmieg, 1907.

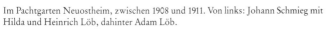

Bürgerlicher Lebensstil in der Oberstadt: Die Familie Zechbauer, vor 1901. August Zechbauer besaß eine Schiffahrtsagentur. Der Innenhof des Hauses in C 7, 8 wird für eine sommerliche Kaffeetafel genutzt (unten), zu der außer den erwachsenen Kindern auch Freunde geladen sind.

Gartenseite des Hauses P 7, 16 an der Heidelberger Straße, das Julius Hirschhorn gehörte, 1900. Dieses und einige der folgenden Bilder sind einem Album entnommen, das Ernst Hirschhorns jüngster Sohn Paul (geb. 1886) seinen Eltern zur Silbernen Hochzeit schenkte.

Fritz Hirschhorn (1845–1908), Tabakhändler, Zigarrenfabrikant, nationalliberaler Stadtrat seit 1888, 1900. Fotografie: P. Hirschhorn.

Fritz Hirschhorn, mit Angestellten seiner Rohtabakhandlung in Q 7, 26, 1900.

Das Mannheimer Bürgertum um 1900

Eine der wohlhabenden jüdischen Familien in Mannheim waren die Hirschhorns. Gabriel Hirschhorn hatte in den zwanziger Jahren des 19. Jahrhunderts in Heidelberg eine Rohtabakhandlung eröffnet und später nach Mannheim verlegt. Seine Enkel Fritz und Ernst führten das Geschäft seit 1867. Fritz Hirschhorn gehörte zum Vorstand des nationalliberalen Vereins in Mannheim und war Stadtrat von 1888 bis zu seinem Tod 1908. Neben weiteren Ehrenämtern war er Vorsitzender des Mannheimer Tabakvereins, Mitbegründer und Vorstandsmitglied der Volksbibliothek sowie Ehrenmitglied des Arbeiterfortbildungsvereins. Sein Bruder Ernst trat in der Öffentlichkeit weniger in Erscheinung, er führte hauptsächlich das Geschäft.
Die Familien Ernst und Fritz Hirschhorn wohnten von den siebziger bis in die neunziger Jahre in P 7, 19 und 20. Die Familie Ernst Hirschhorn zog später an den Kaiserring, ab 1914 lebte sie in der Augustaanlage. Die Familie Fritz Hirschhorn zog erst nach dem Tod des Vaters 1908 in die Tullastraße.

Ernst Hirschhorn (1848–1914), Tabakhändler und Zigarrenfabrikant, 1900. Fotografie: P. Hirschhorn.

Elvira Hirschhorn geb. Meyer (1852–1923), Ehefrau von Ernst, 1883, mit den ältesten Kindern Walter (1876–1908) und Dora (1878–1892), die vierzehnjährig an Meningitis starb.

Die Hirschhorns waren mit anderen bekannten jüdischen Familien in Mannheim verwandt: mit den Traumanns, Darmstädters, Bensingers, Wachenheims. Sie selbst hatten die jüdische Gemeinde verlassen und waren einer Gemeinschaft von Freidenkern beigetreten. Ihre Kinder ließen sie christlich taufen. Sie waren Befürworter der Assimilation. Als Ernst Hirschhorns Tochter Cläre Toni einen preußischen Offizier heiraten wollte, mußten sich auch die Eltern christlich taufen lassen, um der Ehe ihrer Tochter nicht im Wege zu stehen!

Fritz Hirschhorns Enkel Alfred Neumeyer, Sohn von dessen Tochter Anna, erinnert sich, daß bei der Familie der Mutter alles *heiter und sinnlich* war. *Religion spielte keinerlei Rolle, dagegen deutsche Politik im nationalliberalen Sinn*[22].

Größte Aufmerksamkeit wurde der kulturellen Entwicklung Mannheims geschenkt: den Repräsentationsbauten, dem Rosengarten und der Kunsthalle. Prachtvoll nahm sich wohl auch das eigene „Ambiente" aus, genießerisch der Lebensstil: *Zur Wohnung der Großeltern führte eine breite Treppe mit flachen Stufen, an der Wandseite von einem durch goldfarbene Messingringe gezogenen roten Samtseil begleitet. Dieses lässig in*

Die Heidelberger Straße, um 1888, mit den Häusern Julius Hirschhorns in P 7, 16 und 17 (ganz rechts); links daneben in P 7, 19 und 20 wohnten Ernst und Fritz Hirschhorn 1879.

seinen Ringen ruhende Seil erschien mir als kleiner Junge als die wahre Verkörperung eleganten Lebens [...] Wie sehr paßte es in diesen Rahmen, daß mir der Großvater, auf dessen Knien ich sitzen durfte, [...] mit täglichen Fortsetzungen die Abenteuer des Peterle im deutsch-französischen Krieg von 1870/71 erzählte [...]

Der Großvater rauchte den ganzen Tag lang Zigarren eigener Herstellung, und der Geruch von frischen Tabakblättern, in der Fabrik von weißbeschürzten Mädchen gerollt, ist mir noch gegenwärtig. Vor allem aber war ich der Empfänger jener exotischen Tabakmarkenbilder, die als Schutzblatt in die hölzernen Kisten eingeklebt wurden. Hier sah ich Bilder von Palmen, von braunhäutigen Mädchen und exotischen Inseln, die die Zigarrenwelt symbolisierten und verschönten. [...]

Ist man heute geneigt, Schönheit aus der richtig erfüllten Funktion abzuleiten, so war Schönheit im Haus der Großeltern ein Kind des Überflusses und des Überflüssigen. Es würde mir heute als häßlich erscheinen, aber wie sehr liebte ich damals die perlmuttfarbene, wie ein Ohr geformte Muschel, die auf einer Etagere über dem eichengeschnitzten, harten Sofa lag und die, wenn ans Ohr gehalten, das in ihr aufgespeicherte Rauschen des Ozeans zurücktönen ließ. Ferner gab es eine Glaskugel, in deren Innerem zwei Kinder waren. Schüttelte man die Kugel, dann wirbelten Schneeflocken durch die Luft, um sich dann langsam, ganz allmählich wieder zum Grunde niederzusenken. Man blickte durch das Glas hin-

Links oben: Kaiserring 38, zwischen 1907 und 1910. Hier wohnte die Familie von Ernst Hirschhorn 1899–1914.

Links unten: Bürgerliche Inneneinrichtung: Wohnzimmer und Musikzimmer der Familie Ernst Hirschhorn, 1900. Man liebte den großzügigen Eindruck der Zimmerfluchten. Der Flügel im Hintergrund läßt den Kunstsinn erraten. Typisch ist die überladene Dekoration der Zimmer mit Vasen, Tellern und Figuren. Fotografie: P. Hirschhorn.

Rechte Seite oben: Ein unentbehrliches Schmuckstück jeder bürgerlichen Wohnung (auch der kleinsten) ist das Vertiko, das hier wiederum im Geschmack der Zeit mit Figürchen, Kerzenhaltern und Tellern reichhaltig dekoriert ist. Solche Inneneinrichtung erforderte viel Zeit zum Saubermachen. Es gehörte zum bürgerlichen Lebensstil, sich für solche Arbeiten Dienstboten zu halten. Nicht immer aber war es möglich, alle Hausarbeiten abzuwälzen; meist erledigten die Frauen einen Teil selbst. Zum Teil konnte der standesgemäße Lebensstil nur durch vermehrte Arbeit der Frauen aufrechterhalten werden. Wie sehr dieser Zwang zu „sparen" eine subjektive Färbung hatte, läßt sich beispielsweise aus den Memoiren Hedwig Wachenheims ersehen. In ihrem Elternhaus mußte „gespart" werden,

durch auf ein fröhliches Wintertreiben, auf ein verzaubertes Spiel.

Obwohl es eine Photographie des Großvaters mit Ordensstern und weißen Glacéhandschuhen in der rechten unbehandschuhten Hand gibt, bezieht sich die Erinnerung auf einen robusten, etwas schweratmigen Mann – er starb als früher Sechziger an einem Herzleiden –, dessen dröhnendes Lachen stets damit endete, daß er sich die fleischige Nase in ein enormes rotes, mit Ornamenten bedrucktes Seidenfoulardtuch blies [...]

Wie sich zum Beispiel der auf Federn ruhende, offene Kutschwagen nach seiner Seite hin beugte, als der schwere Mann den Fuß auf das Trittbrett setzte! Ich fürchtete, er würde die Kutsche zum Fallen bringen, aber Großmama, eine liebe, heitere, musikalische Frau mit Schnurrbarthaaren auf der Oberlippe, und Großpapa bestiegen den von der Stadt dem Stadtrat zur Verfügung gestellten Wagen, ein Paket mit Butterbroten, Thermos- und Weinflaschen wurde verstaut, und so ging es mit dem Zweispänner zum Ausflug nach Heidelberg. Ich aber auf dem Bock, mit der Erlaubnis, die Peitsche zu halten. Passanten grüßten den wohlbekannten Großvater, was mich mit Stolz erfüllte.

[...] Blicke ich aber nach der Vernichtung und Vertreibung der Juden auf meine Großeltern und ihre Lebensweise zurück, so kommt es mir vor, als ob dies ein Unschuldsalter gewesen sei. Die Zeit des Ghettos schien undenkbar weit zurückzuliegen, und die Zukunft, eins mit der Zukunft Deutsch-

nachdem der Vater, Bankier Eduard Wachenheim, gestorben war. Hier ging es um die Fortführung eines großbürgerlichen Lebensstils. Frau Wachenheim beschäftigte ständig eine Köchin und ein Zimmermädchen, wöchentlich einmal kamen eine Putzfrau und eine Büglerin, zuweilen eine Näherin, und für Gesellschaften wurden zusätzlich eine Koch- und eine Servierfrau eingestellt. Bett- und Tischwäsche gab man zu einer Waschfrau nach Ziegelhausen. In den weniger wohlhabenden bürgerlichen Haushalten – und in den Arbeiterhaushalten sowieso – wurde natürlich alle Wäsche selbst gewaschen, eine Arbeit, die mindestens einen Tag in der Woche in Anspruch nahm. Umfangreich müssen in diesen Haushalten auch die Näh- und Stickereiarbeiten angefallen sein. Hier konnte man durch die Arbeit der Hausfrau und der Töchter viel Geld sparen, zumal bei der Herstellung der Aussteuer oder bei der Ausstattung der Wohnung mit Spitzendeckchen, Vorhängen und Gardinen. Die Arbeit der Frauen an der Wohnungsausstattung konnte bis zur Verzierung von Möbeln mit kunstvollen Schnitzereien reichen.

Rechts: Elvira Hirschhorn und der älteste Sohn Walter, um 1900.

Walter Hirschhorn als Korpsstudent in Würzburg, zwischen 1894 und 1900.

Rechts: Eine Liebhaberaufführung der Hirschhorns, um 1899. Von rechts: Paul, Elvira, Walter und Cläre Hirschhorn.

lands, enthielt nichts als Versprechen. Unbegrenzte und fraglose Loyalität identifizierte sich mit den Wittelsbachern und Zähringern, und Deutscher zu sein, war zwar kein Verdienst, aber ein Privileg. Mit dem Jahre 1914 ist die Großelternzeit zugrunde gegangen. Aber noch lange lag im Schmuckkasten meiner Mutter eine in Silberpapier gewickelte Schokoladentafel, auf die eine silberne Rosette aufgeklebt war, deren Mitte das Bild des badischen Großherzogs schmückte. Sie hatte dem Großvater bei der Hoftafel zu Karlsruhe als Tischkarte gedient, und auf der Rückseite hatte der Großherzog auf Bitten des Großvaters geschrieben: „Seinem lieben Freddy – Friedrich, Großherzog von Baden". Dies war die schokoladene Reliquie einer im ganzen glücklichen Epoche, die im Zweiten Weltkrieg nach ihrem Dahingang noch einmal vernichtet wurde.

Links: Elvira Hirschhorn im Haus Augustaanlage 27, 1914. Der Eindruck einer schloß- oder burgähnlichen Inneneinrichtung kommt hier – mit dem großen Kamin – stärker zur Geltung als in den Bildern vom Kaiserring.

Cläre Toni Hirschhorn, jüngste Tochter von Ernst und Elvira Hirschhorn, geb. 1884, im vornehmen Viktoria-Pensionat in Baden-Baden. Bild rechts: „Zöglinge" des Pensionats (Cläre ist die 2. von rechts). Bild links: Cläre als Muse der Literatur bei einer Aufführung des Viktoria-Pensionats. Zwischen 1900 und 1903.

Hochzeit von Cläre Toni Hirschhorn und Erwin Fischer (rechts am Tisch, sitzend), 1903. Vorne sitzend: der Prokurist der Firma Hirschhorn.

Karl Reiß (1843–1914), vermutlich als *Commis*, 1865.

Anna Reiß (1836–1915), Konzert- und Opernsängerin, in den sechziger Jahren.

Aus Mannheims „besten" Familien: Die Geschwister Reiß

Mit den Geschwistern Reiß berühren wir einige untereinander verwandte bzw. verschwägerte Familien Mannheims, die in Politik und Wirtschaft eine hervorragende Rolle spielten. Der Vater, Friedrich Reiß (1801–1881), hatte erst 1831 in Mannheim das Bürgerrecht erworben; er kam aus Karlsruhe. Friedrich Reiß handelte mit Landesprodukten und Kolonialwaren und gründete die Firma Reiß & Co., Kommissions- und Speditionsgeschäfte.

Er heiratete in eine politisch und wirtschaftlich bedeutende Mannheimer Familie ein, als er sich mit Wilhelmina Reinhardt verehelichte. Deren Vater, Johann Wilhelm Reinhardt, war von 1810 bis 1820 Oberbürgermeister in Mannheim gewesen. 1781 hatte er ein Tuchgeschäft gegründet; später handelte er mit Tabak, Wein und Getreide und machte Bankgeschäfte.

Friedrich Reiß wurde 1848 Mitglied des Mannheimer Bürgerausschusses (bis 1874) und war von 1849 bis 1851 Oberbürgermeister. Zusammen mit seinem Sohn Karl gehörte er zu den Gründern des Nationalliberalen Vereins Mannheim. 1865 hatte Friedrich Reiß zusammen mit Friedrich Engelhorn sen., den Chemikern Karl und August Clemm, den Bankiers Seligmann, Leopold und Karl Ladenburg sowie dem Privatmann Karl Fries die BASF gegründet.

Großherzog Friedrich II. (1908–1918) auf der Ehrentribüne mit Karl Reiß (rechts), um 1912.

Karl Reiß war ein leidenschaftlicher Jäger. Jagdtrophäen verzieren sein Arbeitszimmer, 22. 1. 1913.

Er erwarb Aktien in Höhe von 100 000 Gulden und übernahm den stellvertretenden Vorsitz des Verwaltungsrats bis 1873. Sein Sohn Karl Reiß gehörte von 1873 bis 1903 dem Aufsichtsrat der Firma an.[20] 1870 zählten Friedrich und Karl Reiß zu den Gründern der Rheinischen Creditbank. Karl war der jüngste Sohn des Ehepaars Reiß. Er besuchte die höhere Bürgerschule und studierte zwischen 1861 und 1864 einige Semester in Heidelberg. Jedoch fühlte er sich zur Wissenschaft nicht berufen und ließ sich zum Kaufmann ausbilden. Er stand geschäftlich und politisch in der Nachfolge des Vaters. Zwar hatte er Offizier werden wollen, war aber wegen Untauglichkeit abgewiesen worden. Dieses „Defizit" hat er zeit seines Lebens durch besondere Förderung des preußischen Militarismus in Mannheim wettzumachen gesucht. So war er später Gründungsmitglied der Deutschen Kolonialgesellschaft, Ortsgruppe Mannheim, und deren Vorsitzender 1902 bis 1914, Gründungsmitglied des Deutschen Flottenvereins, Ortsgruppe Mannheim, und deren Vorsitzender 1906 bis 1914 sowie Ehrenmitglied des Militärvereins von Anbeginn. Seinen späten Versuchen, in die große Politik einzusteigen, war kein Erfolg beschieden: Seine Reichstagskandidatur 1903 endete mit einer

Unten: Karl Reiß präsentiert sich mit erlegtem Hirsch, um 1910.

Anna Reiß als Margarete („Gretchen") in der Oper „Faust" von Charles Gounod, um 1868.

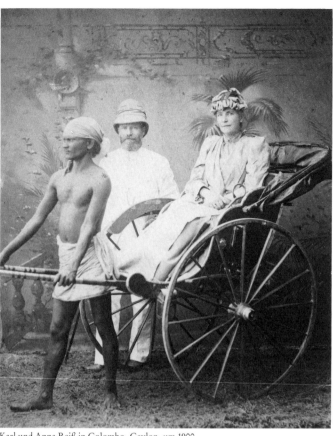

Karl und Anna Reiß in Colombo, Ceylon, um 1900.

Karl Reiß, türkischer Konsul, Geheimrat und Ehrenbürger der Stadt Mannheim, zwischen 1910 und 1914.

Anna Reiß, Ehrenbürgerin der Stadt Mannheim, um 1913.

Niederlage gegen den Sozialdemokraten August Dreesbach. Immerhin war Karl Reiß von 1896 bis 1912 Stadtverordneter und von 1903 bis 1914 ernanntes Mitglied der Ersten Kammer der badischen Landstände, außerdem Ehrenbürger der Stadt seit 1901.

Karl Reiß gehörte zu den wirtschaftlich mächtigsten und reichsten Männern der Stadt. Er saß im Aufsichtsrat von insgesamt 25 Aktiengesellschaften, darunter sechs Banken (u. a. Deutsche Bank, Berlin); bei vier Banken und sechs weiteren Unternehmen war er Aufsichtsratsvorsitzender. In diesen Funktionen kam er mit einer Reihe sehr einflußreicher Industrieller und Bankiers zusammen, von denen einige zu den Ratgebern Wilhelms II. gehörten.[23] In Mannheim und Ludwigshafen hatte er ein Aufsichtsratsmandat u. a. bei folgenden Unternehmen inne: Süddeutsche Juteindustrie; Chemische Fabrik C. Weyl & Co.; Gummi-, Guttapercha- und Asbestfabrik; Edinger Aktienbrauerei; BASF; Benz & Co.; Rheinische Creditbank; Rheinische Hypothekenbank; Pfälzische Hypothekenbank; Mannheimer Bank AG; Pfälzische Bank AG; Mannheimer Versicherungsgesellschaft.

Karl Reiß war von 1872 bis 1878 mit Bertha Engelhorn verheiratet, der Tochter von Friedrich Engelhorn sen. und Schwester des jüngeren Friedrich Engelhorn. Nach ihrem frühen Tod – sie war 27 Jahre alt – führte Karls Schwester Anna Reiß (1836–1915) den Haushalt. Sie war offenbar Mittelpunkt

des gesellschaftlichen und kulturellen Lebens in der Villa Reiß. Anna hatte gegen den Willen ihres Vaters Musik studiert – u. a. in Paris – und hatte es in den sechziger Jahren zu großen Erfolgen als Konzert- und Opernsängerin gebracht. Sie wurde in Dresden, Schwerin und Weimar engagiert. Ein erfolgreicher Auftritt in Paris brachte ihr Angebote der Opern in Paris, Rom und Petersburg ein. Gleichwohl blieb sie in Weimar, wo sie 1868 zur großherzoglich weimarischen Kammersängerin ernannt wurde.

Ganz wie es sich für die einzige unverheiratete Tochter gehörte, kehrte sie jedoch zu ihrem verwitweten Vater zurück, als Bruder Karl einen eigenen Haushalt gegründet hatte. Anna umsorgte nicht nur den Vater, sondern ließ sich auch von Bruder Wilhelm, einem Naturforscher, der sich mehrere Jahre in Südamerika aufhielt, als Sekretärin einspannen. Sie erledigte die Korrespondenz, nahm das gesammelte Material in Empfang und besorgte die Weiterversendung. In der Villa Reiß veranstaltete Anna zahlreiche Hauskonzerte; ein musikalischer Zirkel bildete sich um sie. Zu den Freunden zählte auch der Komponist Hugo Wolf.

Unter den Stiftungen der Geschwister Reiß sind als bekannteste zu nennen: die Überlassung der Fasaneninsel (heute Reißinsel) an die Stadt und die Stiftung eines Museums, das an der Rückseite der Kunsthalle erbaut werden sollte. Dieser Museumsbau kam aber nie zur Ausführung.

Wilhelm Reiß (1838–1908) in den achtziger Jahren, Geologe und Vulkanologe, machte mehrjährige Entdeckungsreisen nach Südamerika.

Karl und Anna Reiß beim Spielfest der Mannheimer Schuljungen auf der Reißinsel, 1911. Links mit Schriftstück: Stadtschulrat Sickinger.

Das Stadtpalais Friedrich Engelhorn sen., erbaut 1873–1875 in A 1, 3 (unten links), erhielt 1881 einen Anbau (unten rechts) durch den Architekten Manchot, der auch die Innenräume teilweise im zeitgenössischen „maurischen Stil" umgestaltete (links das Treppenhaus). Der gesamte Baukomplex reichte bis an die gegenüberliegende Straße (zu A 2 hin). Fotografien um 1905. *Das Vordergebäude enthält in seinen vier Stockwerken die Wohn- und Repräsentationsräume der Herrschaft, im Rückgebäude befinden sich ebenerdig die Wohnung für den Kutscher und die Wagenremise, im 1. Obergeschoß und Dachgeschoß die Diener- und sonstigen Wohnräume. Durch das Vordergebäude sowie durch das Rückgebäude führt jeweils eine Durchfahrt in den ziemlich geräumigen Hof, welcher einerseits durch gärtnerische Anlagen, andererseits durch einen dreistöckigen, im Erdgeschoß arkadenartigen Bau, in welchem sich außer den Stallungen und der Geschirrkammer verschiedenen Zwecken dienende Nebengelasse, zum Vorderbau gehörig, befinden, abgeschlossen ist. Die bereits erwähnte Haupttreppenanlage, deren Läufe und Podeste wie auch die Säulen aus echtem Marmor bestehen, im Verein mit dem geräumigen Vestibül, beide durch prächtige Farbenstimmungen in engen Zusammen-hang gebracht, wirken künstlerisch großartig und geben dem Ganzen das Gepräge eines im Innenausbau hervorragenden Gebäudes.* Mannheim und seine Bauten. Hg. vom unterrheinischen Bezirk des Badischen Architekten- und Ingenieurvereins und vom Architekten- und Ingenieurverein Mannheim-Ludwigshafen. Mannheim 1906, S. 268.

Friedrich Engelhorn sen. (1821–1902), um 1860.

Friedrich Engelhorn jun. (1855–1911), 1880/90.

Friedrich Engelhorn, Vater und Sohn

Friedrich Engelhorn sen. (1821–1902), der BASF-Gründer von 1865 und erfolgreiche Grundstücksspekulant der achtziger und neunziger Jahre, war ein Enkel des Conrad Engelhorn, der um 1780 von Hockenheim nach Mannheim eingewandert war und sich dort als Bierbrauer und Wirt (Zur Stadt Augsburg, P 5,1) niedergelassen hatte. Er kam zu großem Vermögen und hinterließ Güter in Reilingen und Weinkeller in der *Friedrichsburg* in Friedelsheim.[24] Sein eher an Bildung als am Geschäft interessierter Sohn Johann verlor dieses Vermögen größtenteils.

Der Enkel Friedrich jedoch erwies sich als guter Nachfolger des Großvaters, als cleverer Geschäftsmann und Fabrikant. Obwohl er das Gold- und Silberschmiedehandwerk erlernt hatte, gründete er 1848 eine Gasfabrik in K 6, 5, die Zeichen der Zeit erkennend. Das notwendige Kapital war vermutlich durch die günstige Heirat mit der Tochter einer anderen alteingesessenen und wohlhabenden Mannheimer Bierbrauerfamilie – Marie Brüstling – zusammengekommen.

Engelhorns Aufstieg begann aber erst nach einer Erweiterung der Firma durch die Karlsruher Gasfabrikanten Spreng und Sonntag und durch den städtischen Auftrag, das Gaswerk zu bauen und in dreißigjähriger Pacht die Stadt mit Gaslicht zu versorgen. (1873 ging das Gaswerk aber in städtisches Eigentum über. Engelhorn war bereits 1865 ausgeschieden gegen eine jährliche Rente von 36 000 Gulden.) Engelhorn verstand es dann, Anfang der sechziger Jahre, die geeigneten Fachkräfte und Kapitalgeber für den Aufbau einer Teerfarbenfabrik zu gewinnen (Dyckerhoff, Clemm & Co. 1861; Sonntag, Engelhorn & Clemm 1863). Als Fachkräfte traten die Chemiker Karl und August Clemm ein, Neffen von Karl Clemm-Lennig, der 1855 zusammen mit Georg Karl Zimmer *die erste größere Düngerfabrik in Südwestdeutschland*[25] auf Mannheimer Boden gegründet hatte. Karl Clemm verheiratete sich übrigens mit einer Nichte von Friedrich Engelhorn, Maria Hoff. Die in Z 5,10 (heute Schanzenstraße 8–14) gelegene Teerfarbenfabrik ging 1865 in der BASF auf, die Engelhorn zusammen mit den Brüdern Clemm, Friedrich Reiß, dem Privatier Fries und mit Kapitalhilfe des Bankhauses Ladenburg gründete. Die Konkurenz mit dem Verein chemischer Fabriken Wohlgelegen und ein industrieunfreundlicher Entschluß des Bürgerausschusses bewirkten die Verlegung der Produktionsstätte in die Nachbarstadt Ludwigshafen; der Sitz der Firma blieb bis 1919 Mannheim. Engelhorn leitete die BASF bis 1883, 1885 schied er wegen interner Querelen aus der Firma aus.

In den achtziger und neunziger Jahren war Engelhorn wohl Mannheims größter Grundstücksspekulant. Er kaufte die Baumschulgärten, den Lindenhof, den Rennershof und das Gontardsche Gut, und veräußerte die Grundstücke an Bauunternehmer weiter. Von Hand zu Hand wurden immer kleinere Parzellen zu immer höheren Preisen verkauft.

Politisch trat der ältere Friedrich Engelhorn nur in der Revolutionszeit 1848/49 hervor, als Bürgerwehroberst auf der Seite der Konterrevolution kämpfend.

Die Kinder von Friedrich Engelhorn sen. und Marie Brüstling-Engelhorn schlossen „vorteilhafte" Ehen. Bertha Engelhorn heiratete Karl Reiß, den Sohn des Geschäftsfreundes Friedrich Reiß. Elise Engelhorn ehelichte den pfälzischen Eisenhüttenbesitzer Eugen Freiherr von Gienanth. Der Sohn Friedrich studierte und promovierte in Chemie. Er trat 1883 als Teilhaber in die von seinem Vetter Ernst Böhringer geleitete Firma Böhringer & Söhne (Chinin- und Alkaloidfabrik) ein. 1885 heiratete Engelhorn Marie Jörger, eine Tochter des Mannheimer Großkaufmanns Karl Jörger. Dessen Schwester Fanny wiederum war die Frau von Ernst Böhringer. Karl Jörger übrigens war vielfacher Aufsichtsrat, Handelskammervizepräsident, nationalliberaler Stadtverordneter und *Geheimer Kommerzienrat*. Friedrich Engelhorn jun. wurde nach dem Tod Ernst Böhringers 1892 Alleininhaber der Firma. Er hatte überdies Aufsichtsratssitze u. a. bei der Rheinischen Creditbank, der Rheinischen Hypothekenbank, der Mannheimer Gummi-, Guttapercha- und Asbestfabrik (an allen war der Vater als Gründer beteiligt) inne. Friedrich Engelhorn jun. war Vorsitzender des Fabrikantenvereins und des Allgemeinen Arbeitgeberverbandes in Mannheim-Ludwigshafen. Seit 1902 war er Mitglied der nationalliberalen Fraktion im Bürgerausschuß.[26]

Die Villa: eine bürgerliche Lebensform

Die reich(st)en Mannheimer Bankiers, Kaufleute und Industriellen ließen Villen bauen; zunächst am Ring, seit den achtziger Jahren in der Bismarckstraße und in den L-Quadraten und seit Ende der neunziger Jahre in der Oststadt, ab etwa 1912 in Neuostheim. Sie reihten sich damit in eine Tradition ein, die bis in die Antike zurückreicht. Der vornehme Römer hatte seine *villa rustica* außerhalb der Stadt inmitten seiner Güter. Die Villa hatte eine ökonomische Funktion, aber auch eine symbolische Bedeutung: das Landleben, die unverfälschte Natur gegen die *Verderbtheit* und Sittenlosigkeit der Großstadt, in der *der Pöbel herrscht*. In Mannheim um 1900 nun lag die Villa nur am Rande der Stadt in einem Garten. Dennoch hatte sie den Symbolcharakter nicht ganz verloren. Hier war das Familienleben angesiedelt, die Privatheit, Geselligkeit nur unter Standesgenossen, in der Stadt hingegen die Geschäfte, der soziale Konflikt, das Proletariat.

Mit großem Aufwand gebaut, mit prächtiger historisierender Fassade und aufwendiger Innenausstattung diente sie den Luxusbedürfnissen ihrer Bewohner ebenso, wie sie nach außen deren sozialen Status repräsentierte, der durch Macht und Geld definiert war. Durch den Abstand der Villen voneinander wurde noch die Intimität als Besonderheit der Lebensform ihrer Bewohner betont. Ein ganzes Villenviertel scheint den Individualismus wieder aufzuheben, aber man war ja unter sich. Die Stadt erkannte dies frühzeitig, und so wenig energisch sie sich für billige Arbeiterwohnungen eingesetzt hatte, so drastisch griff sie nun ein und bot alle zur Verfügung stehenden Mittel auf, um das Entstehen eines reinen Villenviertels zu ermöglichen. Das Engelhornsche Wohnhaus in A 1, 3, vom älteren Friedrich Engelhorn bewohnt, war 1873–75 im Stil italienischer Stadtpaläste erbaut worden. Es erhielt 1881 durch den Architekten Manchot einen Anbau und teilweise eine innenarchitektonische Neugestaltung im maurischen Stil, der damals beliebt war.

Die Villa des jüngeren Friedrich Engelhorn wurde zwischen 1903 und 1905 nach Plänen des *Mannheimer Villenbauers* Rudolf Tillessen errichtet. Ähnlich wie die 1911–1913 entstandene Villa Lanz ist die Villa Engelhorn als kleines Schloß konzipiert. Hier wie schon in der Plazierung des elterlichen Palais am Eingang des Mannheimer Schlosses wird ein wichtiges Moment des neuen großbürgerlichen Selbstbewußtseins sichtbar: die Aristokratisierung des Lebensstils.

Villa Friedrich Engelhorn jun., Ecke Werder-/Carolastraße. Architekt: Rudolf Tillessen. Erbaut 1903–1905. Oben: Eingangshalle mit Blick in den Salon (im Hintergrund). Unten: Blick in die Eingangshalle von der Gartenseite aus mit Anrichte (rechts).

Außenansicht der Villa Friedrich Engelhorn jun. vom Garten aus.

Grundriß der Villa Engelhorn (Erdgeschoß). Hier liegen die Repräsentationsräume. Die tatsächliche Anlage der Terrasse weicht vom Plan etwas ab. Wohn- und Schlafräume, Bad und Toilette befinden sich im Obergeschoß, während die Dienerschaft mit den hauswirtschaftlichen Räumen in den Anbauten untergebracht ist.

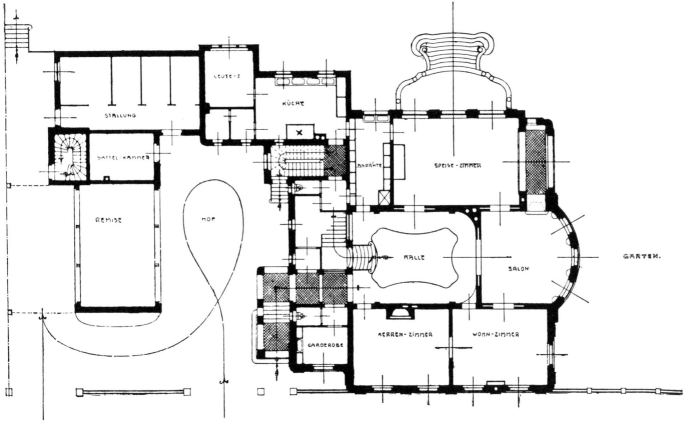

Kultur

Freizeit

Geselligkeit

Familienfeste in einer kleinbürgerlichen Familie, Mannheim zwischen 1905 und 1914.

Freizeit

Bei einem Arbeitstag von insgesamt rund zwölf Stunden war Freizeit für alle Erwerbstätigen knapp bemessen. Für die Frauen, die Haushalt, Kindererziehung und *Nebenverdienste* erledigen mußten, war der Arbeitstag noch länger. In den oberen Schichten, in denen Dienstboten die Hausarbeit erledigten, nahmen *gesellschaftliche Verpflichtungen* und Repräsentation mehr Raum ein.

Wie aber wurde Freizeit verlebt? Sigmund Schott, der Leiter des statistischen Amts der Stadt, stellt das für das (gehobene) Bürgertum 1907 so dar: *In einer so arbeitsreichen Stadt wie Mannheim bleibt der Männerwelt für die Pflege der Geselligkeit nicht allzuviele Zeit übrig. Aus der kurzen Mittagspause läßt sich für das Café kaum ein Stück herausschneiden, mit dem frühen Arbeitsbeginn will die Abendgesellschaft nicht recht sich vertragen. So drängt sich denn ein unverhältnismäßig großer Teil des geselligen Lebens auf Samstag abend und Sonntag zusammen. Dem Zuwenig gesellig verfügbarer Zeit der Männerwelt steht bei dem Teile der Frauenwelt, der des Alltags Sorgen auf Hilfskräfte abwälzen kann, ein entschiedenes Zuviel gegenüber, sind doch beider Anteile bis zu gewissem Grade einander notwendig umgekehrt proportional.*

Die überreichlich bemessene Freizeit auszufüllen, diente den oberen Klassen der Frauenwelt der „Tee". Der Häufigkeit seines Vorkommens nach zu schließen, muß er sich einer außerordentlichen Beliebtheit erfreut haben; er hat ein gewisses Zeremoniell ausgebildet und eine zunehmende dekorative und gastronomische Verfeinerung erfahren. In neuerer Zeit freilich sind die Opfer auf seinem Altare weniger zahlreich geworden.

Anderen Göttern hat die wohlhabende Frauenwelt sich zugewendet: Nicht die bloße Konsumtion der freien Zeit, vielmehr deren nützlicher Verbrauch im Dienste der Allgemeinheit und der Ausbildung der eigenen Persönlichkeit ist in den Vordergrund getreten.

Bei der sozialen Mittelschicht der Frauenwelt hatte der „Tee" im „Kaffeekränzchen" sein Gegenstück, das namentlich die Nachmittagsstunden des Sonntags auszufüllen pflegte und den Frauen über die durch des Mannes Wirtshausbesuch vereinsamten Stunden weghalf.

Auch diese Art von Geselligkeit hat aber an Zugkraft stark verloren: Die Stadt ist zu groß geworden, in den Mietskasernen kennen sich die Parteien kaum mehr, aber auch zu Unterhaltung außer dem Hause ist mehr Gelegenheit als früher; Ausflug und Spaziergang erfreuen sich heutzutage liebevollerer Aufmerksamkeit.

Vor allem aber hat die Frau sich Bürgerrecht im Wirtshaus erworben, das bis vor noch nicht so langer Zeit dem Manne allein gehörte. Heute ist die Frau oft genug des Mannes treue Begleiterin dorthin, ja sie weiß dort auch ohne ihn zuweilen sich zurecht zu finden.[1]

Kritisch muß hier angemerkt werden, daß Sigmund Schott allzusehr dem Mythos von der müßiggehenden großbürgerlichen Frau erliegt, wie er in der Literatur verbreitet ist. Die Organisation des Haushalts und die Erfüllung repräsentativer Pflichten, zu denen auch ehrenamtliche, karitative Tätigkeiten gehörten, bedeuteten durchaus Arbeit.

Die Orte der Geselligkeit waren zum Teil sozial recht streng getrennt. Der Intendant des Nationaltheaters Carl Hagemann (1906–10 und 1915–20) unterschied in seinen Lebenserinnerungen den *Kreis der Großindustrie und Banken,* der sich in dem Herrenclub *„Räuberhöhle"* (und in der Gesellschaft *„Harmonie")* mit den Beamten zusammenfand, den jüdischen Kreis (der in der *„Ressource-Gesellschaft"* und im *„Liederkranz"* kulminierte) und den großen, aus allerlei Vereins- und Berufsschichten bestehenden Kreis des mittleren Bürgertums, der sich in der *„Liedertafel",* der *„Casino"*-Gesellschaft und der Karnevals-Gesellschaft *„Feuerio"* seinen Mittelpunkt geschaffen hatte.[2]

Harmonie-Gesellschaft in D 2, 6. Zwanziger Jahre.

Das Haus der jüdischen Ressource-Gesellschaft in C 1, 2, 1907.

Der Salon

Im Bürgertum konnte man aufgrund der ausreichenden Räumlichkeiten die *Hausgeselligkeit* pflegen – die Einladung zum Tee oder das Kaffeekränzchen am Nachmittag, darauf die Abendgesellschaft, die mitunter die Form einer musikalischen Soiree annehmen konnte wie bei Anna Reiß. Auch gab es in Mannheim einen Salon – wie einst zu Beginn des 19. Jahrhunderts in den großen Städten –, in dem Künstler und Politiker, berühmte Liberale wie Friedrich Naumann und Theodor Heuß sowie der sozialdemokratische Rechtsanwalt und Politiker Ludwig Frank verkehrten. Berta Hirsch (1850–1913), Ehefrau des Getreidegroßkaufmanns Emil Hirsch, führte ihn. Auch die Röchlings, die zu einer der größten Stahlindustriellenfamilien der rheinischen Pfalz und des Saarlandes gehörten, scharten einen musikalischen Zirkel um sich. In der Oberschicht vermochte die Zugehörigkeit zu solchen Zirkeln den Erwerb von wichtigen wirtschaftlichen und politischen Positionen begünstigen.

Berta Hirsch (1850–1913), um 1870. Dies ist die einzige Fotografie von Berta Hirsch, die erhalten geblieben ist. Auch hier hat sich die faschistische Nachwelt darum bemüht, die Spur einer jüdischen Frau auszulöschen, die damals für die Oberschicht „Kultur" verkörperte – Friedrich Naumann nannte sie *Frau Kultur*.

Auch Sigmund Schott empfand diese Trennung: *Eine gesellige Mischung der verschiedenen Schichten kommt in normalen, akarnevalistischen Zeiten kaum vor; die sonntägliche Parade z. B. wird ganz im Gegensatz zu Stuttgart oder München von den oberen Klassen gemieden. Auch ein gemeinsames Fest der ganzen Bevölkerung im Stile des Münchener Oktoberfestes besitzt Mannheim nicht. Die Mairennen, die vielleicht zum Vergleich beigezogen werden könnten, stehen einmal an Bedeutung hinter solchen Landesfesten weit zurück, führen aber auch keine Mischung der Gesellschaftsklassen herbei, die sich vielmehr schon durch das Beförderungsmittel zum Rennplatz scharf von einander abheben. Ob es den in neuester Zeit veranstalteten sog. Herbstpartien der Karnevalsgesellschaft Feuerio gelingen wird, die spröden Stücke auf eines Nachmittages Dauer in eine ungeschiedene Fröhlichkeit einzuschmelzen, läßt sich heute noch nicht beurteilen. Die einzigen Veranstaltungen, bei denen wenigstens einige Kreise unterschiedslos durcheinander wimmeln, sind die meist in der Form von Basaren auftretenden Wohltätigkeitsfeste. Aber auch hier handelt es sich nur um ein Nebeneinander, kein Miteinander. Der sehr große Kreis der Mitwirkenden und deren Anhang scheidet sich durch sein Sonderinteresse deutlich von der Menge, aus der sich jeder einzelne das Recht persönlicher Fühlungnahme mit den Angehörigen jenes Kreises erkauft hat. Mit der Gültigkeit der Eintrittskarte ist aber auch dieses Recht ohne weiteres erloschen: Der fremde Weltkörper, der für kurze Zeit in Sonnennähe geraten war, zieht wiederum dahin auf seiner durch die Sitte vorgeschriebenen Bahn.[3]*

Rechte Seite unten: Gartenrestaurant der Pfalzgauausstellung 1880 im späteren Friedrichspark.

Arbeiter, meidet den Schnaps!

Das Wirtshaus war vor allem für die Männer der „normale" Ort der Freizeitgestaltung. Hier wurde *geredt*, geraucht und getrunken, mit Karten- und Würfelspielen die Zeit vertrieben. Von den Sozialreformern wie von den Sozialdemokraten wurde der abendliche Gang des Arbeiters ins Wirtshaus und sein Alkoholkonsum als drängendes soziales und ethisches Problem angeprangert. Einerseits sah man darin einen kulturellen und sittlichen Notstand der Arbeiterbevölkerung, andererseits machte man – zu Recht – die beengten Wohnverhältnisse dafür verantwortlich. Die Sozialdemokraten wiesen immer wieder auf die Gefahren des Alkoholismus hin, der zugleich die Arbeiter daran hindere, ihre Interessen zu vertreten und sich zu organisieren. Die rege Vereinstätigkeit der Arbeiterbewegung im Freizeitbereich hatte unter anderem auch den Sinn, eine Alternative zum Wirtshaus zu bieten. Leider zeigen die Bilder keine typische *Arbeiterkneipe* um 1900. Nicht zufällig existieren von den kleinen Eckwirtschaften keine Innenaufnahmen.

Oben: Gaststube der Brauerei Habereck (Q 4), um 1906. Postkarte.

Rechts: Restauration der Gewerbeausstellung 1902. Postkarte.

Ballonverkäufer auf dem Marktplatz, um 1900. Fotografie: F. Walter.

Jahrmarkt in Mannheim, um 1900. Fotografie: F. Walter.

Auf der Straße: Fahrendes Volk, Schausteller und Akrobaten.

Ein Radfahrkunststück auf dem Seil, um 1890.

Das Panorama

Sonntags ging's ins Panorama, erzählte eine alte Mannheimerin aus ihrer Kindheit um 1900. Der Vater war Polizeibeamter und Mitglied im Militärverein. Das *Panorama* stand damals an der Ecke Friedrichsring/Collinistraße, dort, wo später auch das Straßenbahndepot gebaut wurde.

Im Mannheimer *Panorama* wurden Schlachten aus dem deutsch-französischen Krieg 1870/71 gezeigt. Das Besondere am *Panorama* war, daß die Illusion erzeugt wurde, man stünde *mittendrin.* Zu diesem Zweck wurden die Besucher auf einen erhöhten Standort in dem Rundbau geführt. Sie befanden sich dann z. B. vor einem Bauernhof, einem richtigen Haus mit Türen und Fenstern. Neben der Tür war eine Bank, über dem Fenster ein Brett mit Milchkrügen aus Ton. An der Wand lehnte ein Reisigbesen. Dann sah man eine Scheune und Ställe und dahinter weite Schlachtfelder, die sich rund um das Gebäude herumzogen. Dort standen Soldaten an Kanonen, an anderer Stelle lagen Leichen umher. Der Übergang von der plastischen Darstellung des Bauernhofs zu den gemalten Schlachtfeldern täuschte perfekt. Hermine Langenbach erinnert sich genau, wie sie dort stand, mitten im Schlachtfeld, und aufgeregt war, ja nichts zu verpassen. Das Publikum wurde derweil von einem Kriegsveteran über die Schlacht von Sedan belehrt.

Oben: Das Panorama, Ecke Friedrichsring/Collinistraße. Im Hintergrund der Betriebshof der Straßenbahn. Zwischen 1901 und 1907.

Darunter: Zwei Postkarten mit Darstellungen des deutsch-französischen Kriegs, wie sie im Panorama gezeigt wurden (Gefecht bei Nuits bzw. Schlacht bei Orléans), 1899 bzw. 1901.

153

Linke Seite: Ein Luxus der Wohlhabenden: Automobil-Ausflug um 1900.

Oben: Der Fotograf Georg Tillmann-Matter mit Frau.

Mitte: Reifenpanne. Tillmann-Matters Söhne beim Reifenflicken, die Mutter schaut kritisch zu.

Unten: Picknick auf einem Automobilausflug.

Ausflüge und Reisen

Die Urlaubsreise, die heute für viele zur alljährlichen Gewohnheit geworden ist, war früher ein Privileg der Reichen. *Urlaub* war eine Forderung der Gewerkschaften im Kampf um kürzere Arbeitszeit, andererseits angesichts zunehmender Intensität der Arbeit eine Notwendigkeit, um die Arbeitskraft zu erhalten. Einige wenige Betriebe richteten in Mannheim in den ersten Jahren des neuen Jahrhunderts den Urlaub als feste Institution ein.

Zugleich entstand um die Jahrhundertwende zunehmend das Bedürfnis, der Großstadt zu entrinnen. Die Arbeiterfamilien wollten den beengten Wohnverhältnissen, der Nähe der Arbeitsstätten entkommen: hier Unterdrückung, dort „freie" Natur. Die *Naturfreundebewegung*, von Österreich kommend, organisierte den *Arbeiter-Tourismus*.

1911 wurde der Touristenverein „Die Naturfreunde" in Mannheim gegründet. Seine Aufgabe sah man darin, *die Mitglieder allsonntäglich hinauszuführen in die nähere und weitere Umgebung der Heimatstadt, um die Schönheiten der Natur und der Heimat kennenzulernen* und um am Montag wieder gestärkt zur Arbeit gehen zu können. Der zuletzt genannte Gesichtspunkt wurde ganz naiv formuliert.[4] Die Gasthäuser wurden gemieden, aber man sparte eisern für eine eigene Hütte, die tatsächlich 1913 auf dem Kohlhof bei Altenbach gekauft und ausgebaut werden konnte. Ende 1913 zählten die Naturfreunde fast 400 Mitglieder. Als einziger Verein der Arbeiterkulturbewegung machte er Freizeitangebote für die ganze Familie. Daher hatte er guten Zulauf.

Die „bessere Gesellschaft" fuhr bisweilen in Badeorte, um sich dort pflegen und sehen zu lassen. Hier Ernst Hirschhorn (links) mit Anna und Adolf Leoni (Tabakfabrikanten aus Mannheim) in Karlsbad, 1898.

„Alpinisten" aus Mannheim: Der SPD-Politiker Ludwig Frank (links) mit Freunden und Bergführern im Gebirge, um 1907.

Der Touristenverein „Die Naturfreunde" Mannheim auf einer Wanderung im Odenwald, 1915. *Lebensreformerisch* ist die einfache, lockere und derbe Kleidung.

Oben: Eisbahn auf dem Bellenkrappen, um 1905.

Links: Eisbahn im Friedrichspark (?). Fotografie: F. Walter.

Eislauf und Tennis

Ebenso wie Autofahren wurden Schlittschuhlaufen und Tennisspielen zunächst in vornehmen Clubs gepflegt. Der Mannheimer Schlittschuhclub war 1872 gegründet worden. Im Vorstand war wirtschaftliche und politische Prominenz vertreten (Philipp Diffené, Heinrich Lanz, Franz Thorbecke, Albert Bensheimer). 500 Mitglieder zählte der Verein 1882/83. Die Vorliebe des Bürgertums für bestimmte Sportarten verlor sich aber mit deren zunehmender Popularität: Das Schlittschuhlaufen war bald Massensport, der Club löste sich 1890 auf. Die neuen exklusiven Sportarten der Reichen waren Tennis und Autofahren. 1900 wurde der Lawn-Tennis-Club gegründet, man spielte auf dem Goetheplatz.

Tennisspiel auf dem Goetheplatz (heute Nationaltheater), um 1900 (links) und um 1905.

Verein § 11: „Kerwe-Burschen" im Hof des Reichsadlers in Seckenheim, 1910.

Geselligkeit im Verein

Je mehr Zuwanderer nach Mannheim strömten, desto rascher wuchs die Zahl der Vereinsgründungen. Vom Sport über die Musik bis zum Karneval blühte das Vereinswesen. Der Statistiker Sigmund Schott sah einen Zusammenhang zwischen dem Zuströmen *Ortsfremder* und der Zunahme der *Vereinsgeselligkeit* und interpretierte diese als den Versuch, das nun auftauchende Gefühl der Atomisierung in der Großstadt zu überwinden.[5] *Normalform der Zusammenkunft ist die Kneipe, offizieller Gegenstand der Unterhaltung die Vorbereitung der Unterhaltungen. Die Spezialformen richten sich nach der Jahreszeit: Maskerade, Ausflug, Weihnachtsfeier mit Verlosung. Jährlicher Höhepunkt im Vereinsleben ist des Vereins Geburtstag, der im Stiftungsfest die huldigenden befreundeten Vereine versammelt. Weit häufiger als die unmittel-*

baren Vergnügungsvereine sind jene, deren Geselligkeit sich an irgend eine Form der Betätigung anschließt. Diese ist freilich verschieden genug; sie kann rein konsumtiver Art sein wie bei einem Rauchklub,

nimmt aber meistens eine produktive, vor allem die musikalische Gestalt an. Auch der Sport in allen Schattierungen hat eine zahlreiche Gemeinde um sich zu versammeln gewußt.[6]

Kegelclub „Gut Holz", Neckarau, vermutlich im Garten des Goldenen Löwen, 1895. 2. von rechts, stehend: Ziegeleibesitzer Heinrich Seitz.

157

MÄNNERGESANGVEREIN

"Frohsinn" Mannheim

Präsident:
C. DEHLINGER

Musikalischer Leiter:
Hofmusikus R. LORBEER

Vorsitzender des Ehren-Ausschusses:
OBERBÜRGERMEISTER O. BECK

II. Rundschreiben

zu unserem grossen

Nationalen Gesangs-Wettstreit

aus Anlass unserer

50jährigen Jubelfeier

sowie zu Ehren des

300jährigen Stadtjubiläums

letzteres verbunden mit

Internationaler Kunst- und Grosser Gartenbau-
Ausstellung in Mannheim

Jubiläumsjahr 1907

1857 1907

FROH UNSER SINN
ZU JEDER ZEIT
JN FREUD UND LEID
ZUM LIED BEREIT

Gegründet
im Jahre 1857

Protektor:
S. Gr. H. PRINZ MAX VON BADEN

Festaufruf des Badischen Sängerbundes, 1907. Seit den vierziger Jahren des 19. Jahrhunderts schossen in Deutschland zahlreiche Gesangvereine aus dem Boden. Der Verein wurde zu einer beliebten Form bürgerlicher Geselligkeit (meist unter Ausschluß der Frauen); hier wurde nicht nur gesungen, geraucht, getrunken, sondern auch politisch räsoniert.

Karneval

Im Winter 1884/85 wurden von Arbeitern etwa 20 Narrenvereine gegründet, die einen Umzug vorbereiteten. Das Unternehmen wurde von Bürgern bereitwillig unterstützt. Später wurden auch bürgerliche Karnevalsvereine gegründet wie der Feuerio (1898). Der Umzug am Fasnachtsdienstag wurde zur festen Institution.

Sozialdemokratische Fest- und Freizeitkultur

In Mannheim, wo die SPD im Kaiserreich mehr Anhänger gewann als in irgendeiner anderen badischen Stadt, entstand eine vielfältige Arbeiterkulturbewegung. Schon 1865 war der Arbeiter- und Sängerbund Lassallia gegründet worden, dessen Vereinslokal die Weiße Taube in T 1,9 war. Der unter dem Sozialistengesetz 1878–90 verbotene Verein entstand unter dem Namen Germania als Tarnorganisation neu. In Neckarau gab es seit 1868 den sozialdemokratischen Volkschor, in Waldhof den Arbeitergesangverein Vorwärts; insgesamt zählte man 1906 acht Arbeitersängervereine mit über 1500 Mitgliedern, die den sozialdemokratischen Festen würdevollen Glanz verliehen.
Obwohl die Arbeiterbewegung die bürgerliche Klassengesellschaft überwinden wollte, übernahm sie die ästhetischen Formen und zum Teil sogar die Inhalte der bürgerlichen kulturellen Tradition. Neben dem *Arbeitermarsch* und der *Marseillaise* (!) stand auf dem Programm der Maifeier 1891 eben auch die *Cavatine* aus der Oper *Die Nachtwandlerin*, *Gebirgsklänge*, eine Polka-Mazurka, und der Walzer *Goldener Hochzeitsreigen*. Über die Eignung bürgerlicher Literatur für Arbeiter-Laienspielgruppen oder Lesehallen stritt man allerdings jahrelang – vorzüglich in der Parteispitze.
Etwas anders lag die Sache beim Arbeitersport. Hier erkannte man früh, daß der Nutzen für die Gesundheit und die Verbreitung des Sport bei den Massen wichtiger sei als Rekordleistungen einzelner. Die wichtigsten sozialdemokratisch organisierten Arbeitersportarten waren das Turnen (neben Vorortgründungen gab es seit 1897 die Freie Turnerschaft Mannheim), der Kraftsport (Arbeiter-Athletenbund seit 1886) und das Radfahren (Radfahrerverein Vorwärts, erstmals 1896 im Adreßbuch erwähnt).
„Freizeitbeschäftigung", bereichert durch Bildungsveranstaltungen und Feste, war so mit der politischen und gewerkschaftlichen Organisation verschränkt und integrierte die Parteianhänger in einen sozialdemokratischen Lebenszusammenhang. So sehr man sich dabei als Gegner der bürgerlichen Gesellschaft empfand, so sehr war hierin doch auch – durch Nachahmung – eine Einbindung in die bürgerliche Gesellschaft enthalten.

Karnevalszug 1907. Eröffnungswagen des Feuerio mit Stadtbas und Lorenz vor P 2/P 3 in den Planken.

Arbeitergesangverein Vorwärts. Mannheim – Waldhof, 1908.

Viertes Kreisturnfest der Arbeitersportler in Mannheim, 12.–14. 8. 1911.

Turnverein 1846

Der verbreitetste Sport im 19. Jahrhundert war das Turnen. Ursprünglich hatte es einen politischen Sinn: Die Turnerbünde waren Teil der bürgerlich-nationalstaatlichen Bewegung in der ersten Hälfte des 19. Jahrhunderts. Nach dem Scheitern der Revolution von 1848/49 verlor sich allmählich der ursprüngliche politische Zusammenhang, die Turnvereine blieben.

So der Mannheimer Turnverein von 1846, der in engem Zusammenhang mit der demokratisch-liberalen Bewegung in Mannheim entstanden war. Zu seinen Gründern zählte der Rechtsanwalt Gustav von Struve, der in der Revolution 1848/49 eine bedeutende Rolle spielte. Bei seiner 50-Jahr-Feier 1896 hatte er längst die freiheitlichen Bestrebungen seiner Gründungszeit mit staatstreuem Nationalismus vertauscht. Aber er hatte großen Zulauf – anscheinend vor allem aus den Kreisen junger Kaufleute und kaufmännischer Angestellter.

Der Turnverein 1846 richtete 1899 zusätzlich eine Turnerinnen-Abteilung ein, die zunächst insbesondere von berufstätigen jungen Frauen besucht wurde. Der Autor der Festschrift zum 25jährigen Bestehen der Turnerinnen-Abteilung 1899 berichtet: *Entsprechend den männlichen Abteilungen des Vereins wurden auch der neugegründeten Abteilung zwei Turnzeiten in der Woche eingeräumt, und zwar in den Abendstunden, weil die meisten Turnerinnen tagsüber Berufspflichten zu erfüllen hatten. Gerade dieser Umstand, der die Mädchen jeden Tag mehrere Stunden in meistens einseitiger körperlicher oder fast bewegungsloser Tätigkeit an einem Schreibpulte, einer Näh- oder Schreibmaschine u. dgl. in Anspruch nahm, ließ die wohltätige Wirkung der turnerischen Übungen alsbald erkennen, so daß sich die Turnerinnen mit großem Eifer und sichtlicher Freude an den Übungen beteiligten.*

Bei den Vorurteilen, die selbst in den Kreisen der Turner noch gegen das Frauenturnen vorhanden waren, mußte der Übungsstoff sorgfältig ausgewählt werden und durfte sich nur auf solche Übungen erstrecken, die nach damaligen Begriffen nicht als unweiblich erschienen, so daß wertvolle Übungen, insbesondere an den Geräten, vermieden werden mußten, wozu in der Anfangszeit das auf Schritt und Tritt hindernde Turnen im Rock nicht wenig beitrug.[7]

Anzeigenseite des Mannheimer *Generalanzeigers* 18. 7. 1886 (Ausschnitt). Das sozialdemokratische Vereinswesen war in der Zeit des Sozialistengesetzes (1878–1890) unterdrückt. Wir finden unter den Vereinsanzeigen dieser Zeit immer auch Hinweise auf Tarnorganisationen wie hier den Gesangverein Germania. Die Athletenclubs und die ihnen verbundenen *Extra-Narren*, die zu einem Waldfest einladen, gehören dem Arbeitermilieu an.

Stiftungsfest des Mannheimer Turnvereins 1846. Turner mit der 1896 neu geweihten Fahne des Vereins.

Die Turnvereins-Fahne von 1846 (rechts oben). Lyra und Eichenlaubkranz in der Mitte werden 1896 durch die Germania mit Kaiserkrone und Eichenlaubkranz verdrängt (rechts).

Eine Abteilung des Mannheimer Turnvereins 1846. Dem Turnverein gehörten viele junge Kaufleute und Handlungsgehilfen an.

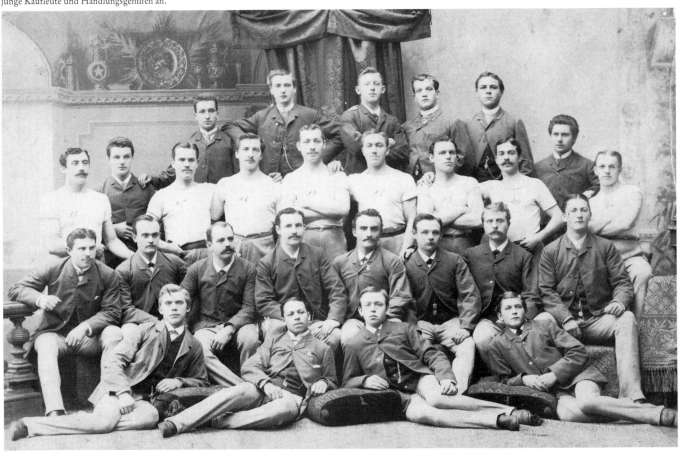

Keulengruppe des Mannheimer Turnvereins 1846, 1904.

Turnerinnenabteilung des Mannheimer Turnvereins 1846, gegründet 1899. Abteilung A, 1909.

Als es noch keinen Rasensport gab ...

Die Jugendjahre der älteren unter uns Rasenspielern fallen in jene folgenreiche Zeit, wo in unserer Vaterstadt sich gerade die Ansätze zur modernen Industrie zeigten. Uns stand als Spielplatz noch die Straße zur Verfügung, auf der in idyllischer Ruhe Gras zwischen den Pflastersteinen sprießen konnte, da von einem Straßenverkehr noch kaum die Rede war. Die Ringquadrate waren noch nicht ausgebaut, und so konnten wir uns auf dem Holzhof, am Hasengraben, in den Baumschulgärten nach Herzenslust austollen. Im Winter war die ganze Straße mit ihren zugefrorenen „Kändeln" unser Bereich, und wir „glennten und iggelten" mit sportsmäßigem Eifer. Kam der Frühling ins Land, dann wurde in den aufgetauten Kändeln mit Glickern „kihwitig gerissen und gedippelt", auf den Plätzen wurde mit großen Holzprügeln, „Hewwel" genannt, die Meisterschaft im „Steckels" ausgetragen. Treiwerles und Schlagball in einfacher Form waren ein sehr beliebter „Sport", und ebenso unermüdlich betrieb man das „Riwwer- und Niwwerfangerles", das an Ausdauer und Beweglichkeit große Anforderungen stellte. Wettreifeln mit alten Faßreifen, Radschlagen, Handlaufen waren bis zu Höchstleistungen entwickelt, die Technik des Hechtlers und Lüftlers, die Vorteile beim „Gäsels", waren dem Manne-

mer Gassebub damals so geläufig wie der heutigen Jugend die Feinheiten des tiefen Starts oder Kugelstoßens. Sogar Sportfeste – allerdings nur „Wettrenne" genannt – wurden veranstaltet mit Dauerlaufen um das „Quadrat", Wettlaufen auf der „Mittegaß", wobei Ehrenpreise wie Indianerbücher oder Münzen von irgendeinem Sänger- oder Feuerwehrfest der „Amateureigenschaft" der Teilnehmer entsprachen. Und auch damals schon – wie heute im Zeitalter des Sports – kannte die Jugend die Heldenverehrung; sie hatte ihre vergötterten Helden, deren Rekordleistungen allerdings auf anderen Betätigungsgebieten lagen als in der heutigen Zeit des Rasensports. Wie bejubelte man die Turnerfolge von Mayer und Lanius, deren Fertigkeiten die Mannheimer an der Turnhalle beim jetzigen Wasserturm bewundern konnten. Die Meister des Fahrrads oder „Velocipeds" Karl und Theodor Heß, Breitling und andere waren in aller Jungen Munde und wurden auf der Straße angestaunt, gerade wie eine heutige „Kanone". Und wer von den Alten erinnert sich nicht des deutschen Meisterruderers Jean Bungert, des muskelstarken Zimmermanns mit dem prall anliegenden Trikotanzug? „Hannes zieh!" war der damalige Sportsruf – auch beim Wettlaufen –, und wie oft haben wir im Straßenkan-

del Regatta gespielt und mit diesem anfeuernden Ruf die im Kandelwasser treibenden Holzschiffchen oder Streichhölzchen zum letzten Endspurt aufgemuntert. Und „Hannes zieh!" erscholl es hundertfältig, als Hannes seinem Heldentum die Krone aufsetzte und vor den starrenden Bubenaugen die „Wassergretl" auf den Wasserturm zog. Wir hatten schon damals die Empfindung, so ein Sportsmann ist doch ein Teufelskerl! Wenig fühlten wir aber, wie diese letzte Großtat des Hannes gleichsam einen Wendepunkt in unseren Jugendfreuden darstellte. Mit der Errichtung des Wasserturms, mit dem darauffolgenden Übergreifen der Stadt über das uns gewohnte Weichbild – eine Folge der riesigen Bevölkerungszunahme – wurde so manche Glückseligkeit unserer Jugend zerstört. Die Straßenidylle verschwand unter dem gesteigerten Verkehr, altgewohnte und vertraute Spielplätze wurden überbaut, und so wurde die noch nicht an entfernte Plätze gewohnte spielende Jugend heimatlos. Mannheim war auf dem Wege, Großstadt zu werden, mit veränderten Arbeits- und Lebensverhältnissen, die neben offenbaren Vorteilen körperliche, geistige und sittliche Schäden für das Volk und besonders die Jugend mit sich brachten.[8]

Turnhalle des Mannheimer Turnvereins 1846 im neuen
Vereinshaus Ecke Charlottenstraße/Prinz-Wilhelm-
Straße (heute Rathenau-/Stresemannstraße), nach März
1903.

Rechts Mitte und unten: Die *Turnerstaffel Hermanns-
lauf* des Turnvereins 1846 auf dem Weg zum deutschen
Turnfest in Leipzig, 1913. In der Neckarstadt, am alten
Meßplatz mit Bahnhof und Friedrichsbrücke.

Pferderennen.

Der Badische Rennverein

Der nächstälteste große Sportverein in Mannheim war der 1868 gegründete Badische Rennverein. Damals regte der landwirtschaftliche Bezirksverein an, mit dem Maimarkt verbundene Pferderennen abzuhalten. 1869 schloß sich ein Rennverein Karlsruher Offiziere an, daher nannte man sich B a d i s c h e r Rennverein. Dieser stand unter großherzoglichem Protektorat und wies einige fürstliche Ehrenmitglieder auf. Die Vorstandsämter wurden von den reichsten Männern der Stadt besetzt (Karl Jörger, August Röchling, Karl Reiß). Die Rennen wurden bis 1876 staatlich, dann städtisch und privat finanziert. Die Beteiligung von Offizieren aus der Mannheimer Garnison machte den Rennverein zu einer Institution, in der sich militärische und zivile Elite trafen.

Oben: Die gesellschaftliche Elite trifft sich auf der Rennwiese zwischen Luisenpark und Neuostheim, vor 1907.

Links: Offiziere sind Mitglieder des Rennvereins und stellen einen starken Anteil der Aktiven.
Fotografie: F. Walter.

Rückfahrt vom Rennen durch die Hildastraße (links der Luisenpark), nach 1902. Bevor das *Automobil* Statussymbol wurde, war der gesellschaftliche Rang an der Kutsche und dem Pferdegespann abzulesen.

Rudervereine

Die Ruderer waren ein besonderes Glanzlicht der Mannheimer Sportszene. Der Mannheimer Ruderclub, 1875 gegründet, stand 1904 und 1905 mit seinen Rennerfolgen an der Spitze aller deutschen Rudervereine. Erwähnt seien auch der Ruderverein Amicitia, 1876 gegründet, und die Mannheimer Rudergesellschaft von 1880, für die der Kohlengroßhändler Wilhelm Stachelhaus zusammen mit seinem Sohn Hermann 1901 einen luxuriösen Bootshausneubau stiftete.

Rechts: Der siegreiche Vierer mit Steuermann des Mannheimer Ruderclubs 1875, 1879. In der Mitte der prominente Jean Bungert, der im Einer nationale und internationale Wettkämpfe gewann und von den Mannheimern begeistert gefeiert wurde.

Oben: Oberrheinische Regatta im Mühlauhafen, um 1912. Im Hintergrund der Speicher der Mannheimer Lagerhaus-Gesellschaft. Die Ruderregatta im Mühlauhafen wurde seit 1879 alljährlich im Sommer veranstaltet.

Auch Rudern war zunächst ein Sport der oberen Zehntausend: Ernst Zechbauer, Sohn eines Schiffahrtsagenten, im Einer.

Unten: Das Ehepaar Perrey läßt sich von seinen Töchtern „spazierenfahren". Das Söhnchen ist Steuermann. Richard Perrey war Stadtbaurat und Leiter des Hochbauamtes seit 1902.

In Mannheim erschien die Radfahrerzeitung *Der Radtourist*, die in Süddeutschland verbreitet war. Bemerkenswert ist die Verbindung von Wirtschaftsinteressen (Fahrradindustrie, Touristik) mit dem Sport, der bis Mitte der neunziger Jahre ein exklusiver Spaß der Reichen war.

Die Radfahrer

Großer Beliebtheit erfreuten sich die Radfahrervereine. Solange das Fahrrad für Leute mit kleinem Einkommen unerschwinglich war – etwa bis zum Ende des 19. Jahrhunderts – war das Fahrradfahren ein exklusives Vergnügen. In seiner heutigen Form war es aus England gekommen, gleichwohl rühmt sich Mannheim, der Ort zu sein, in dem der Freiherr von Drais die Erfindung seines Laufrades gemacht hatte. Der erste Fahrradclub in Mannheim, 1882 gegründet, nannte sich Velociped-Club. Schnell vermehrten sich die Fahrradvereine. Man schloß sich überregionalen Verbänden an, wie z. B. der Allgemeinen Radfahrerunion, die v. a. in Süddeutschland verbreitet war. Seit 1886 erschien in Mannheim ein Verbandsorgan mit dem Namen *Der Radtourist*. Mannheim verfügte über eine Radrennbahn, die erst am Neckardamm, dann ab 1896 am oberen Ende des Luisenparks lag. Als die Begeisterung für das Radrennen Anfang des neuen Jahrhunderts nachließ, gab man die Rennbahn auf. Nachdem das Fahrrad allgemeines Verkehrsmittel geworden war, verlor auch der Sport an bürgerlicher Exklusivität. Der erste sozialdemokratische Radfahrerverein (Vorwärts) taucht 1896 im *Mannheimer Adreßbuch* auf.

Beliebt waren, auch in bürgerlichen Radfahrvereinen, die gemeinschaftlichen Fahrradausflüge in den Odenwald oder in die Pfalz. Auch die Frauen nahmen an diesen Unternehmungen teil. Nach einer Phase heftiger Angriffe – nach damaligem Geschmack verstießen radfahrende Frauen gegen Anstand und Sitte – hatte sich dieser Sport bei den Frauen rasch eingebürgert. Die Radfahrerin im sportlichen Kostüm stand für eine umfassende Reformbewegung zu Anfang des 20. Jahrhunderts und für zunehmende Emanzipation: Befreiung vom Korsett, Hinwendung zu körperfreundlicherer, gesünderer und freierer Kleidung, Sport, Spiel, Bewegung wurde erst jetzt so recht den Frauen zugestanden. Die Eroberung von Berufen und Ausbildungsgängen, die bis dahin Männern vorbehalten waren, half den Frauen, auch auf anderen gesellschaftlichen Feldern ein Stück Gleichstellung zu realisieren. Deutlich spiegelte sich beides in der Mode: Sowohl der Trend zu mehr *Natürlichkeit* in der Reformkleidung als auch die Annäherung der Damenmode an Herrenkleidung (Schlips und Jackett) als Ausdruck der Gleichstellung sprechen eine deutliche Sprache.

Ausflug der Tourenclubs der Allgemeinen Radfahrer-Union Mannheim und Lampertheim im Sommer 1901. Rast bei Weinheim.

Radfahrer-Ausflug in die Pfalz: Auffahrt zur Rheinbrücke am Schloß, 1900.

Eines der ganz wenigen Bilder vom sozialdemokratischen Arbeitersport in Mannheim: Radfahrerverein Solidarität Neckarau, um 1920. Die ersten sozialdemokratischen Radfahrervereine in Mannheim gründeten sich 1896 und 1898.

Bei den zahlreichen Radrennen, die in Mannheim gefahren wurden, tauchten auch solche Exotica auf: ein Dreiertandem.

Radrennen. Rechts eine Fahne des Radfahrervereins Neckarvorstadt, Mannheim.

Radfahrende Schülerinnen (vermutlich der Elisabethschule).

Die Bedeutung des Radfahrens für die Gesundheit der Frau

Es geht heute eine Bewegung durch Deutschland nicht nur, sondern durch alle zivilisierten Länder der Erde, welche auf eine höhere Stellung des Weibes hinzielt, dem Weibe nach und nach alle Berufsarten eröffnen und ihm die Gleichberechtigung gegenüber dem Manne verschaffen will. Und in der Tat hat zwar die nachchristliche Zeit im Verhältnis zum Altertum dem Weibe eine höhere Stellung zuerkannt, d.h. ihm die sklavische Abhängigkeit genommen, aber die höhere geistige Bildung (Gymnasium, Universität, Polytechnikum, Akademie etc.) ist ihm bis vor kurzer Zeit immer verschlossen gewesen.

Die heute mächtig durch die Lande flutende Frauenbewegung erstrebt nun die Erschließung der höheren geistigen Bildung für das Weib und hat es erreicht, daß wir heute nicht nur Mädchengymnasien haben, sondern daß das Weib auch in den Universitäten als Hörerin zugelassen ist.

Dagegen hat sich die Frauenbewegung um die bisher ebenso vernachlässigte körperliche Ausbildung des Weibes sehr wenig gekümmert. Und doch ist der Geist nicht nur abhängig vom Körper, als daß vielmehr der Körper das Primäre ist und sich den Geist erst schafft. [...] Ja, man könnte mit Recht sagen, daß für das Weib die Frage des Gesundheitszustandes um dessentwillen noch viel wesentlicher ist als für das männliche Geschlecht, weil das letztere vom Weibe erst auf die Welt gebracht wird.

Daß nun die Erziehung des Weibes nicht nur in geistiger, sondern ebenso in körperlicher Beziehung zu allen Zeiten der des Mannes wesentlich nachstand, lehrt ein Blick auf die Geschichte. Körperliche Übungen und Erholungen waren zu allen Zeiten ein Privilegium des Mannes [...]

So ist es denn gar nicht zu verwundern, daß mit der Zeit die Gesundheit und Körperkraft des Weibes immer hinfälliger wurde, wie das weibliche Geschlecht denn auch heute noch den wenig schmeichelhaften Beinamen „das schwache Geschlecht" hat. Und manche Ärzte behaupten, daß das Weib von heute als solches ganz im allgemeinen eine schwache – um nicht zu sagen kranke – Lunge habe. Die weibliche Nervosität ist bekannt genug. Dazu kommen die Frauenkrankheiten und die zunehmende Unfähigkeit, leichte Geburten zu erzielen.

Daß diese Übelstände mit der Vernachlässigung der körperlichen Erziehung zusammenhängen, liegt auf der Hand. Ein Mensch, der den ganzen Tag in der Stubenluft sitzt und wirtschaftet, höchstens einmal spazieren geht, das Theater besucht und tanzt, muß elend werden, ob er nun ein Mann ist oder eine Frau. Auch das Weib hat einen Körper, der gestählt sein will; auch das Weib hat Glieder und Gelenke, die geübt sein wollen; auch das Weib hat eine Lunge, die durchgearbeitet sein will. Das Tanzen

Cläre Toni Hirschhorn im modisch-sportlichen Kostüm, Herrenmode nachahmend, 1900. Noch traut sie sich nicht, Pluderhosen zu tragen, wie sie selbstbewußtere Radfahrerinnen bereits anzogen.

für sich allein macht hektisch, das Promenieren genügt nicht, und das Wirtschaften ersetzt nicht die Bewegung in der frischen Luft.

Manche Frauen werden vielleicht denken, daß das letzterwähnte „Arbeiten in der Wirtschaft" völlig genüge zur Übung und Stählung des Körpers, ja sogar eine gänzliche Durcharbeitung des Körpers zuwege bringe. Aber worin besteht denn dieses Wirtschaften? Im Waschen, Putzen, Scheuern, Fegen, Plätten, Sticken, Nähen etc. Das „vor dem heißen Ofen stehen und den Kochlöffel rühren" kommt hier nicht in Betracht, eigentlich auch nicht das Nähen, Sticken, Stopfen, denn wir reden hier von körperlicher Übung, welche wirklich einigermaßen ausreichend den Körper beschäftigt. Jene eben genannten Tätigkeiten aber beschäftigen, abgesehen von dem Mangel an frischer

Luft, nur den Oberkörper, die Arme und Hände, während der Unterkörper, die Beine und Füße sehr wenig in Betracht kommen. Und selbst wenn es der Fall wäre, käme doch auf diese Weise nicht die nötige frische Luft in die Lungen als vielmehr Küchenluft und Küchenstaub. Und die unverheirateten Frauen und die Frauen höherer Stände entbehren auch noch dieser körperlichen Übung des Wirtschaftens. Sie arbeiten entweder nur geistig oder nur mit den Händen (Sticken, Klavierspielen etc.) oder überhaupt nicht. Das Ende vom Liede ist, daß sie hysterisch werden. Gegen alle diese Gebrechen gibt es aber nun ein probates Mittel, das dem weiblichen Geschlecht sowohl die frische Luft als die nöthige Bewegung, namentlich in Bezug auf den Unterkörper, Beine und Füße, verschaffen kann und das ist das Radfahren. [...]

Automobilkorso in Mannheim. 1903. Der Schmuck des Wagens ist das wichtigste: Hier der mit dem 1. Preis ausgezeichnete Wagen von Peter Daßmann.

Moderne Automobilkleidung: Da die Wagen offen und die Insassen Wind und Wetter ausgesetzt waren, empfahl man Vermummung. Aus: *Der Automobilist,* 1903.

Frau E. Neidig fährt ihre Söhne im Neckarauer Waldpark spazieren, 1903.

Der Automobilsport

Carl Benz hatte 1886 in Mannheim – ungefähr zur gleichen Zeit wie Gottlieb Daimler in Stuttgart – ein Automobil, eine selbstfahrende Kutsche, entwickelt. Nachdem die Anfangsschwierigkeiten überwunden waren, wurde das Autofahren zum Sport weniger, die sich ein solches Vehikel leisten konnten. Ab 1899 organisierten sich die „Fans" und Mitarbeiter des Automobilkonstrukteurs Karl Benz im Rheinischen Automobilclub Mannheim (RAC). Erster Präsident war Benz' Sohn Eugen. Als Beilage zum *Radtourist* erschien nun seit 1899 *Der Automobilist.* Die dort veröffentlichten Artikel lesen sich manchmal nicht nur „komisch"-fremd, sondern auch höchst aktuell.

Seit den beklagenswerten Unfällen, die auf der Fernfahrt Paris–Berlin sich leider ereigneten, hat das Publikum, das früher solchen Vorkommnissen ziemlich apathisch gegenüberstand, aber heute infolge des ewigen Scheltens auf das Automobil und des ganz ungerechtfertigten Beschuldigens der Automobilfahrer durch die sportsfeindliche Presse aufgehetzt ist, gegen die Automobilisten eine merkwürdige, unverständliche Abneigung ergriffen, und jede Kollision, jedes Unglück wird ohne irgendwelche Untersuchung den Automobilen in die Schuhe geschoben und den Fahrern als Verschulden angerechnet.

Aber auch folgendes war im *Automobilist* zu lesen. *Je ernstlicher man einer vernünftigen, heilsamen, verkehrfördernden Schnelligkeit zustrebt, um so ernstlicher muß man sich gegen die wahnwitzige, zwecklose und bedrohliche Hetzjagd wenden.*

Der schwere Automobilunfall, bei dem Graf Zborowski seinen Tod fand, und die Rennschnelligkeiten von Paris nach Bordeaux werden in den Blättern immer noch lebhaft erörtert. Man erinnert auch daran, daß in der Pariser Gesellschaft für Psychologie eine Anzahl bedeutender Gelehrter über den „Schnelligkeitswahnsinn" diskutiert haben, indem sie darin eine krankhafte Erscheinung sehen, die eine gewisse Ähnlichkeit mit dem Morphinismus und dem Alkoholismus hat. „Wer in der Lage ist, seine Schnelligkeit nach Belieben zu vergrößern, wird einzig von den intensiven Eindrücken, die er darüber empfindet, beherrscht", sagt Dr. Hachet-Souplet. „Er hat keine Gewalt mehr über sich, er ist berauscht! Dann entstehen in ihm Gefühle, die er in normalem Zustand nicht hat, der Hochmut, die Streitsucht, der Haß, der Zorn, die Boshaftigkeit, die Gewalttätigkeit."[10]

Der Automobilist

Internationale illustr.
Fachzeitschrift für die Gesammtinteressen
des Automobilsportes
und der Automobilindustrie.

Offizielles Organ des Breisgauer Automobilclub Freiburg,
der Vereinigung sächsischer Automobilbesitzer in Dresden,
des Schweizer Automobilclub (für Deutschland), Genf
des Veins der Automobilführer Oesterreichs (für Deutschland),
Organ des Fränkischen Automobilclub Nürnberg.
• • • Organ des Rheinischen Automobil-Club. Mannheim. • • •

No. 27.   Mannheim, 8. Januar.   **1903.**

Unsere Mannheimer „Chauffeuse".

Wer sollte sie noch nicht gesehen haben, die jugendliche, zarte und hübsche Motorwagenlenkerin, wenn sie mit Verve und Chic ihren eleganten Wagen durch die Straßen steuert, wenn sie mit Umsicht und Energie im Fuhrwerksgewühle ihr Fahrzeug über die enge vollgestopfte Neckarbrücke leitet, oder mit großer Geschwindigkeit in der Umgegend Mannheims die Straßen durchfährt. „Fräulein" redet sie ihrer zierlichen Gestalt halber der Fremde an und dankend quittiert sie dafür, obgleich ein freundlicher Gatte und der zarten Sprößlinge vier ihr eigen. Seit geraumer Zeit schon hat sie der Herr und Meister ihres Hauses in die Geheimnisse des Autelns eingeweiht und in ihr eine so gelehrige, dankbare und verständige Schülerin gefunden, daß sie fast stets ohne die Begleitung ihres Mannes den Wagen lenkt.

Ein allerliebstes Bildchen der mutigen Autlerin können wir heute unseren Lesern bieten und besonders unsere verehrten Leserinnen mögen es sich eifrigst beschauen und nachahmend streben. Trotz Eis und Schnee findet die allsonntägliche Ausfahrt statt und nichts kann der kleinen Frau

Frau E. Neidig, Mannheim auf ihrem Luxwagen.

mehr Freude machen, als mit ihrem „Luxwagen", den sie, wie schon bemerkt, meisterhaft selbst im dichtesten Gewühl der Stadt zu steuern versteht, im Tempo von „45" nach dem Odenwald, dem Hartgebirge, der alten Kaiserstadt u. s. w. dahinzusausen und mit Stolz spricht sie von einer der letzten Fahrten, bei welcher sie, obwohl es bitter kalt und der Wagen mit Reif bedeckt, in 25 Minuten nach Heidelberg (ca. 20 Km.) töffte.

Aber auch an schönen Sommertagen ruht der Sport selbstredend nicht, nur ist der Wagen alsdann voll besetzt und zwar Mama am Steuer, die 4 hoffnungsvollen Sprößlinge als Passagiere. Groß ist die Freude der Kleinen bei diesen Fahrten in die nähere Umgebung Mannheims.

Möge die tapfere kleine Frau helfen den Weg zu ebnen, auf daß wir im künftigen Jahre noch manches Gefährt dahinrollen sehen geführt von schönen Händen.

Die ehemalige schwere Behandlungsweise des Automobils ist jetzt ja ziemlich gehoben und auch ein Steckenbleiben sowie die unleidlichen Reparaturen unterwegs ausgeschlossen, wie dies die vielen Allein-Fahrten, die Frau N. mit den beiden seither von ihr gesteuerten Wagen der Luxwerke in Ludwigshafen a. Rh. gemacht, beweisen, es sei denn, daß dem Schnauferl das Benzin ausgehe. Dazu wird es aber bei der aufmerksamen Chauffeuse nicht kommen, denn sie wird wie auch ihre Kollegen männlichen Geschlechts vor der Abfahrt ihrem Wagen die entsprechende Wartung widmen.

Heute schon sind wir zu einer gemütlichen Fahrt im kommenden Frühjahr eingeladen, — auf das Vergnügen zur Winterszeit haben wir dankend verzichtet. —

Schön wirds aber dann und wir werden gerne davon an dieser Stelle erzählen. Bis dahin vielen Dank und „Auto Heil" freundliche Lenkerin und ein fröhliches „Töff, töff" zum neuen Jahre.

Noch einmal Frau Neidig, die berühmte Mannheimer *Autlerin*. Bemerkenswert ist die herablassende Würdigung durch den *Automobilisten*.

Athleten-Club Mannheim, gegr. 1886.

Mannheimer Athletenclub Neckarvorstadt, gegr. 1893, 1903.

Mannheimer Athleten-Club Schwetzingervorstadt, gegr. 1892, 1907. Dieser Verein ging wohl aus dem 1886 gegründeten Athleten-Club Mannheim hervor.

Kraftsport

Zwischen 1884 und 1893 gründeten sich in Mannheim mehrere Athleten-Clubs. Ringkampf, Gewichtheben und Kugelstoßen gehörten zu den sportlichen Betätigungen. Auf den sorgfältig zusammengestellten Tableau-Fotografien sieht man auch akrobati-sche Kunststücke. Die Vereinsvorstandsmitglieder waren sämtlich Facharbeiter, oft aus dem Baugewerbe. Bilder des sozialdemokrati-schen Arbeiter-Athletenbunds waren uns leider nicht zugänglich.

Der „Akrobat" J. Münch (rechts). *Im Eisenhammer,* 1907.

Im Eisenhammer

Wettschwimmen im Neckar vor dem Straßenbahndepot Collinistraße; ganz links die Reformschule (heute Lessing-Gymnasium). Nach 1907.

Im Rheinschwimmbad für Frauen auf dem Lindenhof, zwischen 1914 und 1918.

Männerbadeanstalt im Rhein auf dem Lindenhof. 2. von links: Ernst Zechbauer.

Fußball und Leichtathletik

Fußballspielen verbreitete sich zuerst unter den Kindern des Bürgertums. Die Realschüler und Realgymnasiasten hoben es in Mannheim 1893 aus der Taufe. Man folgte damit englischem Beispiel – ein Grund für die Nationalgesinnten, diesen Sport als nicht vaterländisch mal mehr, mal weniger zu verunglimpfen. In den neunziger Jahren wurden zahlreiche kleine Fußballclubs gegründet, die bald wieder eingingen. Längeren Bestand hatte als erste die Mannheimer Fußballgesellschaft 1896, die sich 1911 mit dem MFC Viktoria und der MFG Union sowie zwei weiteren Vereinen zum VfR, dem Verein für Rasenspiele, zusammenschloß.

In der Mannheimer Fußballgesellschaft 1896 hatten sich Schüler und Ehemalige der Realschule und des Realgymnasiums zusammengefunden. Eine Vereinsgründung von Jungen aus ärmerem Milieu war anscheinend die Gründung des Mannheimer FC 1908 Lindenhof: Die Chronik berichtet, die Lindenhöfer Jungen hätten mit einem aus Lumpen zusammengebastelten, allenfalls mit einem Gummiball gekickt. Erst nachdem Ersparnisse gemacht wurden, konnte ein richtiger Ball für 6 Mark gekauft werden. Man spielte auf der sogenannten Lanzschen Wiese hinter dem Heinrich-Lanz-Krankenhaus.

Der Vorschlag des 1899 gegründeten Mannheimer Fußballvereins, den gehobenen sozialen Charakter des Fußballspiels dadurch zu erhalten, daß nur *Amateure im Sinne der Rudervereine, also Gehaltsempfänger oder Leute mit dem Einjährigenzeugnis*[11] zugelassen werden sollten, konnte sich nicht durchsetzen. Der Verein, der diesen Vorschlag gemacht hatte, ging bald darauf an Nachwuchsmangel zugrunde. Jedoch scheinen die *Rasensportvereine* in jener Zeit überwiegend aus kaufmännischen Angestellten und jungen Kaufleuten bestanden zu haben.

Bei den meisten Vereinen trat neben das Fußballspiel die Leichtathletik. In der Jubiläumsschrift des VfR zum 25jährigen Bestehen (1921) wurde auch die wichtige Rolle des Geselligen betont: Stiftungsfeste, Kommerse, Einladungen gegnerischer Vereine, sonntägliche Spaziergänge und Ausflüge, *Gemütlichkeit* und *Humor* gehörten dazu wie die wöchentlichen Trainingsstunden.

Erst 1907 wurde der *Rasensport* offiziell anerkannt, als auf Initiative des Stadtschulrats Sickinger hin ein Spielfest der Schulen auf dem Rennplatz abgehalten und danach ein Spielnachmittag an den Schulen obligatorisch eingeführt wurde. Die Spielfeste fanden 1911 und 1912, wiederum unter Leitung Sickingers, auf der Reißinsel statt.

Erster eingezäunter Sportplatz des Sportvereins Waldhof neben der Waldhofschule an der damaligen Endhaltestelle der Straßenbahn, nach März 1911.

Fußballclub Phönix, Jugendmannschaft, 1915.

Unbekannter Mannheimer Kicker, um 1905.

Spielfest für Jungen auf der Reißinsel, 10. 7. 1911. *Reitergefecht* (zeitgenössische Bildunterschrift).

Die Spielfeste auf der Reißinsel

1911 und 1912 veranstalteten die Geschwister Reiß Spielfeste für die Mannheimer Schüler. Im Sommer 1912 waren Mädchen eingeladen, ein Jahr vorher Jungen, und zwar die Achtkläßler der Volksschulen und der Bürgerschule.

Die im Nachlaß der Geschwister Reiß enthaltenen Alben, die zur Erinnerung an die Spielfeste mit Fotografien und Zeitungsartikeln zusammengestellt wurden, vermitteln einen Eindruck davon, wie hier Sport, Spiel und politische Erziehung verknüpft wurden. Nicht nur, daß im Namen aller Versammelten dem badischen Großherzog und seiner Mutter Luise Grußtelegramme geschickt und am Ende das damals *Volkshymne* genannte Lied *Deutschland, Deutschland über alles* und die badische Hymne *(Heil Friedrich unser Großherzog)* gesungen wurden, sondern Karl Reiß definierte auch den Zweck des (Jungen-)Festes in seiner Begrüßungsrede politisch: *Das Fest sei für die Buben dazu da, um sie anzuspornen, ihre Kraft zu stählen, damit sie tüchtige Männer werden und das Vaterland, wenn es nottut, erfolgreich verteidigen können. Sie sollen ihr Heimatland liebgewinnen und niemals auch nur einen Fingerbreit vaterländischen Boden preisgeben.*[12] Der Sport hatte also zumindest für die Jungen einen patriotischen Sinn. Allerdings diente er nicht mehr wie zu Zeiten Turnvater Jahns einer fortschrittlichen Nationalstaatsbewegung, sondern einer Militarisierung des Lebens, die mit der imperialistischen Politik des Deutschen Reiches eng verknüpft war.

Seilziehen (zeitgenössische Bildunterschrift).

Fassung von Wurst, Bier und Bretzel (zeitgenössische Bildunterschrift). *Fassung* ist ein militärischer Ausdruck für „in Empfang nehmen".

Rechte Seite
Oben: Spielfest für Mädchen auf der Reißinsel, 6. 7. 1912. Festreigen.

Mitte: Ballspiel. Weiße Kleider und Schleifen im Haar bringen zum Ausdruck, was man von weiblichen Bewegungsspielen traditionell erwartete: Die Mädchen sollten sich nicht dreckig machen und Haare und Kleidung nicht zerzausen.

Unten: Hochsprung. Hier sind erste Ansätze zum „Sport" zu sehen: Die Mädchen tragen bequemere und praktischere Kleidung (Pumphosen).

Schillerfeier am 9. Mai 1905 zum 100. Todestag des Dichters, dessen *Räuber* in Mannheim 1782 uraufgeführt worden waren. Am Vormittag versammelte sich die Schuljugend vor dem Nationaltheater auf dem Schillerplatz. Fotografie: G. Tillmann-Matter.

Das Mannheimer Hof- und Nationaltheater

Das Mannheimer Nationaltheater erlebte gleich in den ersten Jahren nach seiner Gründung 1779 eine wenn auch kurze Blütezeit. Zum Höhepunkt wurde am 13. Januar 1782 die Uraufführung der *Räuber*, des Sturm-und-Drang-Dramas des jungen Friedrich Schiller, der wenig später aus württembergischem Militärdienst in die vom Hof verlassene kurpfälzische Hauptstadt floh. Man mag diese spektakulären Ereignisse gleichsam als Vorspiel sehen zu der bürgerlich-revolutionären und demokratischen Tradition, die sich in Mannheim im 19. Jahrhundert herausbildete.

1839 war das *Großherzoglich-Badische Hof- und Nationaltheater* – so hieß es weiterhin, obwohl Mannheim keine Residenzstadt mehr war – das erste in Deutschland, das in städtische Regie übernommen wurde. Ein Dreierausschuß aus angesehenen Bürgern, das *Hoftheater-Komitee*, verwaltete das Theater, und die künstlerischen Leiter waren von ihm abhängig. Diese Konstruktion gab Anlaß zu vielen Konflikten und Skandalen, die die Gemüter bewegten. Nach 1889 wurden der neugeschaffenen Intendanz mehr Rechte gegenüber der Theaterkommission eingeräumt. Unter den ersten Intendanten war mit August Bassermann (1895–1904) übrigens ein Mitglied einer der prominentesten Mannheimer Familien.

Mannheim besaß ein begeisterungsfähiges Publikum, das intensiv am Theaterleben teilnahm – manchmal beteiligte es sich mit eigenen „Produktionen", was viel Anlaß zu Spott und Karikatur abgab. Christoph Martin Wieland hat dem Theaterpublikum Mannheims in den *Abderiten* ein Denkmal gesetzt.[13]

Das Nationaltheater war ein Treffpunkt des gehobenen Bürgertums. Eine Auflistung der ständigen Theaterabonnenten seit 1870 enthält unter den Logeninhabern alle bedeutenden Namen der Mannheimer und Ludwigshafener Wirtschaft.[14] *Die Loge im Theater, der Sitz im Akademiekonzert, die Bude im Wohltätigkeitsbasar drücken die gesellschaftliche Rangstufe aus*[15], schrieb Stadthistoriker Friedrich Walter im Rückblick.

Aber das theaterbegeisterte Publikum war bei weitem nicht auf das gehobene Bürgertum beschränkt, sondern bestand zumindest auch aus Kleinbürgern. Zahlreiche Anekdoten, deren Aussagekraft nicht überschätzt werden darf, erzählen von der Teilnahme der „kleinen Leute" am Theaterleben, von dem Theaterverständnis der Marktfrau Herrmann oder dem Dienstmädchen, das von der Herrschaft einen freien Abend in der Woche forderte, um ins Theater gehen zu können. Bemerkenswert ist die Einführung billiger Volksvorstellungen bereits seit der Spielzeit 1877/78 (der Sperrsitz zu 1 Mark, die Galerie zu 20 Pfennig).[16]

Für die wilhelminische Ära besonders typisch war der Wandel im musikalischen Geschmack auf dem Gebiet der Oper. 1872 nahm Hofkapellmeister Vincenz Lachner nach 36jähriger Tätigkeit am Nationaltheater seinen Abschied. Er war Begründer und Dirigent von verschiedenen Chorvereinigungen gewesen, u.a. der Liedertafel. Am

Margaretha Brandes, Opernsängerin am Hof- und Nationaltheater in Mannheim (1905–1910), als Brünhilde in Wagners *Ring des Nibelungen*.

Einweihung der von Johannes Hoffart geschaffenen Wagner-Büste am Hause der Musikalienhandlung Heckel in O 3, 10 am 25. 9. 1887. Der Geschäftsinhaber Emil Heckel hatte 1871 in Mannheim den ersten Wagner-Verein gegründet.

Theater hatte er Opern von Mozart, Meyerbeer, Lortzing u. a. einstudiert, und schließlich auch von Richard Wagner. Wagner jedoch war ihm ein Greuel gewesen. Lachners Abneigung gegen Wagner wurde damals von den Mannheimern als reaktionär empfunden, galt Wagner doch als Vorreiter der Moderne. Lachner geriet in zunehmenden Gegensatz zur anwachsenden Wagner-Gemeinde in Mannheim, deren Kopf die Familie Heckel war. Der Musikalienhändler Emil Heckel war der Begründer des ersten deutschen Wagnervereins (1871). Seit den achtziger Jahren beherrschte Wagner unangefochten den Opern-Spielplan. War Schiller der bei weitem beliebteste Dramatiker, so war Wagner der mit noch größerem Abstand meistbesuchte Opernkomponist.[17] Musikalisch war Wagner zweifelsohne ein Avantgardist. Zugleich schuf er jedoch dem wilhelminischen Bürgertum den musikalischen Ausdruck für seine gigantomanischen Träume. Der Rückbezug auf germanische Mythen und die Stilisierung des deutschen Mittelalters verbanden den Nationalismus mit Blut- und-Boden-Ideologie. Zudem war Wagner ein glühender Antisemit, und es gehört zu den besonderen Zynismen der Geschichte, daß gerade der berühmte Dirigent Hermann Levi – aus jüdischer Familie, ein Schüler Vincenz Lachners und Bruder des Mannheimer Bankiers und Brahmsfreundes Lindeck – Wagners Werke dem Publikum nahebrachte.

Postkarte zur Erinnerung an die Einweihung des Rosengartens 1903 mit der Ankündigung des Musikfestes. Die beliebtesten Komponisten der Mannheimer sind verewigt, im Vordergrund Beethoven und Wagner, sowie Hofkapellmeister Langer und Generalmusikdirektor Mottl.

Wagner-Opern aus kindlicher Sicht

Ich las als Kind gern und viel und am liebsten das, was am weitesten vom Alltag entfernt war [...] Als wir älter wurden und sexuelle Aufklärung suchten, gingen wir bei Abwesenheit meiner Mutter an den Bücherschrank und lasen die Bibel und das Konversationslexikon. Der Bücherschrank hatte eine abschließbare Abteilung, in der meine Mutter die Bücher aufhob, die wir nicht lesen sollten;
[...] aber wir wußten, wo der Schlüssel war. So habe ich auch Strindberg kennengelernt, besonders „Fräulein Julie". Wir freuten uns immer, wenn meine Mutter zu Gesellschaften ging oder ins Theater, besonders am Sonntag, und vor allem dann, wenn „Tristan und Isolde" oder die „Walküre" gegeben wurden und wir damit rechnen konnten, daß sie fünf Stunden fortblieb. Das war meine erste Beziehung zu Wagner.[18]

Das Ensemble einer *Meistersinger*-Inszenierung am Nationaltheater, um 1910.

179

Das Apollo-Theater G 6, 3, 1935. Eine Aufnahme aus früherer Zeit steht nicht zur Verfügung.

Das Apollotheater

Das Angebot der *Gastierbühne* in G 6, 3 reichte von Schauspiel, Operette, Konzerten aller Art bis zum Varieté, Cabaret und Film. Auch Akrobaten, Ringkämpfer und „Frackhumoristen" traten auf. Daneben bot das Apollo, das von 1897 bis 1935 bestand, auch Versammlungen Raum wie z. B. dem Parteitag der SPD 1906.

Innenaufnahme Apollo-Theater, vor 1906.

Apollo=Theater · im Goldsaal

Donnerstag, den 23. November 1905, abends 7½ Uhr

Aufführung zu Gunsten der deutschen Krieger in Süd=West=Afrika

□□ Direktion: Anna Reiß □□

---

1. Prolog . . . . von Bertha Julius Hofmann

Gesprochen von Toni Wittels

2. Meditation . . . . von J. S. Bach

Arrangiert von Ch. Gounod und Albert Tottmann

Soli:

Gesang . . .	{ Pauline Herrschel	Harmonium . . .	Babette Max
	Herta Klopfer	Harfe	
Violine . . .	Hans Schuster	Klavier . . .	Lulu Nestler

Damenchor

---

3. Kurmärker und Picarde

Genrebild mit Gesang in 1 Akt von Louis Schneider

Personen:

Marie, Pächterin in einem Dorfe der Picardie . . . . Alma Hofmann
Friedrich Wilhelm Schulze, Landwehrmann . . . . Alexander Kökert

Ort der Handlung: Frankreich — Zeit: Das Jahr 1815

---

4. Ein Schulstündchen

Dramatischer Scherz in 1 Akt — Leiter der Aufführung: Emil Hecht

Personen:

Der Lehrer	Emil Hecht	Carl {	Hermann Mohr
Bienchen }	Anna Ladenburg	Fritz } Schüler . . .	Otto Mohr
Luise } Schülerinnen {	Maria Ladenburg	Georg }	Hermann Mayer
Clara }	Elfe Schlinck	Kätche Essigschmidt . . .	Lore Benckiser
Paula }	Lina Mohr		

▮ PAUSE ▮

---

5. Nach der Tanzstunde . . . . . von Erik Meyer=Hellmund

Mella Smreker — Agathe Lochert

Eine Benefizveranstaltung 1905 für die *deutschen Krieger in Südwestafrika*, die mit der Niedermetzelung des Herero-Stammes beschäftigt waren. Unter den Aufführenden sind zahlreiche Namen des nationalliberalen Bürgertums, Söhne und Töchter von Fabrikanten und Bankiers; die Direktion hatte Anna Reiß.

Der Saalbau, N 7, 7, vor 1906. Erbaut 1873–75 für Zirkusvorstellungen, wurde er 1880 mit Mitteln einer eigens gegründeten *Saalbau-Aktiengesellschaft* zum Konzert- und Vergnügungsetablissement ausgebaut. Seit 1895 war der Saalbau ständiges Varieté und gleichzeitig größtes Versammlungslokal in Mannheim bis zur Fertigstellung des Rosengartens 1903. 1911 wurde ein Kino mit 2000 Sitzplätzen eingerichtet. 1917 brannte der Saalbau vollständig nieder.

Das Kinematographentheater

Mannheim war schon vor dem Ersten Weltkrieg eine Kinostadt. 1906 war das erste Lichtspielhaus in P6, 20 in der ehemaligen Münze eröffnet worden. Es wurde von einer der ersten großen Filmgesellschaften gegründet, der Projektions A.-G. Union mit Sitz in Frankfurt a. M., die wiederum mit Mannheimer Kapital entstanden war: Zu den Gesellschaftern gehörte u. a. das Mannheimer Bankhaus Hohenemser. Es folgten weitere Kinogründungen in H1 (*Weltbio*) und K1 (der *Volkskinematograph*). In der Neckarstadt entstanden bald vier Kinos, am berühmtesten davon war das *Müllerle* (nach seinem Besitzer so genannt) in der Mittelstraße 41. Auch Sandhofen und

Waldhof besaßen schon vor dem Ersten Weltkrieg eigene Lichtspielhäuser.

Das Kino war für die Unter- und Mittelschichten willkommene Erholung und Abwechslung. Die Faszination der *bewegten Bilder* war groß. Freilich war ein damaliger Film maximal 100–150 m lang, und es wurden daher bis zu 20 bei einer Vorstellung angeboten.

Der Tonfilm war noch nicht geboren, aber man präsentierte *Tonbilder:* Die Musik wurde mit Grammophon dazu gespielt. Die Stummfilme wurden ebenfalls vom Grammophon, von einem Klavierspieler oder mit der Kinoorgel begleitet, auf der sich die nötigen Geräusche – Donner zum Beispiel –

hervorbringen ließen. Übrigens gab es schon damals aktuelle Dokumentarfilme, aus denen sich die spätere Wochenschau entwickelte.

Im Ersten Weltkrieg wurde der Film als Propagandamittel entdeckt. Im *Müllerle* fand die Erstaufführung des Kriegsfilms *Sturmeszeichen*, etwa ein halbes Jahr nach Kriegsausbruch, statt. Der Film war 600 m lang! Das Lichtspielhaus soll sieben Tage lang „gestopft" voll gewesen sein. Nun wurden die Kinos *dienstverpflichtet* und mußten an einem Tag in der Woche für den Heimatdienst kostenlos Propaganda- und Aufmunterungsfilme zeigen.

Das Varieté in der Vorstadt: Colosseum-Theater, Waldhofstraße 2, der Vorläufer des heutigen Capitols in der Neckarstadt. Das Colosseum war 1897/98 erbaut worden. Es fungierte als Varieté und als Tanzsaal. 1916 wurde es zum Kino umgewandelt.

Das erste Mannheimer Kino in der Alten Münze in P 6, 20, 1907.

Die Kunsthalle, 1907. Erbaut 1906. Architekt: Hermann Billing, Karlsruhe.

Das fchöne und wirkungsvolle
SCHAUFENSTER

Einige Leitfätze für die Teilnehmer an der Fenfterfchau der Mannheimer Maifeftwoche.

Herausgegeben von der Leitung des Freien Bundes.

Die folgenden Ausführungen sind dazu bestimmt, den Mannheimer Detailkauf= leuten, die sich an der Fenfterfchau der Maifeftwoche beteiligen möchten, Auffchluß da= rüber zu geben, nach welchen Gefichtspunkten fie ihre Schaufenfter in einer zugleich zweckent= fprechenden und künftlerifch befriedigenden Weife einrichten können. Gefchmackvoll dekorierte Schaufenfter find in Mannheim auch bisher durch= aus nichts feltenes gewefen. Wer fich an ihnen ein Beifpiel nimmt und zugleich die in diefem Merkblatt gegebenen allgemeinen Grundfätze beherzigt, wird fich an der Fenfterfchau mit Erfolg betei= ligen. Denn es muß gleich zu Beginn mit allem Nachdruck hervorgehoben werden, daß ein mit künftlerifchem Gefchmack eingerichtetes Schau= fenfter durchaus nicht befonders reich und außer= gewöhnlich koftbar ausgeftattet zu fein braucht. Niemand follte auf die Teilnahme an der Fenfter= fchau verzichten, weil er glaubt, daß feine Mittel nicht ausreichen. Denn auch das einfachfte, be= fcheidenfte Schaufenfter kann eben durch die fchlichte Sachlichkeit feines Inhaltes oft eine ver= fchwenderifche Anhäufung von Dekorationen übertreffen.

I. Welche Vorteile bietet ein künftlerifch geftaltetes Schaufenfter?

Wer fein Schaufenfter künftlerifch richtig auf= baut, hat es auch kaufmännifch wirkfam geftaltet. Zweckmäßigkeit deckt fich hier durchaus mit Schönheit. Der Zweck des Schaufenfters aber ift ein zwiefacher:

1. Dem Publikum mitzuteilen, was überhaupt im Laden verkauft wird und

2. ihm die guten Eigenfchaften der Waren und des Gefchäftes, als da find Solidität, Reich= haltigkeit, Fortgefchrittenheit, Feinheit, Lei= ftungskraft und Großzügigkeit (,,Kulanz") recht eindringlich zu veranfchaulichen.

Durch folche Vorftellungen wird das Ver= trauen des Käufers gewonnen und feine Kauf= luft gereizt. Sie laffen fich aber nur durch fchöne, gefchmackvoll=gediegene Darftellung erreichen. Roh fenfationelle, alfo unkünftlerifche Reklame= mittel erfchöpfen fich rafch. Der weitfichtige Kauf= mann wird fich ihrer nicht bedienen, denn ihm kommt es weniger darauf an, einen Augen= blickserfolg davon zu tragen, als vielmehr einen Ruf von wirklicher Dauer zu begründen. Zu=

Broschüre des Freien Bundes zur Einbürgerung der Bildenden Kunst, 1913. In den Ratschlägen zur Schaufenstergestaltung kommt die Konzeption des Bundes, die Kunst auf die Gestaltung des öffentlichen und privaten Lebens Einfluß nehmen zu lassen, zur Geltung.

Der große Oberlichtsaal in der Kunsthalle, 1907.

Die Kunsthalle

Die 1906 erbaute Kunsthalle erhielt erst nach dem Ende der im Rahmen der Feierlichkeiten zum Stadtjubiläum 1907 gezeigten Ausstellung eine Konzeption, auf die wesentlich der 1909 als Leiter berufene Fritz Wichert Einfluß nahm. Zu den Vorstellungen Wicherts gehörte die Verpflichtung der Kunsthalle auf die Pflege der *wertvollen* Werke der modernen Kunst. Die erste Ausstellung zeigte Meisterwerke der französischen Malerei des 19. Jahrhunderts. Die Aufgabe des modernen Kunstmuseums wurde darin gesehen, durch Vorbilder Anregungen zu geben, den Kunstmarkt zu *demonstrieren* und damit zu fördern, dem Gemeinwesen zu Ruhm und Anerkennung zu verhelfen und ihm durch seine Anziehungskraft auch wirtschaftliche Vorteile zu bringen.

Das letztere erforderte eine gewisse Spezialisierung auf Gegenstände, die in der größeren Region nicht zu sehen waren. Ein erfolgreicher Schritt in diese Richtung war der Ankauf des Manet-Gemäldes *Die Erschießung des Kaisers Maximilian*, die der Mannheimer Kunsthalle das Lob Max Liebermanns einbrachte.

Das Museum übernahm eine aktive Rolle in der Schaffung eines Mannheimer Kunstmarktes, indem die ausgestellten Bilder verkäuflich waren und die Käufer mit Gutachten beraten wurden. Tatsächlich beteiligte sich das reiche Mannheimer Bürgertum recht intensiv daran. Auch umgekehrt kamen Anregungen von seiten der kunstliebenden und vermögenden Bürger. Die Familien Lanz und Röchling zum Beispiel erwarben aus einer privaten Sammlung in Budapest wertvolle Stücke, die sie zur Ausschmückung ihrer Oststadt-Villen verwenden wollten, zuvor aber in der Kunsthalle ausstellten (1912).

Die andere wichtige Seite der Konzeption Wicherts sowie auch des Oberbürgermeisters Paul Martin war, *den Willen zur Kunst in die Bevölkerung zu tragen*[19], die Kunst allen zugänglich zu machen und die Kunst auf die Gestaltung des öffentlichen und privaten Lebens Einfluß nehmen zu lassen (von der Veränderung des *Wandschmucks* bis zu städtischen Bauten und Straßennamen). Es komme darauf an, so Wichert, *in einer ganzen Stadt das Bewußtsein zu erzeugen, daß die gewollte und mit Kunst hergestellte Ordnung der uns umgebenden Wirklichkeit einer der stärksten Erlösungsfaktoren sein könne, die es gebe.*[20]

Die Gründung des Freien Bundes zur Einbürgerung der bildenden Kunst in Mannheim 1911 verband Wichert mit der Hoffnung, daß die *Stoffherrschaft*, der Materialismus, der die Kunst zerstört habe, zu Ende gehe, und die *Geister- und Gefühlsherrschaft* beginne.[21] Praktisch widmete sich der *Bund* verschiedensten Aufgaben: nicht nur der Aufklärung über Kunst- und Kulturgeschichte, sondern auch praktischer Hilfe bei der Gestaltung von Schaufenstern oder Wohnungseinrichtungen. Der Freie Bund zählte nach anderthalb Jahren 5 000 Mitglieder. Die sozialdemokratischen freien Gewerkschaften hatten ihre Mitglieder zum Beitritt aufgerufen, so daß auch eine ganze Anzahl organisierter Arbeiter dabei war. Durch Vorträge in der Akademie für Jedermann, durch Einrichtung eines Bibliotheks- und Lesesaals in der Kunsthalle sowie durch Führungen und Lehrausstellungen sollte der Kunstgenuß vertieft werden.

Paradeplatz und Pfälzer Hof (D 1), geschmückt anläßlich der Goldenen Hochzeit des Großherzogspaares, 12. 10. 1906.

Großherzog Friedrich I. und seine Frau Luise werden mit einem Ehrentrunk vom Stadtverordneten Zimmern begrüßt, 12. 10. 1906.

Feste

Von den großen Festen, die Mannheim im Kaiserreich feierte, stechen zwei durch die besonders umfangreiche und gute Bilddokumentation hervor: Die goldene Hochzeit des Großherzogspaares, die in Mannheim am 12. Oktober 1906 gefeiert wurde, und der dreihundertste Geburtstag der Stadt Mannheim 1907.

Großherzog Friedrich I., der 1906 80 Jahre alt geworden war und bald darauf starb, und Großherzogin Luise scheinen sehr beliebt gewesen zu sein. Sie residierten in Karlsruhe, besuchten aber Mannheim zu den üblichen Anlässen: zur Einweihung von Häfen und Brücken, Heimen und Kirchen. Mannheim war die reichste Stadt in Baden, erfreute sich großherzoglicher Förderung, und der Großherzog profitierte von Mannheims Reichtum. Einzelne unter Mannheims Bürgern wurden zur fürstlichen Tafel geladen und wärmten sich am Glanz des Landesherrn. Die Fotografen mögen kaum ein Ereignis so gerne und ausführlich festgehalten haben wie die großherzoglichen Besuche. Das Fest der goldenen Hochzeit 1906 gibt einen Eindruck von dem Aufwand, den die Stadt für das Großherzogspaar trieb.

300jähriges Stadtjubiläum
Mai – Oktober 1907

Das Stadtjubiläum von 1907 sollte nach dem Willen der Stadtväter zeigen, was das moderne, reiche und große Mannheim zu leisten imstande war. Die Entscheidung für eine mit dem Jubiläum verbundene Kunst- und Gartenbau-Ausstellung kündigte an, daß Mannheim nicht nur als Industrie- und Handelsstadt bedeutend war, sondern auch seine alte kulturelle Mittelpunktstellung aus der Residenzzeit wiedererlangen wollte. Man bildete eine Kommission aus fünf *angesehenen Bürgern* unter Vorsitz von Bürgermeister Robert Ritter zur Vorbereitung und Organisation der Festlichkeiten. Das Ausstellungsgelände erstreckte sich vom Friedrichsplatz an der Augustaanlage entlang etwa bis zur heutigen Otto-Beck-Straße. Der Friedrichsplatz selbst mit Rosengarten und Kunsthalle war räumliches Zentrum der Ausstellung; er war eigens für die Ausstellungszeit (1. Mai bis 20. Oktober 1907) gegen die Augustaanlage hin durch ein Triumphbogengebäude abgeschlossen worden, das später wieder abgerissen wurde. (Wie viele andere Teile der Ausstellungsarchitektur bestand es aus Holz, Gips und Pappe.) Nur die Kunsthalle war zu längerem Dasein bestimmt. Die Gelder zu ihrem Bau stammten zum großen Teil aus einer Stiftung von Julius und Henriette Aberle. Da das Gelände an der Südseite des Friedrichsplatzes eigentlich für den Bau des Reiß-Museums bestimmt war, das dem gegenüberliegenden Rosengarten an Prunk und barocker Pracht entsprechen sollte, baute man die Kunsthalle an die Rückseite des geplanten Reiß-Museums mit dem Eingang zur Moltkestraße. Da das Reiß-Museum damals nicht realisiert werden konnte, schuf man auf der Rückseite der Kunsthalle eine Brunnenanlage. Die Kunsthalle wurde von Hermann Billing, Professor an der Karlsruher Akademie, entworfen.[22] Auch die Leitung der Kunst- und Gartenbau-Ausstellung wurde Karlsruhern übertragen: Ludwig Dill und Max Läuger. Die Kunstausstellung umfaßte Malerei, Bildhauerei, Raumkunst, Graphik und Kleinkunst vorwiegend moderner Künstler aus dem In- und Ausland. Auch die Gartenbauausstellung war im Grunde *Raumkunst*, wie die von Max Läuger und Peter Behrens geschaffenen Gärten deutlich machen. Welchen Eindruck die Jubiläumsfestlichkeiten machten, beschreibt Stadthistoriker F. Walter emphatisch: *Die Berichte muten heute fast wie ein phantastisches Märchen an. Beinahe ein ganzes Jahr hindurch Fest auf Fest, Hymne auf Hymne, Gedenkaufsätze, Festreden, Empfänge, Ehrenpforten und Schaugepränge, Flaggen und Wimpel, Girlanden und Kränze, Blumenduft und Pfropfenklang, Leuchtkugeln, Raketen und Illuminationen, Konturenglanz und glit-*

Heidelberger Straße mit einer Ehrenpforte, 1907.

zernde Wasserspiele, Fackeln, Fanfaren, Sang und Tanz, ein üppiges Schimmern, Blühen und Gleißen in buntem Wechsel, dazu ein neugierig bewundernder Zustrom aus aller Welt, beifälliges Rauschen im Blätterwald, selbstbewußte Genugtuung aller Mitwirkenden, zumal der verantwortlichen Leiter.[23] Im Rahmen der Jubiläumsfestlichkeiten wurde der Industriehafen eingeweiht, der – neben anderem – die räumlichen Voraussetzungen zur gewerblichen Expansion bot. Der wirtschaftlichen Selbstdarstellung dienten auf der Ausstellung auch einige Pavillons (Lanz, Sunlight), die zugleich im Äußeren anspruchsvoll gestaltet waren und das Programm einer *Gebrauchskunst* erkennen ließen, wie es die Kunstbewegung um 1900 (Jugendstil, Art deco) vertrat. Schließlich gehörte zur Ausstellung ein großer Vergnügungspark mit Wasserrut-

sche, Karussel, Panorama und *abessinischem Dorf.* Im letzteren manifestierte sich das ungebrochene Verhältnis der wilhelminischen Gesellschaft zum Imperialismus, wobei die Menschen aus dem unterworfenen Abessinien in die Sammlung der Exotika aufgenommen worden waren und von den weltbeherrschenden Europäern mit den Augen eines Zoobesuchers betrachtet wurden. *Hier ist in mehreren Hütten eine Völkerschaft von 70 bis 80 Köpfen untergebracht, die in der Kleidung und in Waffen ihrer Heimat umhergehen und vor den Türen ihrer Hütten Teppiche weben, Töpfe formen, Körbe und Matten flechten und Holzschnitzereien, Schmiedearbeiten, Schuhe u. dergl. fertigen. Das abessinische Dorf ist eine der beliebtesten und in der Tat auch sehenswürdigsten Schaustellungen der Ausstellung. Die wilden Naturkinder in ihrem ungezwungenen Gebahren zu*

Jubiläumsfest 1907. Der Vergnügungspark an der Augustaanlage, im Hintergrund Villen der Oststadt.

beobachten oder ihren *Tänzen, Kämpfen und Umzügen* zuzuschauen hat stets einen eigenen Reiz, und in ganz Mannheim war denn auch bald kein Junge, der nicht mit umgebundener Tischdecke und einem Spazierstocke als Speer umherlief und die Menschheit durch seine unartikulierten Uah-Uah-Rufe erschreckte.[24]

Auch der zahlreichen Sonderveranstaltungen muß gedacht werden. Fotografisch dokumentiert ist insbesondere das Rosenfest im Nibelungensaal, eine Tanzdarbietung der Töchter aus den vornehmsten Familien Mannheims.

Leider besitzen wir keine Bilder von dem *Attischen Fest* der Isadora Duncan, *Lebensreformerin und Begründerin des modernen Ausdrucks- und Erlebnistanzes.*[25]

Friedrich Walter berichtet: *Am Rund des großen Wasserbeckens der Leuchtfontäne hatten Tausende von begeisterten Zuschauern Platz genommen. Auf dem in der Mitte errichteten Schaupodium bot, von Scheinwerfern beleuchtet, die Duncan mit ihren Schülerinnen, barfuß, in einfacher Tunika, ihre klassischen Reigen und Gruppierungen dar, zu denen sie in Gondeln über die Wasserfläche übersetzten. Es war ein unvergeßlicher Abend von tiefgehendem künstlerischen Erfolg.*[26]

Mitte: *Rodelbahn* im Vergnügungspark, 1907.

Unten: Abessinische Kinder mit zwei kleinen Mannheimerinnen, 1907. Zur Jubiläumsausstellung wurde ein abessinisches Dorf „importiert": Exotica zum Anfassen.

Wasserrutschbahn im Vergnügungspark, 1907.

Rosenfest am 22. 6. 1907: Junge Mädchen aus Mannheims „besten Familien" führten ein Ballett auf.

Zaungäste der Jubiläumsausstellung. Ein Fesselballon und dahinter das eigens für die Ausstellung errichtete *Panorama*, 1907.

Mannheimer Nationalliberale mit Carl Eckhard (rechts) an der Spitze besuchen Bismarck in Bad Kissingen, 24. 7. 1892.

Politik

Mannheimer Parteitag der SPD 1906. August Bebel am Rednerpult im Tagungslokal „Apollo".

Politische Verfassung

Das 1871 gegründete Deutsche Kaiserreich war eine konstitutionelle Monarchie, in der das Parlament freilich nur beschränktes Mitspracherecht hatte. Dem Kaiser stand weitgehende Exekutivgewalt zu, und er hatte den Oberbefehl über das Heer. Der Reichskanzler war nur ihm verantwortlich, nicht dem Reichstag und konzentrierte ebenfalls viele Machtbefugnisse in seiner Person. Das Reichstagswahlrecht selbst war halb-demokratisch: Zwar kannte es keine Beschränkungen auf Grund des versteuerten Einkommens, aber es schloß die Frauen und damit die Hälfte der Bevölkerung aus. In den einzelnen Bundesstaaten, die von Preußen dominiert wurden, regierten die jeweiligen Landesfürsten. „Ständekammern" (Landtage), denen das Recht der Budgetbewilligung zustand, wurden mehr oder weniger undemokratisch gewählt: in Preußen nach dem Drei-Klassen-Wahlrecht, in Baden nach dem zwar allgemeinen, gleichen, aber indirekten Wahlverfahren (ab 1905 direkt). In den badischen Großstädten, so auch in Mannheim, wurde das Gemeindeparlament, der Bürgerausschuß, nach einem Drei-Klassen-Wahlrecht gewählt.

Der Mannheimer Nationalliberale Verein auf der Reißinsel, um 1907. In der Mitte sitzend Anna und Karl Reiß.

Nationalliberale

In Baden standen Kabinett und Verwaltung, die keiner parlamentarischen Kontrolle unterlagen, den Nationalliberalen nah. Das Wirtschaftsbürgertum in den größeren Städten unterstützte und trug diese Politik. In Mannheim führten die Nationalliberalen auf Grund des Drei-Klassen-Wahlrechts seit Mitte der achtziger Jahre unangefochten das Regiment. Die süddeutschen Nationalliberalen hatten schon in den sechziger Jahren eine pro-preußische Wende vollzogen. Sie unterstützten die imperialistische Außenpolitik des Deutschen Reichs und die militärische Aufrüstung. Darüber hinaus verband sie mit den anderen bürgerlichen Parteien der Kampf gegen die Sozialdemokratie – das schloß gelegentliche taktische Bündnisse freilich nicht aus. Wohl aber unterschied sich die Partei in wirtschaftspolitischer Hinsicht von den Konservativen in Preußen. Die agrarische Schutzzollpolitik der Reichsregierung stand im Gegensatz zu den freihändlerischen Interessen des liberalen Bürgertums und der verarbeitenden Industrie, wie sie sich in Mannheim etabliert hatte. Zudem verteuerte sie die Lebenshaltung und ging insbesondere auf Kosten der städtischen Unterschichten. Weitere

Differenzen bestanden im Bereich bürgerlicher Grundrechte. Obwohl die Nationalliberalen antisozialistisch waren, gaben sie liberale Positionen für den Kampf gegen die Sozialdemokratie nicht auf. Als Kaiser Wilhelm II. mit der Zuchthausvorlage 1899 die Repressionen gegen Sozialdemokraten erneut verschärfen wollte, stimmte ein Teil der nationalliberalen Fraktion im Reichstag mit dem Fraktionsführer und Mannheimer Rechtsanwalt Ernst Bassermann dagegen.

August Lamey (1816–1896), badischer Innenminister 1860-66. Lithographie von Valentin Schertle, 1860.

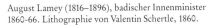

Ernst Bassermann (1854–1917), Fraktionsführer der Nationalliberalen im Reichstag seit 1898, 1906.

Einzug des Seckenheimers Theodor Seitz (links zu Pferd), Gouverneur von Kamerun und später von Deutsch-Südwestafrika, in Jaunde, 1906.

Festzug des Grenadierregiments Nr. 110 in der Heidelberger Straße, um 1895.

Militärverein Neckarau. Ausführende des Stücks *Die Wacht am Rhein*. Gastwirtschaft Zum Badischen Hof, Kaiser-Wilhelm-Straße (heute Rheingoldstraße), 1910.

Militarismus

Eines der grundlegenden Charakteristika des Deutschen Kaiserreichs ist der Militarismus. Militarismus war nicht nur Wesenszug der Politik, sondern durchdrang das Alltagsleben. Von der Erziehung und Ausbildung bis hin zur Freizeitgestaltung hatte militärisches Denken in weiten Kreisen hohen Stellenwert. Welche Wertschätzung jemand allein durch das Tragen einer Uniform erfuhr, hat Carl Zuckmayer im *Hauptmann von Köpenick* sarkastisch dargestellt.

Doch gilt dies auch für Mannheim? Manche Zeitgenossen erinnern sich gerne an die *110er*, das in Mannheim liegende Regiment, zu dessen Platzkonzerten man am Sonntag in den Friedrichspark eilte. Im *Panorama* wurden den Kindern Geschichten von den vergangenen Heldentagen des deutsch-französischen Krieges berichtet. Krieg, das waren im Bewußtsein der Zeitgenossen Schlachten, die „weit weg", irgendwo stattfanden. Dort bewiesen Männer das Ausmaß ihrer Männlichkeit, kehrten mit Orden und Abzeichen heim. Die gemeinsamen Erlebnisse wurden in den Militär- und Veteranenvereinen immer und immer wieder erzählt. Dort wie auch im Vorstand des Flotten- und Kolonialvereins saßen die tonangebenden Mannheimer Nationalliberalen. Sie unterstützten das Streben des Deutschen Reiches nach politischen und ökonomischen Machtpositionen im Wettlauf um Kolonien und wirtschaftliche Einflußgebiete. Die in diesem Zusammenhang betriebene rasante Aufrüstung rechtfertigte man schon damals mit angeblich äußerer Bedrohung bzw. der Notwendigkeit, das Kräftegleichgewicht aufrechtzuerhalten.

Andererseits argumentierte der Admiral von Tirpitz, durch die Agitation für den Flottenbau (dazu dienten die örtlichen Flottenvereine) sollte wieder *Schwung in die Erörterung nationalpolitischer Fragen kommen, der ein gesundes Gegengewicht gegen unfruchtbare sozialpolitische Utopien* schaffe.[1] Mithin konnte die Aufrüstung auch als Ablenkung von sozialen Konflikten im Inneren gelten, als Abwehrstrategie gegen die Sozialdemokraten, die in den neunziger Jahren weiter erstarkten. Der Propagandafeldzug des Admiral von Tirpitz putschte die nationalen Gefühle besonders des Bürgertums auf. Nationale Vorbilder wurden beschworen, die Erinnerung an die Taten großer deutscher Männer durch die Errichtung von Denkmälern festgehalten. Binnen weniger Jahre stifteten nationalliberale Bürger sowohl das Kaiser-Wilhelm-Denkmal (1894) im Schloßhof als auch das Kriegerdenkmal in E 7 (1896) und das Moltke-Denkmal vor dem Zeughaus (1902).

A.973. Mannheim: Kriegerdenkmal.

Kriegerdenkmal in E 7. In dem zeitgenössischen Standardwerk *Mannheim und seine Bauten* erfährt das 1896 enthüllte Monument die folgende begeisterte Würdigung: *Der Schöpfer des Denkmals, Professor Gustav Volz, ist ein Sohn unseres Landes und gehört selbst zu den Kämpfern des Krieges 1870/71. So mußte denn sein Werk von der unmittelbarsten, lebendigsten Mitempfindung erfüllt sein. Wie mit Sturmesgewalt predigt es die glühende Leidenschaft der Vaterlandsliebe. Hoch oben sieht man den Genius des Sieges, das Schwert in der Rechten, mit mächtigem Flügelschlag über die Trümmer des Schlachtfeldes stürmen und mit der Linken die deutsche Kaiserkrone triumphierend schwingen, als habe er sie den feindlichen Scharen entrissen. (S. 376).*

Das Denkmal dient also offensichtlich der ideologischen Aufrüstung. Die Fotografie vermittelt treffend die Diskrepanz zwischen der in Bronze gegossenen heroischen Phrase und dem Interesse des Publikums, das doch andächtig staunend das Denkmal betrachten müßte, anstatt alle Aufmerksamkeit dem Fotografen zu widmen und der Frage: Wie komme ich jetzt wohl aufs Bild?

Bezirksamt

Mannheim war aufgrund der Verwaltungsreform der liberalen Ära in den sechziger Jahren des vergangenen Jahrhunderts Sitz eines Bezirksamts[1a], der untersten Instanz der staatlichen Verwaltung, geworden. Das Bezirksamt war für die Stadt Mannheim und einige Orte in der nächsten Umgebung zuständig, die vor und nach der Jahrhundertwende teilweise nach Mannheim eingemeindet wurden. Der Mannheimer Amtsbezirk war flächenmäßig sehr klein, jedoch am Ende der Monarchie der bevölkerungsreichste von allen badischen Amtsbezirken. Das Wachstum Mannheims, das eine gewaltige Bautätigkeit nach sich zog, und

die Bismarcksche Sozialgesetzgebung bedeuteten eine erhebliche Expansion der Aufgaben des Bezirksamts und erzwangen – ähnlich wie später in der kommunalen Selbstverwaltung – einen personellen Ausbau, vor allem in den Bereichen der Bau- und Polizeiabteilung. Die letztere wurde sogar zu einer „Polizeidirektion" (1902) aufgewertet und begann sich zu verselbständigen.

Das Bezirksamt war im Kaufhaus in N 1 untergebracht und belegte dort nach und nach alle dem Staat gehörenden Räumlichkeiten, zog aber im Oktober 1903 in einen Neubau in L 6, das heutige Polizeipräsidium, und machte das Kaufhaus für die Stadtverwaltung frei.

Chef des Bezirksamts war der sog. Amtsvorstand, der direkt dem Ministerium des Innern unterstand. Ihm zur Seite stand ein Bezirksrat, der als Verwaltungsgericht erster Instanz und Verwaltungsbehörde fungierte und einmal monatlich tagte; seine Mitglieder wurden aufgrund einer Vorschlagsliste der Kreisversammlung von der Regierung ernannt. Der letzte Amtsvorstand Dr. Wilhelm Lukas Strauß (seit 1914) war mit einer Mannheimerin aus der berühmten großbürgerlichen Familie Hohenemser verheiratet. Nach der Revolution war er von dem sozialdemokratischen Staatspräsidenten Anton Geiß gebeten worden, auf seinem Posten zu bleiben, und ging 1920 in den Ruhestand.

Bezirksratssaal

Kommunalpolitik

Den stärksten Einfluß übte in Mannheim
eine politisch, wirtschaftlich und auch
teilweise familiär eng verflochtene Macht-
elite innerhalb des nationalliberalen Bürgertums aus; dazu gehörten die Familien Reiß
und Bassermann, Lanz und Ladenburg,
Diffené, Scipio und einige andere. Im
Bürgerausschuß hatten auf Grund des
Drei-Klassen-Wahlrechts die bürgerlichen
Parteien die Mehrheit. Die Sozialdemokraten eroberten jedoch in den achtziger Jahren
die dritte Wählerklasse und waren seit 1884
auch im Stadtrat vertreten. Das Zentrum,
seit der Jahrhundertwende bei Reichstagswahlen stärkste Partei im Großherzogtum
Baden, spielte in Mannheim eine unterge-
ordnete Rolle. Mehr als 13,4 % der Stimmen
(so das Reichstagswahlergebnis von 1903)
konnte es nie erringen.
Kommunalpolitik gewann in dieser Zeit
völlig neue Qualitäten: Das rasche Wachstum der Stadt und die Konkurrenz mit
anderen Wirtschaftszentren stellten die
Stadtverwaltung vor neue Aufgaben. Diese
wurden unterschiedlich energisch in Angriff
genommen. Weitsichtig und klug war
zweifellos die Wirtschaftsförderungspolitik
der Stadtverwaltung unter Oberbürgermeister Otto Beck ab 1891. Durch den Erwerb
der Friesenheimer Insel 1895 und die
Eingemeindung von Käfertal-Waldhof
1897 wurden die Voraussetzungen für den
Bau des Industriehafens geschaffen. Am
Altrhein entstanden Ansiedlungsplätze für
Gewerbebetriebe.
Durch die Eingemeindungen konnte ein
einheitliches infrastrukturelles Netz für die
Stadt und ihre Peripherie geschaffen werden, an der sich nach 1870 mehr und mehr
Großbetriebe angesiedelt hatten.
Mit der Wirtschaftsförderungspolitik eng
verbunden waren die Eisenbahnpolitik und
die Beteiligungen an Nahverkehrsunterneh-
men, wie der Rhein-Haardt-Bahn, der
OEG (1911) und der Dampfbahn Mann-
heim-Feudenheim (1884). Gute Anbindung
an den schienengebundenen Verkehr war
nicht nur für den Warentransport wichtig,
sondern auch für die Tageswanderer (Pendler), die immerhin ein Drittel der Mannheimer Arbeiterschaft stellten.

Ein anderes Feld kommunalpolitischer Aktivität waren Stadtplanung und Bautätigkeit. Die Stadt trat nicht konsequent und energisch der Bodenspekulation entgegen und griff in den freien Wohnungs- und Grundstücksmarkt eigentlich nur im Fall des repräsentativen Villenviertels Oststadt ein. Das Wohnungselend war so nicht zu verhindern. Dagegen wurden erstaunlich viele prächtige Repräsentativbauten erstellt. Überdies investierte die Stadt in die Gestaltung eines ästhetischen Stadtbildes, wie an den Platzanlagen (Friedrichsplatz, Paradeplatz) deutlich zu sehen ist. An öffentlichen Bauten, die in repräsentativem historisierendem Stil, seit der Jahrhundertwende auch im Jugendstil, errichtet wurden, seien der Rosengarten genannt, das Bezirksamt, der Schlachthof, der Betriebshof der Straßenbahn in der Collinistraße, die Schulen, das (freilich erst nach dem Ersten Weltkrieg fertiggestellte) Krankenhaus.

Um die anstehenden Aufgaben zu lösen, holte Oberbürgermeister Beck akademisch qualifizierte Fachleute. Die Mannheimer Kommunalverwaltung bot nun interessante Stellen, die sogar besser dotiert waren als vergleichbare Positionen im Staatsdienst.[1b] Unter Beck begann der spätere Frankfurter Oberbürgermeister Ludwig Landmann als Stadtsyndikus der Stadt Mannheim seine Karriere, ebenso Rechtsrat Otto Moericke, der später Oberbürgermeister von Konstanz wurde. Zu Becks Amtszeit wuchs die Zahl der städtischen Mitarbeiter von 228 (1892) auf 1359 (1908) an. Da das alte Rathaus in F 1 zu eng geworden war, erwarb die Stadt das Kaufhaus in N 1 ganz und baute es nach

Links: Titelseite der katholischen Tageszeitung *Neues Mannheimer Volksblatt* vom 31. 3. 1908.
Unten: Bürgermeister Robert Ritter (3. v. r.) besichtigt den Stand der Arbeiten auf dem Gelände der Jubiläumsausstellung, April 1907. Im Hintergrund links ist das *Panorama* zu erkennen, in der Mitte das *Restaurant am See*.

Oben links: Paul Martin (1859–1913), Oberbürgermeister 1908–13.
Oben rechts: Theodor Kutzer (1864–1948), Oberbürgermeister 1913–28.
Mitte: Sitzung des Bürgerausschusses im Großen Ratssaal des Rathauses N 1, 1910.

dem Auszug des Bezirksamts um. Es wurde am 7. März 1910 als neues Rathaus eingeweiht.

Ein Teil der Aufgaben, vor denen ein aufstrebendes Gemeinwesen wie Mannheim stand, wurde noch gar nicht oder erst in Ansätzen kommunalpolitisch gelöst. Dazu gehört – trotz auch öffentlich artikuliertem Problembewußtsein – die Sozialpolitik.

Demokraten

In Mannheim spielte die bürgerliche (links von den Nationalliberalen stehende) Demokratische Volkspartei eine bedeutende Rolle. Die süddeutschen Demokraten, Erben der liberalen demokratischen Fraktion der Paulskirche, hatten bis 1870 noch eine partikularistische Politik verfolgt: Gegen das mächtige Preußen wollten sie einen süddeutschen Staatenbund errichten. Durch den militärischen Sieg Preußens über Österreich und Süddeutschland 1866 und die Nationalstaatseinigung „von oben" 1871 gerieten sie in eine schwere Krise. Dazu erwuchs ihnen in der Sozialdemokratischen Partei eine mächtige Konkurrenz. So verließen sie nach 1871 frühe radikaldemokratische Positionen, sammelten jedoch weiterhin die linksliberalen Teile des Bürgertums um sich.

Mannheim war eine Hochburg des linken Liberalismus. Zwischen 1877 und 1884 übertraf der Stimmenanteil der Demokraten bei Reichstagswahlen den der Nationalliberalen. Ihr Kandidat Wilhelm Kopfer, vertrat im Reichstag den 11. Wahlkreis (Mannheim – Weinheim – Schwetzingen) von 1878 bis 1886. Erst dann nahmen die Demokraten an Bedeutung ab. (Bei der Reichstagswahl 1903 erhielten sie nurmehr 3 % der Stimmen.) 1890 spaltete sich die Freisinnige Vereinigung ab (einer ihrer Gründer war der Vater Hedwig Wachenheims, Eduard Wachenheim), die ebenfalls keinen großen Einfluß ausübte. 1910 vereinigten sich die Gruppierungen in der Fortschrittlichen Volkspartei.

Repräsentantin der bürgerlich-linksliberalen Strömungen in Mannheim war die *Neue Badische Landeszeitung*. Ihr Verleger, Julius Bensheimer, war Mitglied des Bürgerausschusses seit 1905 und Mitglied des Stadtverordnetenvorstandes für die Fortschrittliche Volkspartei seit 1912. Seine Frau, Alice Bensheimer, war *Aktivistin* in der bürgerlichen Frauenbewegung. Sie trat ab 1910 für die Fortschrittliche Volkspartei als Rednerin auf.

Julius Bensheimer (1850–1917), Verleger der *Neuen Badischen Landeszeitung*.

Verlagsgebäude der *Neuen Badischen Landeszeitung* in O 3, 7, 1911.

Titelseite des *Pfälzisch-Badischen Volksblatts* vom 31. 8. 1878.

die im Unterschied zum Allgemeinen Deutschen Arbeiterverein antipreußisch und besonders gegen Bismarck eingestellt waren und ebenfalls die Unterstützung der bürgerlichen Demokraten suchten, gewannen nach dem deutsch-französischen Krieg rasch hinzu. Zwischen 1873 und 1878 kandidierte August Bebel in Mannheim für den Reichstag, auch scheint die Agitation des berühmten späteren Anarchisten Johann Most in Mannheim den *Eisenachern* zu kräftigem Aufschwung verholfen zu haben.

Nach dem Vereinigungsparteitag der beiden Strömungen der Arbeiterbewegung in Gotha 1875 entfaltete die badisch-pfälzische Parteiorganisation, deren Vorort Mannheim war, rege Aktivität. Sie unterhielt einen besoldeten Agitator, den Düsseldorfer Schreinermeister August Dreesbach, der seit 1876 ständig in Mannheim wohnte, und veranstaltete zahlreiche Versammlungen in Mannheim und Ludwigshafen. Schon seit mehreren Jahren wurden außerdem Sommerfeste für die Arbeiterfamilien durchgeführt. Vom September 1877 bis zum Verbot durch das Sozialistengesetz ein Jahr später erschien ein neues regionales Parteiorgan, das *Pfälzisch-Badische Volksblatt*. Im Namen steckte ein Programm (wie schon in dem Titel des von Bebel und Liebknecht herausgegebenen zentralen Parteiorgans *Volksstaat*), daß nämlich die Interessen des *eigentlichen Volkes, der Arbeiter, Kleinbürger, Kleinbauern und niedrigen Beamten* vertreten werden sollten.[2]

Bezeichnend für die politische Orientierung des Blatts ist auch ein Artikel von Dreesbach in der Probenummer, wo er sich u. a. gegen ein weitverbreitetes Vorurteil gegen die Sozialdemokratie wandte: *Teilen – d. h. sämtliches jetzt vorhandenes Eigentum nach der Kopfzahl zersplittern – das wollen wir nicht, weil nach Lage der jetzigen Gesetzgebung und gesellschaftlichen Einrichtung in wenigen Jahren sich abermals eine Ungleichheit notwendig einstellen müßte; aber dahin wirken, daß unsere Gesetzgebung eine den Arbeitern und Kleinbürgern günstige und vernunftgemäße Richtung erhält – das wollen wir!*[3] In den folgenden Jahren, in denen die

Sozialdemokraten

Die Anfänge der Arbeiterbewegung im deutschen Südwesten standen stark unter liberalem Einfluß. Handwerksgesellen, insbesondere Schneider und Buchdrucker, Intellektuelle, aber auch Zigarrenarbeiter waren ihre Träger in Mannheim. Der auf dem linken Flügel der Liberalen stehende Redakteur Johann Peter Eichelsdörfer gründete 1861 den Mannheimer Arbeiterbildungsverein, der in seiner politischen Ausrichtung demokratisch-liberal war. Mitte der sechziger Jahre trennten sich die Demokraten von den Liberalen, die sich später Nationalliberale Partei nannten, und gründeten die Demokratische Volkspartei.

Im Jahre 1868 bildete sich ein Zweigverein des lassalleanischen Allgemeinen Deutschen Arbeitervereins, der freilich innerhalb des Gesamtverbands einen oppositionellen Kurs verfolgte und insbesondere die mangelnde innerverbandliche Demokratie kritisierte. Während sich einerseits das Zusammengehen mit den bürgerlichen Demokraten angesichts einer sozialistischen Orientierung als perspektivlos erwies, war andererseits die Realisierung demokratischer Forderungen das erste und wichtigste Ziel jeder politischen Oppositionsbewegung in einem konservativ-monarchischem Staat. In der ersten badisch-pfälzischen sozialdemokratischen Zeitung *Die Waffe*, die 1869 erst in Heidelberg, dann in Mannheim erschien, standen die demokratischen Forderungen nach allgemeinem, gleichem und geheimem Wahlrecht, nach Volksbewaffnung und unentgeltlichem Schulunterricht sowie progressiver Einkommensteuer vor der sozialistischen Forderung nach *Verallgemeinerung der Produktionsmittel*. Daraus ergaben sich Möglichkeiten für ein Zusammengehen mit den bürgerlichen Demokraten.

Seit 1869 gab es in Mannheim eine Schar von Anhängern August Bebels und Wilhelm Liebknechts, der *Eisenacher*, so benannt nach dem Gründungsort der Sozialdemokratischen Arbeiterpartei. Sie,

Flugblatt der sozialdemokratischen Stadtverordneten zur Bürgerausschußwahl 1881. Infolge des Sozialistengesetzes konnten die Sozialdemokraten nicht offen unter dem Parteinamen auftreten.

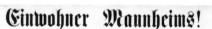

Parteiarbeit durch das Sozialistengesetz ungeheuer erschwert war, zogen die sozialdemokratischen Parlamentarier – seit 1878 waren sie im Bürgerausschuß vertreten, seit 1884 im Stadtrat – aus solchen reformistischen Überlegungen die praktische Konsequenz, indem sie sich an den politischen Tagesfragen in der Stadt aktiv beteiligten. Der Wahlaufruf zu den Kommunalwahlen 1881 ist ein deutlicher Beweis dafür.

Das Sozialistengesetz hatte die sofortige Auflösung der Parteiorganisation zur Folge, der Gewerkschaften und sozialdemokratischer Kulturvereine wie des Sängerbundes Lassallia. Während die parlamentarische Arbeit legal blieb, mußten alle anderen Aktivitäten in den Untergrund verlegt werden. Als Tarnorganisation dienten Hilfskassen, Turn-, Gesang- und Rauchervereine. Man traf sich auf Familienfesten und *Waldspaziergängen*. Besonders umfassend war die Organisation des Medicinalvereins, der gegen Ende der Verfolgungszeit 15 000 Mitglieder zählte. Diese waren zwar sicherlich nicht alle Sozialdemokraten, zumindest aber entwickelte sich in dieser Organisation ein Solidaritätsgefühl unter den Arbeitern. Innerhalb der Sozialdemokratie fanden in jenen Jahren harte Auseinandersetzungen zwischen Radikalen und Gemäßigten statt. Die Mannheimer Metallarbeiter neigten in Teilen sogar dem Anarchismus zu. Sie bevorzugten die von Johann Most in London herausgegebene und nach Deutschland eingeschmuggelte Zeitung *Die Freiheit* gegenüber dem ebenfalls aus dem Ausland kommenden und konspirativ verteilten offiziellen Parteiorgan *Der Sozialdemokrat*, der *gar zu schal*[4] sei. Während die Gemäßigten die parlamentarische Kleinarbeit verteidigten, empfahlen die Anarchisten Wahlboykott.

Solche parteiinternen Spannungen ziehen sich durch die ganze Geschichte der Sozialdemokratie; die Gemäßigten behielten jedoch immer die Oberhand. Die Reichstagswähler nahmen stetig zu, so daß mit August Dreesbach 1890 zum ersten Mal ein Sozialdemokrat für den 11. Wahlkreis (Mannheim/Weinheim/Schwetzingen) in den Reichstag entsandt wurde. Bis auf die Periode 1893–98 behielten die Sozialdemokraten dieses Mandat. Ihre Wählerbasis weitete sich über die Arbeiterschaft hinaus in das Kleinbürgertum aus und wuchs mit der Zuwanderung von Arbeitskräften in die Stadt.[5]

Denkmal für die 1849 standrechtlich erschossenen Freiheitskämpfer auf dem Hauptfriedhof (enthüllt 1874), 1985. Fotografie: M. Emig.

August Dreesbach (1844–1906), Führer der Mannheimer Sozialdemokraten seit Mitte der siebziger Jahre.

Sozialdemokratisches Flugblatt, 1906. Die Versammlung am 21. 1. 1906 aus Anlaß des Jahrestages der russischen Revolution war auf Weisung des Bezirksamts aufgelöst worden.

Der 18. März in Mannheim.

An die Arbeiterschaft Mannheims!

Der 17. März dieses Jahres gibt der besitzenden Klasse Mannheims Veranlassung, eine Gedenkfeier zu veranstalten, das dreihundertjährige Jubiläum der Grundsteinlegung der Festung Mannheim.

Das Mannheimer Proletariat, die Klasse der Entrechteten und Unterdrückten, steht dieser Feier teilnahmslos gegenüber. Diese Stellungnahme ist bedingt durch unsere grundsätzlich verschiedene Anschauung inbezug auf solch patriotische Feiern, sodann ist sie aber ohne weiteres geboten durch die provokatorische und ungesetzliche Haltung der Mannheimer Polizeidirektion anläßlich der Demonstrationsversammlung am 21. Januar. Dadurch, daß die Mannheimer Stadtverwaltung im Interesse von Zehntausenden von Arbeitern nicht gegen die Polizeibrutalitäten protestierte, hat sie sich zur Mitschuldigen der Polizei gemacht, und die Mannheimer Arbeiterschaft verschmäht es deshalb mit Recht, sich an den festlichen Veranstaltungen einer Stadt zu beteiligen, deren Verwaltung vollständig gleichgiltig bleibt angesichts der furchtbaren Gefahr, welche die hiesige Polizei über die Arbeiterschaft heraufbeschworen hatte.

Dagegen wird das Proletariat Mannheims den 18. März als seinen Feiertag

beanspruchen; es wird an diesem Tage durch einen **Massenbesuch der Grabstätte** der im Jahre 1849 in Mannheim

standrechtlich Erschossenen

zeigen, daß es die von den Kugeln der Reaktion dahingestreckten Freiheitskämpfer zu ehren versteht.

Um diese Demonstration zu einer würdigen und recht imposanten zu machen, ist die Beteiligung der **gesamten Mannheimer Arbeiterschaft** notwendig.

Wir appellieren deshalb an das am „roten Sonntag" so glänzend bewährte Klassenbewußtsein der hiesigen Arbeiter. Noch weit stärker aber muß diesmal das Aufgebot der proletarischen Armee sein, der herrschenden Klasse und ihren Polizeibütteln zum Trotz. Wir sind überzeugt, daß unser Appell an die Massen nicht unerhört verhallen wird, sondern daß am nächsten Sonntag, vormittags 10 Uhr, das gesamte Proletariat Mannheims an der Ehrung der Freiheitskämpfer sich beteiligen wird. Einer sage es dem anderen, daß die Beteiligung an der geplanten Demonstration eine **Ehrenpflicht** ist! **Das Komitee.**

NB. Den einzelnen Arbeiterorganisationen dürfte zu empfehlen sein, ähnlich wie am 21. Januar auch am nächsten Sonntag vorher in ihren Verkehrslokalen einen Appell abzuhalten.

Druck und Verlag der Mannheimer Aktiendruckerei A.-G.

Zeitungskopf der *Jungen Garde*, 1907.

Nach dem Fall des Sozialistengesetzes 1890 konnte ein neues regionales Parteiorgan geschaffen werden, die *Volksstimme*, die bis 1933 bestand. Die *Volksstimme* hatte 1906 allein in Mannheim 10 000 Abonnenten.[6] Seit 1891 war die Sozialdemokratie auch, und zwar mit zwei Mannheimer Abgeordneten (August Dreesbach und Philipp August Rüdt), in der badischen Zweiten Kammer vertreten. Bis 1883 hatten die Sozialdemokraten die Landtagswahlen wegen des indirekten Wahlrechts boykottiert. Nun führte die sozialdemokratische Fraktion im Landtag unter besonderer Mitwirkung des Reformisten Dreesbach und gegen den heftigen Widerstand des militanten Atheisten Rüdt im Bund mit dem katholischen Zentrum und den Demokraten den Kampf für ein demokratischeres Landtagswahlrecht. Als dieses 1904 tatsächlich reformiert wurde, war es für das Zentrum günstig, aber nachteilig für die Sozialdemokratie.[7]

Gegen das Zentrum verfolgte nun die SPD zusammen mit den Liberalen ab 1905 eine *Großblockpolitik*. Budgetbewilligungen im Landtag 1908 und 1910 brachten ihr nicht nur innerparteiliche Opposition – in Mannheim entstanden sogenannte Karl-Marx-Clubs, denen auch der spätere KPD-Funktionär Hermann Remmele angehörte –, sondern auch beinahe den Parteiausschluß ein. Damals verteidigte der Fraktionsführer der Sozialdemokraten im badischen Landtag, der Karlsruher Wilhelm Kolb, diese Politik – z. B. gegen Rosa Luxemburg – mit der gemeinsamen Tradition der Sozialdemokraten und Liberalen in Baden und mit der Zielsetzung, (zunächst) einen bürgerlichen Verfassungsstaat auf demokratischer Grundlage zu errichten.[8]

Die auf Verfassungsreformen zielende Politik führte auch auf kommunaler Ebene zu gewissen Erfolgen: 1910 wurde das kommunale Dreiklassenwahlrecht durch ein Verhältniswahlrecht gemildert. Die

SPD vertrat daraufhin in Mannheim nicht nur die dritte, sondern drang auch in die zweite Wählerklasse im Bürgerausschuß ein.

Die sozialdemokratische Partei war damals das Zentrum einer breiten Arbeiterkulturbewegung. Vom Kraftsport bis zum Männerchor wurden zahlreiche Sonderinteressen in sozialdemokratischen Vereinen organisiert.

Eine große Rolle spielte die sozialdemokratische Bildungs- und Aufklärungsarbeit, die zum Teil ihre Wurzeln noch in den Anfängen der demokratisch-liberalen Arbeiterbildungsbewegung hatte. Auch später wurden Bildungsinitiativen für die Arbeiter von Mitgliedern des liberalen Bürgertums unterstützt: Die Volksbibliothek, 1895 gegründet, wurde u. a. von den Nationalliberalen Ernst Bassermann und Karl Ladenburg finanziert. Sehr aktiv in der Bildungsarbeit waren die sozialdemokratischen Gewerkschaften.[9] Sie errichteten kleine Bibliotheken, veranstalteten Vorträge, organisierten gemeinsame Theaterbesuche. Der Arbeitersekretär Simon Katzenstein – ein berühmter Bildungstheoretiker der SPD – gab 1899 den Anstoß zur Einrichtung einer Volkshochschule, die speziell für die Arbeiter gedacht war.[10]

Von Mannheim ging auch die Gründung einer sozialdemokratischen Jugendorganisation aus, des Verbands junger Arbeiter und Arbeiterinnen Deutschlands (1906). Ludwig Frank, ein aus Nonnenweier bei Lahr stammender Rechtsanwalt, der nach Dreesbachs Tod 1906 dessen Stelle als Reichstagsabgeordneter und örtlicher Parteiführer einnahm, rief diese Vereinigung ins Leben und gab auch deren Organ *Die Junge Garde* heraus.

Ludwig Frank, Wortführer des badischen Reformismus, war allseits beliebt und als hervorragender Redner bewundert. In den letzten Jahren vor dem Ersten Weltkrieg setzte er sich engagiert in der internationalen sozialdemokratischen Friedensbewegung ein. Als der Krieg ausbrach, meldete er sich dennoch unmittelbar nach der Reichstagssitzung vom August 1914 freiwillig an die Front. Beim ersten Einsatz in Lothringen fiel er.

Spottpostkarte zur Reichstagswahl 1903.

Rechte Seite: Titelseite der sozialdemokratischen *Volksstimme* vom 8. 9. 1914.

Volksstimme

Hauptgeschäftsstelle in Mannheim (Redaktion, Expedition und Inseraten-Annahme): R 3, 14. Auswärtige Geschäfts- und Mitarbeiterstellen: Heidelberg Kirchstraße 22 (Tel. 2030).

Abonnement: In der Expedition und bei den Filialen abgeholt pro Monat 65 Pfg., ins Haus gebracht pro Monat 80 Pfg. Bei allen Postanstalten im Deutschen Reichspostgebiet vierteljährlich M. 2.10. — Abonnements nehmen an in Mannheim die Expedition, die Filial-Expeditionen sowie alle Trägerinnen, auswärts unsere Filialen, alle Postanstalten und Briefträger. — Einzel-Nummer 5 Pfg.

Erscheint wöchentlich 7 mal (Samstags 2 Ausgaben); Mittwochs mit der Unterhaltungsbeilage. Fernsprechanschlüsse: Redaktion 854, Expedition und Inseraten-Annahme 2343. Sprechstunden der Redaktion: Werktags 12—1 Uhr.

Inserate: Die einspaltige Kolonelzeile oder deren Raum 25 Pfg., für auswärts 30 Pfg., bei Wiederholungen entsprechender Rabatt. Für Wohnungsanzeigen, Stellen-Angebote und -Gesuche pro Zeile 15 Pfg. — Geheimmittel-Annoncen finden keine Aufnahme. Schluß der Inseraten-Annahme morgens 8 Uhr. Druck und Verlag der Mannheimer Aktiendruckerei A.-G., R 3, 14.

25. Jahrgang.   Mannheim, Dienstag den 8. September 1914.   Nr. 242.

Ludwig Frank gefallen.

Dr. Frank tot!

Eine entsetzliche, atembeklemmende Kunde!

Da sie uns gestern in den Vormittagsstunden kam, zuerst vag und unsicher, dann sich etwas mehr verdichtend, dann wieder unwahrscheinlicher und schließlich in den Abendstunden das letzte Fünkchen Hoffnung brutal auslöschend, da traf sie uns wie ein schwerer, plumper Schlag, aus dem Dunkel heraus, von niemand erwartet, grell und jäh.

Gefühl und Verstand sträubten sich gegen das Furchtbare, das in diesen Worten lag. Nur nicht glauben müssen! Nur nicht für wahr halten brauchen!

Und nun soll es doch so sein! Soll, unser Frank, der von uns allen Geliebte, an dem unser Herz hing wie an einem Allernächsten, Verwandtesten, nicht mehr unter uns weilen; nimmer sollen wir ihm die Hand drücken, nimmer in sein so ruhiges und von Innigkeit strahlendes Auge blicken; nimmer seine Stimme hören, die uns immer und immer wieder im Innersten ergriff, uns warm machte, wenn ein Mißmut uns ankam, uns Wege wies, wo ein Zweifel uns beengte!

Furchtbar ist dieser Gedanke und in seiner Trostlosigkeit unausdenkbar. Und furchtbar das Schicksal, das es so fügte.

Vor acht Tagen noch, da er mit seinen Kameraden ausmarschierte, der Front zu, waren wir bei ihm, schritten ein gut Stück Weges zum Bahnhof neben ihm her, sahen ihn lebensfreudig, begeistert für die Sache, für die er als Freiwilliger ins Feld zog, und wieder alles begeisternd, was um ihn war, Kameraden und die Tausende Zurückbleibenden, die von der Kompanie, die Tausende, die von ihm Abschied nahmen.

Und da erlebten wir, was Liebe einer ganzen Stadt, was vor allem die Anhänglichkeit, das Ineinandergewachsensein, das Verkettetsein des Proletariats mit seinem Abgeordneten, der Genossen mit den Genossen bedeuten kann: soviel Achtung, soviel Sympathie, soviel quellende Liebe, die sind nicht des Alltags, die sind etwas ganz Großes und mehr als Gewöhnliches.

Und nur ganz Großen und mehr als Gewöhnlichen wird dergleichen zuteil. Nur den ganz Seltenen, die zugleich groß sind und gut, gleichwert als Männer der Öffentlichkeit und als Privatmenschen, gleichwert unter dem Gesichtswinkel der Ferne, gleichwert unter dem der persönlichsten Nähe.

Und wenn einer, dann war unser Frank so ein ganz Seltener, eine volle Persönlichkeit, deren geschlossene Einheit keine Teilung duldet, keine Scheidung zwischen Politiker und Mensch. Was er sühlte, was er dachte, was er tat, es war immer der ganze und immer der nämliche Frank und immer war es der restlos ganze Mensch, der im Kleinsten wie im Größten zum Ausdruck kam.

Er war ein Brand, unser Frank, eine nie erlöschende Lohe. Alle Halbheit, alle Lauheit: es gab für ihn nichts Wesensfremderes als dies. Wo er sich hingab, da gab er sich ganz hin und mit allen Fibern seines reichen Lebens; was er anpacke, er packe es mit seinem ganzen Dasein an, und er hielt durch.

Ein leidenschaftliches Hingegebensein war sein ganzes Leben. Ein völliges, restlos letztes Aufgehen in dem, was er einmal zu seiner Sache gemacht hat.

Seine Sache aber war — und Stolz mischt sich auch in diesem Augenblick, da wir ihn eben verloren, in den Schmerz, und so groß und drückend der auch ist, der Stolz übersteigt den Schmerz und überdeckt ihn — seine Sache, sie war unsere Sache, war und ist die Sache des Proletariats.

Ihr hat er sich hingegeben, da er noch jung an Jahren eben politisch zu denken begann. Für sie schaffte und arbeitete er all die reichen und fruchtbaren Jahre hindurch, da er bei uns war, ihr auch galt wohl sein letzter Gruß und sein letzter Dank, da er ins Grab sank.

Sein letzter Gruß und sein letzter Dank. Ja, auch sein Dank! Denn soviel er der Sache des Sozialismus und, seiner mehr als je wert allzeit, was der Sozialismus ihm gegeben, was er als Mensch und Politiker dem Gedanken des Proletariats zu danken hatte.

Er war unser, und er war des deutschen Volkes und er war der Welt Eigen. Einer unserer größten Führer, unserer besten Redner und Juristen, unserer wissenschaftlichen und geschicktesten Parlamentarier. Aber auch und im selben Maße, in dem er das für uns war, einer der ganz Großen Deutschlands und der Welt.

Was er für unsere Sache tat, er tat es auch für ganz Deutschland, tat es für die Zukunft der Welt. Deutschlands und der Welt Sache, sie waren seinem Bewußtsein eins mit der Sache des Sozialismus, und wer ihn kannte, der wußte: keinen Gläubigeren hatte der Sozialismus je als ihn, ihn, der so manchmal anderen Weg ging oder zu gehen riet, als den in der Partei vielleicht seit langem gewohnten.

Wie ein beglücktes Schreiten von Erfolg zu Erfolg, so war sein Leben, ein ewig von der Sonne beleuchtetes, das ihnen Schatten und keinen Nebel zu kennen schien, das sieghaft vordrang, Hindernisse unschwer beiseiteschob. Aber es war auch ein ständiges

Aufsicharbeiten, ein Ringen nach Wahrheit und Klarheit, ein ununterbrochenes geistiges Wachsen in schwerer geistiger Arbeit.

Und nun soll dieser Faden jählings abgeschnitten sein: kein Weiter mehr, keine Fortsetzung? Nichts als ein Abgrund?

Auf der Höhe seines Lebens stand er eben. So viel er uns gab — nicht Geschichte ist es uns, das wird es erst werden, uns ist's noch pulsende, warme Gegenwart — wie viel mehr hätte er erst zu geben gehabt, wie viel des Neuen, Herrlichen, Wertvollen hätte er erst noch schaffen helfen können!

Als Einer von den vielen Zehntausenden, die bisher schon in diesem Kriege gefallen sind, der leider noch Zehntausende, die noch fallen werden, fiel auch er: und doch hätte das Deutschland nach dem Kriege, hätte die deutsche Sozialdemokratie bei den großen Umwälzungen, die dieser größte aller europäischen Kriege zur Folge haben wird, just diesen unseren Frank nötiger als je gebraucht.

Doch er fiel. Unser Frank ist nicht mehr. Keine Klage weckt ihn, kein Schmerz gibt ihm wieder Leben. . . .

Für den Frieden wirkte er sein Leben lang und für die Verständigung der Völker: wenige Tage noch vor dem Ausbruch dieses Krieges sprach er dafür vor uns im Nibelungensaal in jener Versammlung der Zehntausend. Aber als die Würfel gefallen waren, als es kein Zurück mehr gab, da war er der erstein einer, der, obwohl 40 Jahre alt, wie ein ganz Junger sein Leben auf die Schanze stellte für die deutsche Sache, die er, wenn jemals, so diesmal, für gut und gerecht erkannte. Und er wünschte, direkt in die vordersten Reihen gestellt zu werden.

Nun ist er gefallen, nach Jaurès das zweite Edelopfer dieses furchtbaren Krieges, von einer feindlichen Kugel hingestreckt. An seiner Statt aber stehen — neben den Millionen Angehöriger anderer Parteien, anderer Weltanschauungen — Millionen und Abermillionen Proletarier, Millionen Genossen, denen er als sein heiliges Vermächtnis diesen seinen großen Willen hinterlassen hat: Durch den Krieg zum Sieg, durch den Sieg zum Völkerfrieden, durch den Völkerfrieden aufwärts, empor zu dem großen Kulturziele: zum Sozialismus.

Und die Millionen seiner Gesinnungsgenossen, sie werden, wiewohl vom Schmerz zerwühlt, diesen seinen letzten Willen wie einen persönlichen Auftrag von ihm aus jeden einzelnen aufnehmen und sie werden ihn, so lange ein Tropfen Blut noch in ihren Adern rollt, ein Atem noch ihre Brust hebt, zur Wahrheit machen. Dessen darf Deutschland gewiß sein. . . .

Etwas mehr als ein Jahr ist's her, da schied (am 13. August) August Bebel von uns. August Bebel, der trotz aller Auseinandersetzungen unseren Frank liebte mit der Liebe eines Vaters und den Frank von Anfang an eine, die große Hoffnung der Partei gewesen war und eine reiche Erfüllung.

Damals, als Bebel von uns gegangen war, schrieben wir hier: Wir lieben ihn als den Führer, den Kämpfer, den Menschen: als Führer, als Kämpfer, als Menschen bleibt ihm unsere Liebe. . . . August Bebel tot? August Bebel starb, aber er lebt. . . .

Nun ging auch unser Frank von uns. . . . Und wir wissen ihm kein anderes, kein besseres, kein wärmeres Wort als Nachruf als das, das wir unserem Bebel nachschicken:

Auch dich, Frank, unser Frank, lieben wir, liebten dich als Führer, liebten dich als Menschen: und als Führer, als Kämpfer, als Menschen bleibt dir unsere Liebe. . . .

Dr. Frank tot?

So wenig tot wie August Bebel, so wenig wie Jean Jaurès!

Dr. Frank starb, aber er lebt!   H.

⁎

Genosse Dr. Ludwig Frank war am 23. Mai 1874 in Nonnenweier, Amt Lahr, geboren. Seine Eltern betrieben daselbst ein kaufmännisches Geschäft und leben noch hochbetagt dort in stiller Zurückgezogenheit. Wie unser Frank von Anfang an deren Stolz war, so sing auch seine Liebe ständig an seinen Eltern, von denen er immer mit tiefer Rührung zu sprechen pflegte. Frank besuchte zunächst die Volksschule, widmete sich sodann dem humanistischen Studium, war in den Jahren 1885—1893 am Gymnasium in Lahr oblag. Er absolvierte sein Gymnasialstudium im Jahre 1893 und schied mit einer allgemein bekannt gewordenen Primusrede, die in eine Verherrlichung der Sozialdemokratie ausklang. Er studierte in Freiburg und Berlin Jus und Volkswirtschaft. 1894/95 diente er beim 113. Infanterieregiment, promovierte 1899 und wurde 1900 Referendar und Rechtsanwalt.

Seine politische Tätigkeit begann er im Dienste der erst von ihm ins Leben gerufenen Jugendbewegung, zu deren Förderung er die Zeitschrift "Junge Garde" gründete. Seit 1901 war Genosse Dr. Frank Stadtverordneter in Mannheim, seit 1905 Mitglied der Zweiten Kammer des badischen Landtags für Karlsruhe-Ost und seit 1907 Reichstagsabgeordneter für Mannheim.

Führende Vertreterinnen der bürgerlichen Frauenbewegung, Hamburg, 1919. Von links: E. Altmann-Gottheiner, A. Bensheimer, G. Bäumer, E. Ender.

Frauenbewegungen

Ende der achtziger Jahre trat eine feministische politische Frauenbewegung im Deutschen Reich wieder stärker an die Öffentlichkeit. Die Ziele von 1848 aufnehmend, kämpfte sie für bessere Bildungsmöglichkeiten der Mädchen und um die Erschließung neuer Berufsbereiche für bürgerliche Frauen, um ökonomische Unabhängigkeit sowie rechtliche und politische Gleichstellung.

1897 wurde in Mannheim eine Ortsgruppe des Vereins „Frauenbildung – Frauenstudium" gegründet, die bald mit 400 Mitgliedern eine der größten im ganzen Reich war.[11] Gegenüber ihren norddeutschen Schwesterorganisationen hatte sie den Vorzug, nicht dem restriktiven preußischen Vereinsgesetz zu unterliegen, das Frauen die Teilnahme an politischen Versammlun-

gen und Vereinen verbot. Das badische Vereinsrecht unterband die politische Aktivität der Frauen nicht. Eher waren es die Männer selbst, die Frauen in ihre Organisationen nicht aufnahmen, weil sie der Ansicht waren, daß sie ins Haus gehörten.

In der Mannheimer bürgerlichen Frauenbewegung waren viele Vertreterinnen des nationalliberalen und linksliberalen Großbürgertums aktiv. Alice Bensheimer, die 1896 eine Ortsgruppe des jüdischen Frauenbundes Caritas gegründet hatte, war ab 1904 Schriftführerin des Bundes deutscher Frauenvereine (BdF) und 1907 Vorsitzende des Vereins „Frauenbildung-Frauenstudium" im Reich.[12] Elisabeth Altmann-Gottheiner war Schatzmeisterin des BdF. Beide engagierten sich zugleich in der 1910 gegründeten Fortschrittlichen Volkspartei, in der Hoffnung, daß die Linksliberalen für das Frauenstimmrecht eintreten würden, jedoch ohne Erfolg.[13] Julie Bassermann schließlich, die Vorsitzende des Mannheimer Vereins „Frauenbildung – Frauenstudium" und des badischen Verbandes für Frauenbestrebungen, unterstützte die Nationalliberale Partei.

Die Mannheimerinnen gehörten dem gemäßigten Flügel der Frauenbewegung an. Die Forderung nach dem Frauenstimmrecht wurde als *letztes Ziel* bestimmt; die Frauen meinten zunächst unter Beweis stellen zu müssen, daß sie dessen würdig seien. Darunter verstanden sie die Erfüllung von Bürgerpflichten, Beteiligung an kommunaler Verwaltungstätigkeit auf ehrenamtlicher Basis. Alice Bensheimer z. B. übernahm 1899 den Posten einer Armenpflegerin, später den einer Jugendfürsorgerin, und sie engagierte sich in der Jugendgerichtshilfe. Die Mannheimerinnen schufen aber auch wichtige Selbsthilfeeinrichtungen wie z. B. eine Rechtsschutzstelle für Frauen und Mädchen (1899) und eine Beratungsstelle für ledige Mütter (1904). Die Stadt stellte kostenlos Räume zur Verfügung. Der Bund für Mutterschutz, der diese Beratungsstelle einrichtete, wandte sich auch gegen die

Julie Bassermann (1860–1940), 1881.

moralische Diskriminierung lediger Mütter in der Gesellschaft.

Eine weitere wichtige Gründung des Vereins „Frauenbildung – Frauenstudium" war die Soziale Frauenschule (1916), die eine Fachschulausbildung *für pflegerische und sozialkommunale Berufe* vermittelte. Die Schule war für die Töchter des mittleren und höheren Bürgertums gedacht. Zugangsvoraussetzung war die Absolvierung der Höheren Mädchenschule. Ein beträchtliches Schulgeld war zu zahlen. Die geschäftsführende Vorsitzende der Anstalt war Dr. Elisabeth Altmann-Gottheiner, Leiterin Dr. Marie Bernays.

1906 gründeten Mannheimerinnen einen Verein für Frauenstimmrecht.[14] Mit öffentlichen Versammlungen und Petitionen, so z. B. als es um die Revision der badischen Gemeindeordnung (1910) ging[15], trat dieser für politische Gleichberechtigung der Geschlechter ein. Es ist nicht bekannt, aber es ist zu vermuten, daß er sich wie die übrigen zum Deutschen Verband für Frauenstimmrecht gehörenden Vereine letztlich nicht zur Forderung nach einem demokratischen Gemeindewahlrecht durchringen konnte. Beim Ausbruch des Weltkriegs geriet der Verein ins nationalistisch-chauvinistische Fahrwasser: Wie alle anderen Frauenvereine ließ er sich für die „Heimatfront" mobilisieren.

In einer Zeit, in der es „common sense" war, daß die Frauen ins Haus gehörten, und in der es im preußischen Vereinsgesetz festgelegt war, daß sie keine politischen Vereine bilden durften, war die Gründung eines Vereins sozialistischer Frauen und Mädchen in Mannheim (1892) – also im liberalen Baden – keine Selbstverständlichkeit. Der Verein zählte 1893 235 Mitglieder. Als Zweck wurde angegeben, er schließe sich der Sozialdemokratischen Partei

Erster Kurs der Sozialen Frauenschule Mannheim, 1918. In der Mitte Dr. E. Altmann-Gottheiner (15) und Dr. M. Bernays (17).

Protokoll der Frauen-Mitgliederversammlung des Sozialdemokratischen Vereins -Zahlstelle Lindenhof
Lokal Süß, Bellenstraße, am 6. März 1914.
Tagesordnung lautet: 1. Geschäftliches. 2.
Vortrag der Genossin Blase über das Thema
Lebensfragen des Deutschen Volkes.
Um 9 Uhr eröffnete die Vorsitzende Genossin Elser unsere sehr gut besuchte Versammlung. Das Protokoll, welches zur Verlesung kam, wurde einstimmig angenommen.
Unter Geschäftlichem wurde bekanntgegeben, daß am Frauentag nicht die Genossin Zietz, sondern die Genossin Gradnauer sprechen wird. Auch werden nahezu 100 Sängerinnen zur Verschönerung des Abends beitragen. Auch sollen Flugblätter verteilt werden, woran sich die Genossinnen rege beteiligen sollen.
Alsdann wurde der Genossin Blase das Wort zu ihrem recht verständlichen Vortrag erteilt, welcher mit Beifall aufgenommen wurde. Zur Diskussion wurde das Wort nicht gewünscht, und konnte die Versammlung um 11 Uhr geschlossen werden.

Die Schriftführerin
Krug

Rechts: Seite aus dem Protokollbuch des Sozialdemokratischen Frauenvereins, Zahlstelle Lindenhof, 1905–1928.
Oben: Transkription.

Deutschlands an und wirke gemeinschaftlich mit dieser für die ökonomische wie politische Freiheit des weiblichen Geschlechts.[16] Aus unbekannten Gründen zerfiel er nach drei Jahren.

Die sozialdemokratische Frauenbewegung lebte erst ab 1905 in Mannheim wieder auf. Herausragende Agitatorinnen waren Lina Kehl, die Ortsvorsitzende, und Therese Blase (ab 1912 Mitglied des badischen Parteivorstandes). Die Organisation bestand vor allem aus Hausfrauen, oft den Ehefrauen der männlichen Parteimitglieder. Die sozialdemokratischen Frauen beklagten zwar zuweilen die Rückständigkeit ihrer Männer, die den Standpunkt *Frauen gehören ins Haus* immer noch vertraten; andererseits ordneten sie sich aber ganz den Zielen der Partei unter. Es ging nicht um den Gleichheitsanspruch, sondern darum, daß die Frau *vereint mit den Männern um bessere Lebensstellung, um genügend Brot und Kleidung für sich und ihre Kinder helfend eintreten kann.*[17]

Die Aktivitäten bezogen sich also auf Mitgliederwerbung, Diskussionen über Lebensmittelverteuerung bis hin zum Boykott eines Fleisch- und Wurstwarenhändlers und immer wieder auf Weiterbildung und Aufklärung. Ein noch erhaltenes Protokollbuch des Vereins Mannheim-Lindenhof (1905–1925) gibt uns Einblick in den Vereinsalltag.

Lina Kehl (1872–1945) mit Ehemann und Tochter, Mannheim-Waldhof, Am Hain 3, 1913.

Therese Blase (1873–1930), links, und Maria Elser am Sportplatz Waldhof, zwischen 1920 und 1930.

General = Anzeiger
der Stadt Mannheim und Umgebung

Badische Neueste Nachri

Gelesenste und verbreitetste Zeitung in Mannheim und Umgebung

Schluß der Inseraten-Annahme für das Mittagblatt morgens ½9 Uhr, für das Abendblatt nachmittags 5 Uhr

Beilagen: Amtliches Verkündigungsblatt für den Amtsbezirk Mannheim; Beilage für Literatur und Wissenschaft; Unterhaltungsblatt; Beilag
Technische Rundschau; Mannheimer Schachzeitung; Sport-Revue; Wandern und Reisen und Wintersport; Mode-Beilage; Frauen-Blatt.

Täglich 2 Ausgaben (außer Sonntag)

Nr. 354.

Mannheim, Montag, 3. August 1914.

Der Weltkrieg.

General-Anzeiger. – Badische Neueste Nachrichten. (Mittagblatt)   Montag, den 3. August 1914.

An die Frauen Mannheims!

Das Vaterland hat die wehrfähigen Männer zu den Waffen gerufen. In dieser ernsten Stunde, in der es gilt, alle Kraft zusammen zu nehmen, um ruhig der Zukunft entgegen zu sehen, müssen wir Frauen beweisen, daß wir wie einst unsere Mütter und Großmütter bereit und fähig sind, alles das zu tun, was dem Vaterland dient. „Deutsch sein" heißt nicht zagen, wenn das Vaterland Gut und Blut fordert, heißt sein alles einsetzen für Ehre und Schutz unseres Volkes, das fast ein halbes Jahrhundert seine Friedensliebe bewiesen und diesen Krieg nicht provoziert hat.

An uns Frauen ist es nun, zu zeigen, daß wir nicht hinter den Männern zurückstehen an Opferwillen, daß wir an dem Platz zu finden sind, wo Staat, Gemeinde oder die Not des einzelnen uns brauchen kann. Keine Arbeit darf uns zu geringfügig, keine Last zu schwer sein um mitzuhelfen das unsagbare Elend zu lindern, das auch ein siegreicher Krieg, auf den wir fest vertrauen über Tausende verhängt. Wir alle müssen die Mütterlichkeit, Erfahrung und heiße Vaterlandsliebe, die uns deutsche Frauen erfüllt, umwandeln in kraftvolles, klares und bestimmtes Tun. Keine gebe sich den Klagen und der Sorge hin, denn jede Einzelne ist mit verantwortlich für das Schicksal ihres Volkes.

Soll unsere Arbeit aber zweckvoll geschehen, so heißt es gemeinsam handeln, heißt es, sich an der Stelle einfinden, wo weibliches Wirken am notwendigsten gebraucht wird. Um Jedem solche Möglichkeit zu schaffen, bittet der unterzeichnete Vorstand die Meldungen derer, die sich mit ihrer Person in den Dienst des Vaterlandes stellen wollen, und noch an keiner Stelle verpflichtet sind, an die Auskunftsstelle des Roten Kreuzes, Turnhalle, Prinz-Wilhelmstraße 20, gelangen zu lassen.

**Der Vorstand
des Mannheimer Vereinsverbandes.**

Die Ursachen des Ersten Weltkrieges

Das deutsche Kaiserreich hatte seit 1871 auf dem Kontinent eine politisch, wirtschaftlich und militärisch starke Stellung errungen, zugleich aber auch genügend Zündstoff angehäuft, der schließlich den Ersten Weltkrieg mit verursachte. So führte zum Beispiel die Annexion Elsaß-Lothringens durch das Deutsche Reich nach der französischen Niederlage im Krieg von 1870/71 zu einem schwelenden Konflikt zwischen beiden Ländern. Neben solchen traditionellen territorialen Streitfragen bildeten die zunehmende wirtschaftliche Konkurrenz zwischen den europäischen Staaten sowie ihre Sorge um die Erhaltung bzw. den Ausbau ihrer weltweiten Machtposition den Hintergrund des Kriegsausbruchs von 1914.

Hinzu kam, zumindest in Deutschland, die Angst vor einer Veränderung des gesellschaftlichen Status quo angesichts der sozialdemokratischen Massenbewegung. Dieser „Gefahr" gegenüber schürten Konservative, Nationalliberale und Alldeutsche sowie Kolonial- und Flottenvereine eine nationalistische und chauvinistische Stimmung, die schließlich nahezu alle Schichten und Gruppierungen erfaßte. Selbst die Sozialdemokraten, dem Grundsatz des internationalen Klassenkampfs verpflichtet und an den Bestrebungen der europäischen Arbeiterbewegung zur Friedenserhaltung beteiligt, vermochten nicht, sich dem nationalistischen Loyalitätsdruck zu entziehen: Im August 1914 avancierten sie von *vaterlandslosen Gesellen* zu *Vaterlandsverteidigern*, als sie im Reichstag die Kriegskredite bewilligten. Diese Wendung fiel um so leichter, als die geschickte Informationspolitik der Reichsregierung den Anschein erweckte, Deutschland sei schuldlos am Ausbruch des Krieges und befinde sich in der Defensive. Als besonders wirksam erwies sich die These von der Bedrohung durch Rußland im Osten, denn gleichzeitig prangerte auch die Sozialdemokratie das Zarenregime als feudal-absolutistische Zwangsherrschaft an. Schließlich hätte sich die österreichisch-serbische Krise, die dem Attentat auf den österreichischen Kronprinzen in Sarajewo folgte, nicht derart ausgeweitet, wenn sich Deutschland und die anderen Großmächte nach einem beispiellosen Wettrüsten nicht ohnehin waffenstarrend und feindlich gegenübergestanden hätten.

Ernst Bassermann hatte im Sommer 1913 die neue Wehrvorlage im Reichstag mit der Begründung befürwortet, weltpolitische Konflikte, Kampf um die Stätten der Rohstoffproduktion, um Märkte und Absatzgebiete erfüllten die Gegenwart. *Unsere Volkskraft, unsere Tüchtigkeit, unser Fleiß, unsere Energie und Zähigkeit, sie haben uns längst mit unserem Handel und unserer Industrie hinausgeführt über die deutschen Grenzen und uns zu Konkurrenten gemacht für die anderen Völker, die*

diese Konkurrenz unliebsam empfinden. So ist eine Zeit der wirtschaftlichen und politischen Reibungen und der Kriegsgefahr angebrochen. Wir sind in dieser glänzenden Aufwärtsentwicklung ein friedliches Volk geblieben. Aber die neue Zeit stellt neue Aufgaben, und größer ist die Zahl der Menschen und Güter geworden, die wir zu verteidigen haben. Was wir errungen haben mit dem Blut unserer Väter, das wollen wir nicht verlieren. Die Zahl unserer Feinde ist größer geworden, und jeder Gefahr wollen wir gewachsen sein.[1]

Oben: Der Vater verabschiedet sich in den Krieg: Karl Schäfer mit Frau und drei Töchtern, 1914.

Rechts: Stadthistoriker Friedrich Walter als Landsturmmann, um 1915.

Unten: Durchmarsch von Soldaten am alten Meßplatz in der Neckarstadt, um 1914.

Im österreichisch-serbischen Konflikt vom Juli 1914 wirkte Deutschland dann keineswegs dämpfend, sondern trug noch zur Verschärfung bei. Als Österreich Serbien den Krieg erklärte, machte Rußland als Serbiens Beschützer mobil. Das nahm Deutschland zum Anlaß, seinerseits Rußland und dessen Verbündeten Frankreich den Krieg zu erklären. Um nach Frankreich einmarschieren zu können, überfiel das Deutsche Reich Belgien und Luxemburg. (Dieses strategische Vorgehen hatte General v. Schlieffen bereits 1906 entwickelt.) Daraufhin trat England auf seiten der Alliierten in den Krieg ein. Es folgte ein jahrelanger, zermürbender Stellungskrieg, unterbrochen von verlustreichen Schlachten. Der Krieg endete mit der vollständigen Niederlage der Donaumonarchie und des deutschen Kaiserreichs.

Kriegsfolgen

Der Krieg brachte im Innern einschneidende Veränderungen. Alle Bereiche des gesellschaftlichen Lebens wurden seinen Erfordernissen untergeordnet. Die Daheimgebliebenen, insbesondere die Frauen, waren aufgerufen, ihre Kräfte in den Dienst der *Heimatfront* zu stellen. Frauenvereine schlossen sich zum Nationalen Frauendienst zusammen. Das Belagerungsgesetz übertrug den Generalkommandos der verschiedenen Armee-Einheiten Exekutivgewalt. Pressefreiheit, Vereins- und Versammlungsrecht wurden eingeschränkt. Zeitungsberichte über die militärische oder die Versorgungslage wurden scharf zensiert, Kritik an der politischen und militärischen Führung nicht zugelassen. Da der Import von Rohstoffen und Lebensmitteln infolge des Krieges ausblieb, wurde die Verteilung von Nahrungsmitteln zentral durch sogenannte Kommunalverbände und Lebensmittelämter verwaltet. Während die Lebensmittelversorgung für die breiten Massen mit der Zeit katastrophal knapp wurde *(Kohlrübenwinter* 1916/17), konnten die Reichen sich im schnell aufblühenden Schwarzhandel recht gut versorgen. Der sich vertiefende Gegensatz von arm und reich nährte die revolutionäre Stimmung ab 1917.

Oben: Kriegsküche, 27. 7. 1916. Seit April 1916 hatte die Stadtverwaltung Fahrküchen für Bedürftige eingerichtet. Die Dreiviertelliter-Portion eines Eintopfgerichtes kostete 20 Pf.

Mitte: Milchausgabe bei der Fa. Mohr & Federhaff, 1917.

Unten: *Kirschenpolonaise* auf dem Zeughausplatz C 5, 24. 6. 1916. Obst war in der Notzeit besonders begehrt.

Wir lassen uns nicht aushungern !

Erinnerung an das Kriegsjahr 1915.

Der Kriegswohlfahrtszweck ist die Speisung bedürftiger Kleinkinder.
Selbstverlag d. Vereins f. Kindervolksküchen u. Volkskinderhorte, Berlin W. 50

Ispreis dieses Bildes beträgt Mk 2.—

Hiervon für den Kriegswohlfahrtszweck Mk.

Kriegspropaganda: Das Flugblatt bezweckt eine Mobilisierung der „inneren Front". Es unterstellt eine Einheit aller Betroffenen *(wir)*, fordert zur Identifikation auf und vermittelt: Uns kann der Feind nichts anhaben! Daß die Darstellung der wohlgenährten Kinder und Haustiere die reale Situation beschönigt, liegt auf der Hand. Darüberhinaus wird die Verantwortung für die Lebensmittelknappheit auf die Feinde abgeschoben.

2000. Visiervorrichtung, Mohr & Federhaff, 1917.
Mohr & Federhaff stellte seine Produktion (wie die
anderen Mannheimer Metallbetriebe auch) auf Kriegsbedarf um.

Arbeit in der Rüstungsindustrie

Die Industrie wurde auf Kriegsbedarf
umgestellt, soweit sie sich dazu eignete. Die
Mannheimer Metallbetriebe produzierten
nun Waffen, die Celluloidfabriken Spreng-
stoff. Insbesondere nach der Verkündung
des Hilfsdienstgesetzes (Dezember 1916),
das die Freizügigkeit der Arbeiter aufhob
und Dienstverpflichtung ermöglichte,
wurden zunehmend Frauen in der Rüstungsindustrie eingesetzt. Zwischen 5000
und 6000 Frauen arbeiteten 1917/18 in den
Großbetrieben der Mannheimer Metallindustrie gegenüber einer verschwindenden
Anzahl vor dem Krieg.
Der im August 1914 geschlossene *Burgfrieden* zwischen Gewerkschaften und Unternehmern sollte den *Arbeitsfrieden* trotz
verschärfter Ausbeutung garantieren.
Durch das Notgesetz vom 4. August 1914

Frauen in der Rüstungsindustrie, Mohr & Federhaff, 1917.

Treue-Gelöbnis der Arbeiter bei Heinrich Lanz, April 1917. Die Zeitungen berichteten, *die Arbeiterschaft der Maschinen-
fabrik Lanz habe in einer von der Direktion einberufenen Versammlung durch begeisterte Zurufe 2 Telegrammen an
Feldmarschall Hindenburg und General Gröner zugestimmt; darin sollte der Wunsch der Arbeiter zum Ausdruck
kommen, nunmehr durch Fortsetzung des Rüstungsprogramms den vom Feinde abgelehnten Frieden zu erzwingen.* Der
propagandistische Zweck dieser Veranstaltung ist durchsichtig.

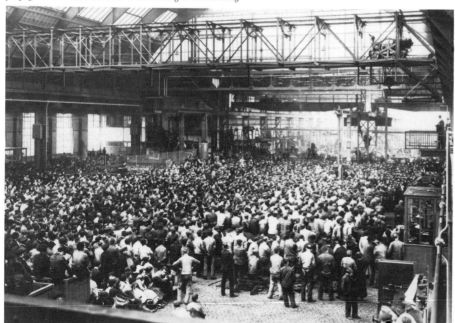

Rüstungsarbeiterin Paula Bauer, geb. 1897, beschäftigt
bei Benz, um 1917.

Russische Kriegsgefangene als Arbeiter bei Mohr & Federhaff, 1917.

wurden die Arbeiterschutzbestimmungen außer Kraft gesetzt, die Begrenzung von Überstunden und Nachtarbeit für Jugendliche und Frauen aufgehoben. Bei gleichzeitig schlechter werdender Ernährung traten mit der Zeit gehäuft Unfälle auf.

Vornehmlich Frauen waren es, die im Jahr 1917 Streiks in der Mannheimer Metallindustrie führten, um ihre Arbeitsbedingungen zu verbessern. Die Arbeiter und Arbeiterinnen der Rüstungsindustrie trugen auch den großen Januarstreik 1918. Etwa 15000

Mannheimer im Ausstand forderten Frieden ohne Annexionen auf der Grundlage des Selbstbestimmungsrechts der Völker, gerechte Verteilung der Lebensmittel, Demokratisierung und Zurücknahme der Einschränkung der bürgerlichen Freiheiten.

Kriegsgefangenenlager Mannheim, Mittelweg, um 1916.

Kriegsgefangene aus dem Mannheimer Lager bei landwirtschaftlicher Arbeit, um 1916.

In Frankreich im Feld 1914–1918

Oben links: Bombentrichter. Fotografie: F. Walter.

Mitte: Im Quartier in einem Gehölz in Nordfrankreich.
Fotografie: F. Walter.

Links: Vor einem zerschossenen Landhaus. Fotografie:
F. Walter.

Oben rechts: Landser mit Gasmasken.

Der Krieg erreicht die Heimat: Lanz-Lazarett, 1914/15, vor dem Denkmal von Heinrich Lanz.

Der Krieg zu Hause

Seit 1915 gab es Luftangriffe auf Mannheim: Fliegerschäden an Gebäuden, um 1916.

Emil Vogel, in Verdun verwundet, in einem Mannheimer Lazarett, 1916.

Kriegsende

Oben: Wieder zu Hause: Karl Schäfer mit Frau und drei Töchtern, um 1917.

Rechts oben: Heimkehr der 8. Badischen Infanterie-Division, 2. 12. 1918.

Rechts: Gustav Eichhorn, geb. 1873, Bühnenarbeiter am Nationaltheater, als Landsturmmann, 1916.

Unten: Ein Bild aus besseren Tagen: Frieda Eichhorn (am Fenster), Garderobefrau beim Nationaltheater bis zu dessen Zerstörung, mit den Kindern, B 4, 13, 1913.

Rechts unten: Todesanzeige von Gustav Eichhorn, im Lazarett gestorben am 22. 2. 1917.

Vorrevolutionäre Bewegungen im Ersten Weltkrieg und die Novemberrevolution 1918

An der Frage der Bewilligung der Kriegskredite zerbrach im Ersten Weltkrieg die Einheit der sozialdemokratischen Partei. Schon früh spaltete sich von der Reichstagsfraktion eine Gruppe ab, die die Zustimmung zu den Kriegskrediten verweigerte. Aus ihr entstand einerseits die Spartakus-Gruppe – die spätere KPD –, andererseits eine neue Partei, die Unabhängige Sozialdemokratische Partei.

In Mannheim berichteten die Zeitungen erstmals im August 1917 von den *Unabhängigen* anläßlich einer von der SPD einberufenen Friedensversammmlung. Der dort auftretende Philipp Scheidemann erntete heftigen Protest gegen die Kriegspolitik der SPD von den *Unabhängigen*.

Die Mehrheit der Sozialdemokraten unterstützte nämlich den vermeintlichen Abwehrkrieg – allerdings im Sinne des Selbstbestimmungsrechts der Völker. Sie wandten sich gegen den Annektionismus sowohl der *Alldeutschen* als auch der *Feinde*. Die Gewerkschaften schließlich hatten bei Kriegsausbruch *Burgfrieden* mit den Unternehmern geschlossen, d. h. sie hatten sich bereit erklärt, auf Arbeitskämpfe zu verzichten und die Kriegsproduktion zu sichern. Wer dennoch streikte, mußte damit rechnen, an die vorderste Front geschickt oder wenigstens mit Gefängnis bestraft zu werden. Gleichwohl entstand eine gewerkschaftliche Opposition, die den *Unabhängigen* nahestand.

Seit 1917 mehrten sich auch in Mannheim die Streikbewegungen in den Rüstungsbetrieben (Bopp & Reuther, Benz, Stotz & Cie.). Eine maßgebliche Rolle spielten dabei die Frauen, die in großem Umfang in der Rüstungsindustrie beschäftigt waren. Die schlechten Ernährungsverhältnisse und die scharfe Ausbeutung machten die Lage der Arbeiterinnen und Arbeiter unerträglich. Die russischen Revolutionen von 1917 mobilisierten überdies die Hoffnungen eines Teils der Arbeiterschaft auf den Umsturz des kapitalistischen Systems. Die Stillhaltepolitik der Sozialdemokratie verlor an Basis.

Die Streikbewegungen erreichten ihren Höhepunkt im Januar/Februar 1918. 15 000 Arbeiter und Arbeiterinnen der Metallindustrie Mannheims befanden sich im Ausstand. In einer Versammlung im Rosengarten wurden politische Forderungen gestellt: nach demokratisch-parlamentarischen Reformen, nach Frieden ohne Annexionen, nach gerechter Verteilung der Lebensmittel. Unmittelbaren Erfolg hatten diese Aktionen nicht, im Gegenteil: Ein großer Teil der Arbeiter wurde an die Front geschickt. Aber sie verlieh den Forderungen der liberalen und sozialdemokratischen Parteien nach Demokratisierung und Parlamentarisierung großen Nachdruck.

Als im Oktober und Anfang November 1918 erste Schritte in diese Richtung unternommen wurden und die Sozialdemokraten auf Reichsebene einen Staatssekretärsposten erhielten, war es bereits zu spät, um die Monarchie durch konstitutionelle Reformen zu retten. Soldaten und Arbeiter nahmen sich die russischen Räte zum Vorbild und eroberten binnen weniger Tage die Macht. Der Kaiser und alle Fürsten, so auch der badische Großherzog, waren zum Rücktritt gezwungen.

Die Radikaleren in der Revolutionsbewegung forderten eine sozialistische Republik – so z. B. auch noch der Mannheimer Arbeiter- und Soldatenrat in seiner ersten Entschließung.[2] Die Führung der Mannheimer Sozialdemokratie, die aller Eigeninitiative der Basis mißtraute, hatte von Anfang an versucht, der brodelnden Stimmung in den Betrieben und auf den Straßen durch Aufrufe zu Ruhe und Ordung und mit dem Hinweis auf Reformen Herr zu werden. Als sich am 9. November ein Arbeiter- und Soldatenrat in Mannheim bildete und alle wichtigen Gebäude in der Stadt besetzte,

Auf zu Friedensdemonstrationen am Sonntag den 25. November 1917

Heraus aus den Wohnungen! Auf zur Straßendemonstration am Sonntag den 25. November

In Mannheim verbreitetes Flugblatt, November 1917.

traten die sozialdemokratischen Partei- und Gewerkschaftsführer Mannheims zunächst mit Vertretern bürgerlicher Parteien zusammen und gründeten einen Wohlfahrtsausschuß. Weil aber der Arbeiter- und Soldatenrat breite Unterstützung durch die Arbeiter fand, traten die sozialdemokratischen Funktionäre in diesen ein, während sich der Wohlfahrtsausschuß auflöste. Solche Vorgänge signalisierten die großen Differenzen unter den Trägern der revolutionären Bewegung. Bald zeigte sich, daß die Befürworter einer sozialistischen Räterepublik hoffnungslos in der Minderheit waren. Die Sozialisierungsforderungen verhallten. Die Räte entmachteten sich binnen weniger Wochen selbst, ohne daß die Domänen der alten Herrschaftseliten – wie z. B. die Verwaltung – neu besetzt worden wären. Dennoch war damit die erste demokratische Republik auf deutschem Boden geboren.

Aus: *Volksstimme* 10. 11. 1918.

Die Umwälzung in Deutschland.

In Einigkeit vorwärts!

Mannheim, 9. November 1918.

Der Kaiser hat also endlich abgedankt. Man erwartet darob von uns keinen Ausdruck der Genugtuung. Es packt einen in diesen Stunden höchstens bitterer Grimm, daß dieser Schritt erst jetzt erfolgt ist: vor ein paar Wochen, ein paar Tagen noch getan, hätte er vielleicht, vielleicht noch etwas bedeutet. Heute bedeutet er wenig mehr und die Geschichte gleitet über ihn hinweg wie ein Strom über einen Stein, der ihm im Wege liegt.

Bedeutungsvoller ist, daß anstelle des alsbald zurücktretenden Prinzen Max Gen. Ebert mit der Kabinettsbildung betraut werden soll: eine neue wenig dankbare Aufgabe, voll innerer Schwierigkeiten und Gefahren, aber vielleicht einer der wenigen Auswege, die den Übergang aus dem Alten ins Neue erleichtern oder überhaupt möglich machen können, und darum vielleicht schon eine Pflicht.

Kein Zweifel, daß Gen. Ebert den Versuch nur übernehmen und nur dann wagen kann und wird, wenn er sich zuvor der Mitarbeit des gesamten Proletariats, beider sozialdemokratischer Flügel, gesichert haben wird: nur ein Kabinett, das auch nach außen hin Repräsentant der Kräfte ist, die die Träger der heutigen Bewegung sind, kann aktionsfähig sein und die Möglichkeit haben, seine schwierige Mission halbwegs zu erfüllen. Es ist deshalb zu wünschen, daß die rasche Entwicklung auch eine rasche Verständigung beider Parteiflügel und so die Bildung eines beide Seiten umfassenden Ministeriums ermöglicht. Ließen sich darüber hinaus auch einige Vertreter zumindest der bürgerlichen Linken für das Kabinett gewinnen, so würden wir darin einen Gewinn, das Stärkung seiner Festigkeit und eine wertvolle Verteilung der Verantwortlichkeit erblicken.

Auch das so etwa zustandekommende neue Kabinett kann nur ein Übergangskabinett sein; es kann seine Aufgabe nur darin erblicken, das absolut Notwendige der vor ihm stehenden Aufgaben zu erfüllen: den Abschluß des Waffenstillstandes und die Einleitung der Friedensverhandlungen; denn diese beiden großen Notwendigkeiten dürfen unter keinen Umständen in ihrer Lösung verzögert oder beeinträchtigt werden. Sind diese dringenden Dinge erfüllt oder auf gutem Wege, dann wird es Sache der Deutschen Nationalversammlung, deren Wahl unverzüglich in Vorbereitung genommen werden muß, die Entscheidung über die künftige Staatsform und die ganze Art der Neuordnung zu fällen.

Ein Arbeiter- und Soldatenrat in Mannheim.

Man hat sich auch in Mannheim die Neuordnung vollzogen und zwar äußerst ruhig und friedlich. Heute früh hat sich ein Arbeiter- und Soldatenrat gebildet, der mit den militärischen Kommandostellen verhandelte und die Zusage erhielt, daß der Übernahme der öffentlichen Gewalten durch den Arbeiter- und Soldatenrat keine Schwierigkeiten in den Weg gelegt werden würden.

Die Arbeiter und Soldaten besetzten den Bahnhof und die Kontrolle aller Reisenden fand durch die beauftragten Soldaten statt.

Als etwas Neues und bisher Ungewohntes verdient die rote Fahne Erwähnung, die die Soldaten mit sich führten. Hoffentlich werden sich die Überängstlichen recht bald an das seither so verpönte rote Tuch gewöhnen.

Die Gefangenen und Arrestanten wurden in Freiheit gesetzt und die Kasernen unter die Kontrolle des Arbeiter- und Soldatenrats gestellt.

Wir richten an die Einwohnerschaft und besonders an unsere Genossen die dringende Ermahnung, jetzt erst recht Disziplin und Ordnung zu halten. Wer jetzt außer der Reihe tanzt und sich nicht den Anordnungen fügt, der begeht Verrat an den Interessen des gesamten Volkes und nicht zuletzt an den Interessen des arbeitenden Volkes.

Klar der Kopf und ruhig Blut!

Kundgebung des Arbeiter- und Soldatenrats an die Bevölkerung Mannheims.

Soldaten! Arbeiter! Bürger!

Heute vormittag wurde zwischen dem Arbeiter- und Soldatenrat und dem hiesigen Standortkommando vereinbart:

Die Offiziere erklären, daß sie mit der Institution der Arbeiter- und Soldaten gemeinschaftlich für die Aufrechterhaltung der Ordnung sorgen wollen.

Anwendung von Waffengewalt kann nur im Einverständnis mit den Arbeitern und Soldaten erfolgen. Rote Abzeichen kennzeichnen die Kommandos. Die Offiziere sind nicht zu belästigen!

Arbeiter sorgt für die Aufrechterhaltung der Ordnung, fügt Euch den Ordnern! Kein Vergehen gegen das Eigentum.

Im Auftrag des Arbeiter- und Soldatenrats.

Schwarz.

Demonstrationszug mit roter Fahne an der Friedrichsbrücke vor K 1, November 1918.

Wirren der Nachkriegszeit: Gesperrte Rheinbrücke nach der Besetzung der Pfalz durch die Franzosen. Über dem Brückenportal weht die Trikolore anläßlich des französischen Nationalfeiertags, 17. 7. 1919. Fotografie: J. Hofmann.

Anmerkungen

Kapitel 1: Wandel des Stadtbilds

1 Vgl. Mannheim in Vergangenheit und Gegenwart. Jubiläumsgabe der Stadt. 3 Bde. Mannheim 1907. Bd. 2: Geschichte Mannheims vom Übergang an Baden (1802) bis zur Gründung des Reiches. Im Auftrag des Stadtrates bearb. von Friedrich Walter, S. 348.
2 Vgl. Sigmund Schott: Die Altstadt Mannheims am Ende des 19. Jahrhunderts. Mannheim 1899, S. 11.
3 Mannheim und seine Bauten. Hg. vom unterrheinischen Bezirk des Badischen Architekten- und Ingenieurvereins und vom Architekten- und Ingenieurverein Mannheim-Ludwigshafen. Mannheim 1906, S. 241 f.
4 Vgl. Christmut W. Präger: Viehweide, Wasserturm und Schmuckplatz. Bemerkungen zur Entstehungsgeschichte des Mannheimer Friedrichsplatzes und seiner Bauten. In: Jugendstil-Architektur um 1900 in Mannheim. Hg.: Badische Kommunale Landesbank – Girozentrale –, Mannheim, in Zusammenarbeit mit dem Stadtarchiv und der Kunsthalle Mannheim. Mannheim 1985, S. 189 ff.

Kapitel 2: Die Bevölkerung

1 Sigmund Schott in: Mannheim in Vergangenheit und Gegenwart (wie Anm. 1, Kap. 1). Bd. 3: Mannheim seit der Gründung des Reiches 1871–1907. Im Auftrage des Stadtrates dargestellt vom Statistischen Amt, S. 694.
2 Vgl. Wolfgang von Hippel: Binnenwanderung und Verstädterung. Zur Herkunft der Bevölkerung von Ludwigshafen und Mannheim im Zeichen der Industrialisierung. In: Der Rhein-Neckar-Raum an der Schwelle des Industriezeitalters. Mannheim 1984, S. 27–47, hier: S. 40.
3 Vgl. W. v. Hippel (wie Anm. 2), S. 36; s. auch W. Kromer: Propagandisten der Großstadt. Die Bedeutung von Informationsströmen zwischen Stadt und Land bei der Auslösung neuzeitlicher Land-Stadt-Wanderungen, illustriert an Beispielen aus dem Hohenloher Land (Baden-Württemberg) und den benachbarten Zentren Frankfurt a. M., Mannheim, Nürnberg und Stuttgart. Frankfurt a. M. / Bern / New York / Nancy 1985, S. 169.
4 Vgl. ebd.
5 W. Kromer (wie Anm. 3), S. 178.
6 Vgl. Friedrich E. Wunder: Die Versorgung der Mannheimer Industrie mit auswärts wohnenden Arbeitern. Heidelberg 1914; W. v. Hippel (wie Anm. 2), S. 31.
7 Sigmund Schott in: Mannheim in Vergangenheit und Gegenwart. Bd. 3 (wie Anm. 1), S. 181.
8 Vgl. Jahresberichte des Großherzoglichen Bezirksamts Mannheim für 1882/83. Generallandesarchiv Karlsruhe 236/ 10 440.
9 Vgl. Horst Karasek (Hg.): Haymarket! 1886: Die deutschen Anarchisten von Chicago. Reden und Lebensläufe. Berlin 1975.
10 Louis Lingg in: H. Karasek (wie Anm. 9), S. 169.
11 Vgl. H. Karasek (wie Anm. 9), S. 170.
12 Zit. nach ebd.
13 Vgl. Statistische Monatsberichte der Stadt Mannheim. Jahreszusammenfassungen. 1898 ff.
14 Vgl. Eckehart Lorenz: Protestantische Reaktionen auf die sozialistische Arbeiterbewegung Mannheim 1890–1933. In: Archiv für Sozialgeschichte 16 (1976), S. 371 ff.
15 Vgl. Hans-Jürgen Kremer (Bearb.): Mit Gott für Wahrheit, Freiheit und Recht. Stuttgart / Berlin / Köln / Mainz 1983, S. 305.
16 Karl Otto Watzinger: Geschichte der Juden in Mannheim 1650–1945. Stuttgart / Berlin / Köln / Mainz 1984, S. 26.
17 Ebd., S. 31.
18 Vgl. Jahresbericht des Vorstandes der Freireligiösen Gemeinde zu Mannheim für das Jahr 1910. Mannheim 1911.
19 Vgl. Adreßbuch der Stadt Mannheim 1870 ff.
20 Lothar Steinbach: Mannheim – Erinnerungen aus einem halben Jahrhundert. Stuttgart 1984, S. 130.

21 Jahresbericht (wie Anm. 8).
22 Vgl. Friedrich Wörishoffer: Die sociale Lage der Fabrikarbeiter in Mannheim und dessen nächster Umgebung. Karlsruhe 1891, S. 62 f.
23 Tagebuch Isidor Freundlich. Stadtarchiv Mannheim, Kl. Erw. 601. Es handelt sich hier um eine Familie des gehobenen jüdischen Bürgertums. Kinderliebe wurde in der jüdischen Kultur besonders gepflegt.
24 Mannheim in Vergangenheit und Gegenwart. Bd. 3 (wie Anm. 1), S. 425.
25 Vgl. ebd., S. 425–428; Brigitte Zwerger: Bewahranstalt – Kleinkinderschule – Kindergarten. Aspekte nichtfamilialer Kleinkindererziehung in Deutschland im 19. Jahrhundert. Frankfurt a. M. 1980, S. 146 ff. Die folgenden Zitate von Hermine Lämmer, Tochter der Leiterin der Kinderkrippe Fröhlichstraße, in: L. Steinbach (wie Anm. 20), S. 115 ff.
26 Vgl. Ingeborg Weber-Kellermann: Der Kinder neue Kleider. Frankfurt a. M. 1984, S. 105 ff.
27 Vgl. zum Folgenden Hedwig Wachenheim: Vom Großbürgertum zur Sozialdemokratie. Berlin 1973 sowie Interviews mit Dora Paul (Pseudonym) von L. Steinbach (wie Anm. 20) und A.-M. Lindemann.
28 Mannheim in Vergangenheit und Gegenwart. Bd. 3 (wie Anm. 1), S. 515.
29 H. Wachenheim (wie Anm. 27), S. 8.
30 Ebd., S. 13 u. 20.
31 Nach einer Erinnerung von Dora Paul.
32 Zit. nach L. Steinbach (wie Anm. 20).
33 Vgl. Mannheim in Vergangenheit und Gegenwart. Bd. 3 (wie Anm. 1), S. 510 ff.
34 Vgl. H. Wachenheim (wie Anm. 27), S. 13.
35 Vgl. ebd., S. 527.
36 Vgl. Mannheim in Vergangenheit und Gegenwart Bd. 3 (wie Anm. 1), S. 483.
37 Vgl. Bernhard Kirchgässner: Von der Handelshochschule zur Universität Mannheim. In: Die Universität Mannheim in Vergangenheit und Gegenwart. Mannheim 1976, S. 11 ff.
38 Hans-Ulrich Wehler: Das Deutsche Kaiserreich 1871–1918. Göttingen 1973, S. 130.
39 Max Weber, zit. nach Gerhard A. Ritter / Jürgen Kocka (Hg.): Deutsche Sozialgeschichte 1870–1914. Dokumente und Skizzen. München 1982, S. 76 f.
40 Vgl. Gerhard A. Ritter: Sozialversicherung in Deutschland und England. München 1983, S. 55.

Kapitel 3: Arbeitsleben

1 Vgl. Carl A. Seidel: Der Einfluß der Maschine im Getreideumschlagsverkehr auf die Lage der Getreidearbeiter in Mannheim-Ludwigshafen a. Rh. In: Die Neue Zeit 30 (1912), S. 1015–1018; Jahresberichte der großherzoglich-badischen Fabrikinspektion 1891 ff.
2 Vgl. ebd.
3 Vgl. Beilage zum Protokoll der 73. öffentlichen Sitzung der Zweiten Kammer der badischen Ständeversammlung vom 22. 4. 1898. Nachtrag, S. 606 ff. (Petition der Mannheimer Hafenarbeiter).
4 Ebd., S. 612 u. 623.
5 Vgl. C. A. Seidel (wie Anm. 1).
6 Vgl. Beiträge zur Statistik der Stadt Mannheim 6 (1900), S. 5 ff.
7 Bernhard Kirchgässner: Der Aufstieg Mannheims als Bank- und Versicherungsplatz im deutschen Kaiserreich. In: Erich Maschke/Jürgen Sydow (Hg.): Zur Geschichte der Industrialisierung in den südwestdeutschen Städten. Sigmaringen 1977, S. 62.
8 Vgl. Thomas Engelhardt: Menschen nach Maß. Fabrikdisziplin und industrielle Zeitökonomie während der Industrialisierung Bayerns. In: Leben und Arbeiten im Industriezeitalter. Stuttgart 1985, S. 289 ff; Edward P. Thompson: Zeit, Arbeitsdisziplin und Industriekapitalismus. In: Ders.: Plebejische Kultur und moralische Ökonomie. Aufsätze zur englischen Sozialgeschichte des 18. und 19. Jahrhunderts. Frankfurt a. M. / Berlin / Wien 1980, S. 34 ff.
9 F. Wörishoffer (wie Anm. 22, Kap. 2), S. 184.

10 Vgl. Beiträge zur Statistik der Stadt Mannheim 1 (1897), S. 112; Statistik des Deutschen Reiches Bd. 217, 1. Berlin 1909, S. 337 ff.
11 Vgl. F. Wörishoffer (wie Anm. 22, Kap. 2), S. 141 f.
12 Ebd., S. 63.
13 Julius Pierstorff in: Handwörterbuch der Staatswissenschaften. Bd. 8. 3. Aufl. Jena 1911, S. 680.
14 Vgl. F. Wörishoffer (wie Anm. 22, Kap. 2) und Jahresberichte der Handelskammer Mannheim 1903–1909.
15 Karl Bittmann: Hausindustrie und Heimarbeit. Karlsruhe 1907, S. 394.
16 Gertrud Dyhrenfurth: Die hausindustriellen Arbeiterinnen in der Berliner Blusen-, Unterrock-, Schürzen- und Tricotkonfektion. Leipzig 1898, S. 67 f.
17 Zit. nach Heidi Müller: Dienstbare Geister. Leben und Arbeitswelt städtischer Dienstboten. Berlin 1981, S. 150.
18 Vgl. Rechtsverhältnisse der Dienstboten. In: Adreßbuch der Stadt Mannheim von 1890, S. 399 ff.
19 Hedwig Wachenheim (wie Anm. 27, Kap. 2), S. 83.
20 Vgl. Wolfgang Bocks: Die badische Fabrikinspektion. Arbeiterschutz, Arbeiterverhältnisse und Arbeiterbewegung in Baden 1879–1914. Freiburg 1978, S. 528.
21 Vgl. Willy Albrecht: Fachverein – Berufsgewerkschaft – Zentralverband. Organisationsprobleme der deutschen Gewerkschaften 1870–1890. Bonn 1982, S. 370 ff.
22 Vgl. W. Bocks (wie Anm. 20), S. 529 ff.
23 Vgl. 75 Jahre IG Metall 1891–1966. Frankfurt a. M. 1966, S. 142–145.

Kapitel 4: Lebensstandard – Lebensstil

1 F. Wörishoffer (wie Anm. 22, Kap. 2), S. 185.
2 Vgl. ebd., S. 242 ff. u. 256 ff.
3 Ebd., S. 287.
4 Ebd., S. 201 f. u. 205.
5 Ebd., S. 208 f.
6 Vgl. L. Steinbach (wie Anm. 20, Kap. 2), S. 95.
7 Ebd., S. 100 f.
8 Thomas Thalacker: Die private Bautätigkeit in Mannheim um 1900. In: Jugendstil – Architektur um 1900 in Mannheim (wie Anm. 4, Kap. 1), S. 36.
9 Vgl. Karl Bittmann: 25 Jahre Fabrikinspektion. Karlsruhe 1905, S. 356.
10 L. Steinbach (wie Anm. 20, Kap. 2.), S. 61.
11 Vgl. K. Bittmann (wie Anm. 9), S. 363.
12 Vgl. ebd., S. 358.
13 Zit. nach Lothar Jacob: Eine Idee macht Geschichte. Betrachtungen eines Außenstehenden. 1910–1985. 75 Jahre Gartenstadtgenossenschaft. 1985, S. 21. Vgl. auch Otto Moericke: Erinnerungen. Mit einer Einleitung von Werner Trapp. Hg. von Helmut Maurer (Konstanzer Geschichts- und Rechtsquellen. N. F. der Konstanzer Stadtrechtsquellen. Hg. vom Stadtarchiv Konstanz 30). Sigmaringen 1985, S. 49 f.
14 Zit. nach ebd., S. 45.
15 Aus dem Geschäftsbericht für 1913. Zit. nach ebd., S. 70.
16 Zit. nach ebd., S. 14.
17 Vgl. 25 Jahre Konsumverein. Mannheim 1925, S. 7.
18 Vgl. Jörg Schadt: Die sozialdemokratische Partei in Baden von den Anfängen bis zur Jahrhundertwende (1868–1900). Hannover 1971, S. 93.
19 F. Wörishoffer (wie Anm. 22, Kap. 2), S. 378.
20 Karl Vogel: Lebenserinnerungen. Unveröffentlichtes Manuskript.
21 Peter Löb: Eigene Notizen zum Lebenslauf. Unveröffentlichtes Manuskript.
22 Alfred Neumeyer: Lichter und Schatten. Eine Jugend in Deutschland. München 1967, S. 47 ff. Hier auch die folgenden Zitate.
23 Vgl. Hans Hesselmann: Das Wirtschaftsbürgertum in Bayern 1890–1914. Stuttgart 1985, S. 342. Für wichtige Hinweise danke ich Friedrich Teutsch, der

den Nachlaß Karl und Anna Reiß beim Stadtarchiv Mannheim bearbeitet.

24 Vg. Gustav Jacob: Friedrich Engelhorn. Der Gründer der Badischen Anilin- & Soda-Fabrik. Mannheim 1959.

25 Zit. nach ebd., S. 14.

26 Florian Waldeck: Alte Mannheimer Familien. 6. Tl. (Schriften der Familiengeschichtlichen Vereinigung Mannheim). Mannheim 1925, S. 55.

Kapitel 5: Kultur – Freizeit – Geselligkeit

1 Sigmund Schott in: Mannheim in Vergangenheit und Gegenwart. Bd. 3 (wie Anm. 1, Kap. 2), S. 627f.

2 Carl Hagemann (Intendant des Nationaltheaters von 1906–10 und 1915–20), zit. nach Friedrich Walter: Schicksal einer deutschen Stadt. Bd. 1. Mannheim 1949, S. 88.

3 Sigmund Schott (wie Anm. 1), S. 630.

4 Vgl. Touristenverein „Die Naturfreunde" Ortsgruppe Mannheim e. V. (Hg.): Gedenkschrift aus Anlaß der Einweihung unseres neuen Hauses auf dem Kohlhof bei Altenbach im Odenwald am 4. Oktober 1959. Mannheim 1959.

5 Vgl. S. Schott (wie Anm. 1), S. 629f.

6 Ebd., S. 630.

7 Festschrift zum 25jährigen Bestehen der Turnerinnenabteilungen des Turn-Vereins Mannheim 1846. Mannheim 1924, S. 9.

8 Karl Bühn: 25 Jahre Mannheimer Rasensport. Mannheim 1921, S. 5ff.

9 Aus: Der Radtourist 7. 8. 1902.

10 Aus: Der Automobilist 1. 5. 1902 und 9. 7. 1903.

11 Vgl. Karl Bühn (wie Anm. 8), S. 17.

12 Zit. nach einem Zeitungsausschnitt. Stadtarchiv Mannheim, Bildslg., Album 64.

13 Vgl. Ernst L. Stahl: Das Mannheimer Nationaltheater. Ein Jahrhundert deutscher Theaterkultur im Reich. Mannheim/Berlin/Leipzig 1929, S. 12.

14 Vgl. ebd., S. 410ff.

15 F. Walter (wie Anm. 2), S. 89.

16 E. Stahl (wie Anm. 13), S. 18.

17 Ebd., S. 406ff.

18 H. Wachenheim (wie Anm. 27, Kap. 2), S. 8ff.

19 Vgl. F. Walter (wie Anm. 2), S. 160.

20 Ebd.

21 Vgl. ebd., S. 161f.

22 Vgl. Gerhard Kabierske: Hermann Billings Kunsthalle und die Jubiläumsausstellung 1907. In: Jugendstil – Architektur um 1900 in Mannheim (wie Anm. 4, Kap. 1), S. 225ff.

23 F. Walter (wie Anm. 2), S. 26f.

24 Friedrich Walter / Hermann Schade: Mannheim 1907. Ein Gedenkbuch über das Jubiläumsjahr und seine Ausstellung. Mannheim 1907, S. 127.

25 F. Walter (wie Anm. 2), S. 38.

26 Ebd.

Kapitel 6: Politik

1 Zit. nach H.-U. Wehler (wie Anm. 38, Kap. 2), S. 166.

1a Vgl. „. . . dem Treiben der Narrenvereine mit allen zulässigen Mitteln entgegentreten . . .". Der Jahresbericht des Großherzoglich Badischen Bezirksamts Mannheim für 1884/85. Bearb. und hg. von Jörg Schadt unter Mitarbeit von Ursula Abele (Sonderveröffentlichung des Stadtarchivs Mannheim Nr. 18). Mannheim 1987.

1b Darauf verweisen Otto Moericke (wie Anm. 13, Kap. 4), S. 46 sowie Hermann Heimerich: Lebenserinnerungen eines Mannheimer Oberbürgermeisters. Aus dem Nachlaß hg. u. bearb. von Jörg Schadt. Stuttgart/Berlin/Köln/Mainz 1981, S. 63.

2 Vgl. Jörg Schadt (wie Anm. 18, Kap. 4), S. 56.

3 Zit. nach ebd., S. 60.

4 Zit. nach ebd., S. 79.

5 Vgl. Fred Ludwig Sepaintner: Die Reichstagswahlen im Großherzogtum Baden. Frankfurt a. M./Bern 1983, S. 279 u. S. 440.

6 Vgl. Zur Geschichte der Sozialdemokratischen Partei in Mannheim 1867–1906. Den Delegierten zum Parteitag 1906 gewidmet vom Mannheimer Komitee. Faksimiledruck mit einem Nachwort neu hg. v. Stadtarchiv Mannheim. Mannheim 1975, S. 15.

7 Vgl. Jörg Schadt (Bearb.): Alles für das Volk, alles durch das Volk. Dokumente zur demokratischen Bewegung in Mannheim 1848–1948. Stuttgart 1977, S. 143ff.

8 Vgl. Hans-Joachim Franzen: Die SPD in Baden 1900–1914. In: Jörg Schadt / Wolfgang Schmierer (Hg.): Die SPD in Baden-Württemberg und ihre Geschichte. Stuttgart 1979.

9 Vgl. F. Wörishoffer (wie Anm. 22, Kap. 2), S. 356ff.

10 Vgl. Willi Wendling: Die Mannheimer Abendakademie und Volkshochschule. Heidelberg 1983, S. 44ff.

11 Vgl. Julie Bassermann in: Mannheim in Vergangenheit und Gegenwart. Bd. 3 (wie Anm. 1, Kap. 2), S. 527.

12 Vgl. Barbara Greven-Aschoff: Die bürgerliche Frauenbewegung in Deutschland 1894–1953. Göttingen 1981, S. 214, Anm. 77.

13 Vgl. Jahrbuch der Frauenbewegung für 1912f.

14 Vgl. Richard J. Evans: Sozialdemokratie und Frauenemanzipation. Berlin / Bonn 1979, S. 211, Anm. 87.

15 Vgl. Jahrbuch der Frauenbewegung für 1913. Hg. von Elisabeth Altmann-Gottheiner und Gertrud Bäumer, S. 171.

16 Vgl. Emma Ihrer: Die Organisationen der Arbeiterinnen Deutschlands. Berlin 1893.

Kapitel 7: Der Weltkrieg

1 Zit. nach F. Walter (wie Anm. 2, Kap. 5), S. 179f.

2 Vgl. Volksstimme 11. 11. 1918.

Bildnachweis

Personenindex

Das Stadtarchiv Mannheim

Rathaus E 5, 6800 Mannheim 1,
Tel. 06 21 / 2 93-26 30

Funktion und Geschichte

Das Stadtarchiv hat das in der Mannheimer Stadtverwaltung erwachsene Schriftgut (Amtsbücher, Akten, Karteien, Pläne, Zeichnungen und dgl. mehr) zur dauernden oder befristeten Verwahrung zu übernehmen, sobald es von den Dienststellen nicht mehr laufend benötigt wird. Es sammelt darüber hinaus zur Ergänzung und zum Ersatz für Verluste, die vor allem im Zweiten Weltkrieg eingetreten sind, alle Unterlagen im außerstädtischen Bereich (beispielsweise Briefe, Fotografien, Plakate, Nachlässe) im Original oder in Ablichtung, die als Quelle zur Mannheimer Stadtgeschichte dienen können. Damit wird das Stadtarchiv, das seit 1907 als eigenständiges Amt besteht, die Zentrale für die schriftliche und bildliche Überlieferung zur Mannheimer Stadtgeschichte. Rechtsgrundlagen hierfür sind die Akten- und Archivordnung des Landes Baden-Württemberg vom 29. Juni 1964 und das Denkmalschutzgesetz vom 25. Mai 1971.
Die Archivare bewerten das von ihnen übernommene Schriftgut, ordnen und verzeichnen es und halten es – soweit dies im Rahmen der geltenden Gesetze oder Auflagen zulässig ist – für die Stadtverwaltung, die Wissenschaft und die interessierten Bürger bereit; dies sind überaus zeitintensive Tätigkeiten, die sich zudem zum größten Teil den Blicken der Öffentlichkeit entziehen. Ferner werten sie es – im Rahmen des durch das Denkmalschutzgesetz zugewachsenen Forschungs- und Bildungsauftrags und aufgrund spezieller Aufträge des Oberbürgermeisters und des Gemeinderats – in eigener Forschung aus und machen quellenkritisch gesicherte Daten, Fakten und Erkenntnisse in angemessener Form jedermann zugänglich. Dies geschieht durch Veröffentlichungen von Quellen und Darstellungen, wozu das Stadtarchiv zwei Reihen unterhält, durch Vorträge, Ausstellungen, Filme sowie in Zukunft auch durch historische Stadtteilarbeit.

Damit wird das Amt zu der fachlich kompetenten Stelle in allen Fragen der Stadtgeschichte und zu einem Element kommunaler Kulturarbeit, dies um so mehr, als das historische Bewußtsein auch in Mannheim im Wachsen begriffen ist. Als zweitgrößte Stadt in Baden-Württemberg und Kern eines der bedeutenden Ballungsgebiete der Bundesrepublik kommt der Mannheimer Stadtgeschichte und damit der Funktion des Stadtarchivs überörtliche Bedeutung zu.
Leiter des Stadtarchivs: Prof. Dr. Friedrich Walter 1907–1935, Dr. Wolfgang Treutlein 1935–1937, Dr. Gustaf Jacob 1938/39, 1951–1965, Dr. Johannes Bleich 1965–1975, Dr. Jörg Schadt seit 1975.

Wichtige Bestände

Ratsprotokolle ab 1661; Amtsbücher Mannheim und Vororte, Ende 17. Jahrhundert bis 20. Jahrhundert; städtische Registraturen, teilweise spätes 19. Jahrhundert, vor allem seit 1943; Katholisches Bürgerhospital; Industrie- und Handelskammer; Karl-Friedrich-Gymnasium; Firma Mohr und Federhaff; Turn- und Sportverein von 1846; Kunstverein; Nachlässe 19./20. Jh.; Orts- und Personengeschichtliche Sammlung; Dokumentationsbestände zur Judenverfolgung, zum Widerstand und zur Nachkriegsgeschichte; Zeitungen; Plakatsammlung; Bildsammlung.

Wo informiert man sich über das Stadtarchiv?

Über die Entwicklung des Amts informieren in regelmäßigen Abständen die Verwaltungsberichte der Stadt Mannheim seit 1907 sowie die seit 1975 erscheinenden Kulturberichte der Stadt Mannheim. Überblicke gewähren folgende Publikationen.
Gustaf Jacob: Zur Geschichte des Städtischen Archivs. In: Mannheimer Hefte 1962, Heft 2, S. 2–7.

Die Stadt- und Landkreise Heidelberg und Mannheim – Amtliche Beschreibung. Bd. 3. Karlsruhe 1970, S. 346f.
Stadtarchiv Mannheim. In: Archive im deutschsprachigen Raum. Bd. A–N. 2. Aufl. Berlin/ New York 1974, S. 603f.
Stadtarchiv. In: Mannheimer Stadtkunde. 2. Aufl. Mannheim 1982, S. 197–199.
Eine Bestandsübersicht liegt noch nicht vor. Für einzelne Bereiche verweisen wir auf folgende Beiträge.
Jörg Schadt: Quellen zur Geschichte der Arbeiterbewegung im Stadtarchiv Mannheim. In: Internationale Wissenschaftliche Korrespondenz zur Geschichte der deutschen Arbeiterbewegung 19/20, 1973, S. 103–110.
Marianne Pöltl und Jörg Schadt: Die schriftlichen Nachlässe im Stadtarchiv Mannheim. In: Badische Heimat 62, 1982, S. 215–225.
Jörg Schadt/Michael Martin: Übersicht über die Quellen im Stadtarchiv Mannheim zur Geschichte der Juden. In: Karl Otto Watzinger: Geschichte der Juden in Mannheim 1650–1945 (Veröffentlichungen des Stadtarchivs Mannheim Bd. 12). Stuttgart/ Berlin/Köln/Mainz 1984, S. 161–176.
Michael Martin: Quellen zur Musikgeschichte im Stadtarchiv Mannheim. In: Forum Musikbibliothek. Beiträge und Informationen aus der musikbibliothekarischen Praxis 1984, Heft 3, S. 136ff.
Jörg Schadt: Der Bestand Dokumentation des Widerstands im Stadtarchiv Mannheim. In: Jörg Schadt / Michael Caroli (Hg.): Heidelberg unter dem Nationalsozialismus. Studien zu Verfolgung, Widerstand und Anpassung. Heidelberg 1985, S. 551–555.

Veröffentlichungen des Stadtarchivs Mannheim

Verlag W. Kohlhammer Stuttgart, Berlin, Köln, Mainz

Bd. 1 Fliedner, Hans-Joachim: Die Judenverfolgung in Mannheim 1933–1945. Bd. 1: Darstellung.
1971. – Vergriffen –

Bd. 2 Fliedner, Hans-Joachim: Die Judenverfolgung in Mannheim 1933–1945. Bd. 2: Dokumente.
1971. – Vergriffen –

Bd. 3 Schadt, Jörg (Bearb.): Verfolgung und Widerstand unter dem Nationalsozialismus in Baden. Die Lageberichte der Gestapo und des Generalstaatsanwalts Karlsruhe 1933–1940.
1976. 354 S., DM 34,–

Bd. 4 Im Dienst an der Republik. Die Tätigkeitsberichte des Landesvorstands der Sozialdemokratischen Partei Badens 1914–1932. Hg. u. bearb. von Jörg Schadt unter Mitarbeit von Michael Caroli.
1977. 240 S., DM 34,–

Bd. 5 Hachenburg, Max: Lebenserinnerungen eines Rechtsanwalts und Briefe aus der Emigration. Hg. und bearb. von Jörg Schadt.
1978. 260 S., DM 29,–

Bd. 6 Weiß, John Gustav: Lebenserinnerungen eines badischen Kommunalpolitikers. Hg. u. bearb. von Jörg Schadt unter Mitarbeit von Hans-Ewald Keßler.
1981. 192 S., DM 39,80

Bd. 7 Heimerich, Hermann: Lebenserinnerungen eines Mannheimer Oberbürgermeisters. Aus dem Nachlaß hg. u. bearb. von Jörg Schadt.
1981. 84 S., DM 24,–

Bd. 8 Schadt, Jörg (Hg.): Wie wir den Weg zum Sozialismus fanden. Erinnerungen badischer Sozialdemokraten.
1981. 72 S., DM 15,80

Bd. 9 Irek, Joachim: Mannheim in den Jahren 1945–1949. Geschichte einer Stadt zwischen Diktatur und Republik. Darstellung.
1983. 236 S., DM 39,–

Bd. 10 Irek, Joachim: Mannheim in den Jahren 1945–1949. Dokumente.
1983. 192 S., DM 42,–

Bd. 11 Kremer, Hans-Jürgen: Mit Gott für Wahrheit, Freiheit und Recht. Quellen zur Organisation und Politik der Zentrumspartei und des politischen Katholizismus in Baden 1888–1914. Ausgw. u. eingel. von Hans-Jürgen Kremer unter redaktioneller Mitarbeit von Michael Caroli; hg. von Jörg Schadt.
1983. 322 S., DM 48,–

Bd. 12 Watzinger, Karl Otto: Geschichte der Juden in Mannheim 1650–1945. Mit 52 Biographien.
2. Aufl. 1987. 200 S., DM 34,–

Sonderveröffentlichungen des Stadtarchivs Mannheim

Nr. 1 Alles für das Volk, alles durch das Volk. Dokumente zur demokratischen Bewegung in Mannheim 1848–1948. Ausgw. u. bearb. von Jörg Schadt.
1977. Stuttgart, Aalen: Theiss, 277 S., DM 34,–

Nr. 2 Mannheim in alten Ansichtskarten. Hg. von Jörg Schadt.
1977. Frankfurt/Main: Flechsig, 136 S., DM 24,80

Nr. 3 Mannheim in Plakaten 1900–1933. Hg. vom Stadtarchiv Mannheim.
1979. Mannheim: Südwestdt. Verl. Anst., 254 S., DM 48,–

Nr. 4 Werner Hacker: Kurpfälzische Auswanderer vom Unteren Neckar. Rechtsrheinische Gebiete der Kurpfalz.
1983. Stuttgart, Aalen: Theiss, 208 S., DM 54,–

Nr. 5 Norbert Deuchert: Vom Hambacher Fest zur badischen Revolution. Politische Presse und Anfänge deutscher Demokratie 1832–1848/49.
1983. Stuttgart: Theiss, 407 S., DM 68,–

Nr. 6 Johannes Brahms: Briefwechsel mit dem Mannheimer Bankprokuristen Wilhelm Lindeck 1872–1882. Hg. vom Stadtarchiv Mannheim, bearb. von Michael Martin.
1983. Heidelberg: Heidelberger Verl. Anst. u. Dr., 51 S., DM 16,–

Nr. 7 Willi Wendling: Die Mannheimer Abendakademie und Volkshochschule. Ihre Geschichte im Rahmen der örtlichen Erwachsenenbildung. Von den Anfängen im 19. Jahrhundert bis 1953.
1983. Heidelberg: Heidelberger Verl. Anst. u. Dr., 248 S., DM 48,–

Nr. 8 Der Mannheimer Gemeinderat 1945–1984. Biographisches Handbuch der Oberbürgermeister, Bürgermeister und ehrenamtlichen Mitglieder des Mannheimer Gemeinderats. Bearb. von Wolfgang Brach.
1984. Mannheim: Südwestdt. Verl. Anst., 350 S., DM 29,80

Nr. 9 Herbert Hoffmann: Im Gleichschritt in die Diktatur? Die nationalsozialistische „Machtergreifung" in Heidelberg und Mannheim 1930–1935.
1984. Frankfurt/Main: Lang, 282 S., DM 73,–

Nr. 10 Wolfgang Kromer: Ich wollt' auch einmal in die Stadt. Zuwanderungen nach Mannheim vor dem Zweiten Weltkrieg, illustriert an Wanderungsbiographien aus dem badischen Odenwald.
1986. Heidelberg: Heidelberger Verl. Anst. u. Dr., 92 S., DM 16,–

Nr. 11 Eckehart Lorenz: Kirchliche Reaktionen auf die Arbeiterbewegung in Mannheim 1890–1933. Ein Beitrag zur Sozialgeschichte der evangelischen Landeskirche in Baden.
1987. Sigmaringen: Jan Thorbecke Verlag, 328 S., DM 48,–

Nr. 12 Der Anfang nach dem Ende. Mannheim 1945–49. Text: Christian Peters; Dokumentenauswahl: Christian Peters/ Michael Caroli; Redaktion: Michael Caroli.
2. Aufl. 1986. Mannheim: Edition Quadrat, 184 S., DM 28,–

Nr. 13 Heinrich Wittkamp: Achtzig Jahre kritischer Bürger im 20. Jahrhundert. Erinnerungen aus christlich-sozialer Sicht.
1986. Mannheim: Südwestdt. Verl. Anst., 232 S., DM 25,–

Nr. 15 Anna-Maria Lindemann: Mannheim im Kaiserreich.
2. Aufl. 1988. Mannheim: Edition Quadrat, 220 S., DM 49,–

Nr. 16 Ingeborg Riegl/Michael Caroli: Mannheim – ehemals, gestern und heute. Das Bild der Stadt im Wandel der letzten 100 Jahre.
1987. Mannheim: Edition Quadrat, 160 S., DM 45,–

Nr. 17 Jüdisches Gemeindezentrum Mannheim F 3. Festschrift zur Einweihung am 13. September 1987/19. Ellul 5747. Hg. vom Oberrat der Israeliten Badens, Karlsruhe, von der Jüdischen Gemeinde Mannheim und vom Stadtarchiv Mannheim.
1987. Mannheim: Verlagsbüro v. Brandt, 120 S., DM 24,80

Nr. 18 „... dem Treiben der Narrenvereine mit allen zulässigen Mitteln entgegentreten ...". Der Jahresbericht des Großherzoglich Badischen Bezirksamts Mannheim für 1884/85. Bearb. und hg. von Jörg Schadt unter Mitarbeit von Ursula Abele.
1987. Mannheim: Verlagsbüro v. Brandt, 112 S., DM 18,–

Ludwig Marum: Briefe aus dem Konzentrationslager Kislau. Ausgw. u. bearb. von Elisabeth Marum-Lunau u. Jörg Schadt. M. e. Lebensbild von Joachim Wolfgang Stork. Hg. von den Stadtarchiven Karlsruhe und Mannheim.
2. Aufl. 1988. Karlsruhe: C. F. Müller, 168 S., DM 24,80

Jugendstil – Architektur um 1900 in Mannheim. Hg. von der Badischen Kommunalen Landesbank (BAKOLA) in Zusammenarbeit mit dem Stadtarchiv und der Kunsthalle Mannheim.
1986. Mannheim: Edition Quadrat, 308 S., DM 28,–